How
Do
You
Hug
a
Cactus?
Reflective
Parenting
with
Teenagers
in
Mind

如何拥抱仙人掌

青少年反思性养育指南

（英）希拉·雷德芬（Sheila Redfern）著

石孟磊 译

化学工业出版社

· 北京 ·

北京市版权局著作权合同登记号：01-2024-6018

图书在版编目（CIP）数据

如何拥抱仙人掌：青少年反思性养育指南 / （英）希拉·雷德芬（Sheila Redfern）著；石孟磊译.
北京：化学工业出版社，2025.4. -- ISBN 978-7-122
-47345-5

Ⅰ. G782-62

中国国家版本馆CIP数据核字第2025MT8510号

责任编辑：赵玉欣　高　霞　　　　　　　　　　　装帧设计：尹琳琳
责任校对：王　静

出版发行：化学工业出版社
　　　　　（北京市东城区青年湖南街13号　邮政编码100011）
印　　装：中煤（北京）印务有限公司
880mm×1230mm　1/32　印张10³/₄　字数244千字
2025年8月北京第1版第1次印刷

购书咨询：010-64518888
售后服务：010-64518899
网　　址：http://www.cip.com.cn
凡购买本书，如有缺损质量问题，本社销售中心负责调换。

定　　价：68.00元　　　　　　　　　　　　版权所有　违者必究

序

作为一名有三十多年儿童与青少年心理健康服务经验的临床心理学家，同时也是三个青少年的母亲，我对家庭关系在青少年心理健康方面的重要性非常感兴趣。多年来，我特别喜欢与孩子们一起工作，他们的活力、幽默和鲜明的观点使我在工作中重现活力。最近，我观看了一场由当地12~13年级学生自编自演的校园剧。当这些青少年登上舞台时，坐在观众席上的伙伴们欢呼雀跃，极富感染力。这群十七八岁的青少年表现出的对同伴深厚真挚的友情深深地打动了我——他们的热情感染了在场每个人，我们享受着这场演出。每当我与青少年相处的时候，我都会笑容满面。

我认为青少年的看法是聪明的、有洞察力的、情绪化的以及复杂的，这一观点会贯穿本书始终。作为家长，我们常常会把他们的看法过于简单化，甚至讥笑这些看法是无关紧要的。我喜欢和青少年一起工作，在我看来，青少年是备受非议的群体。人们对青少年的刻板印象是难以相处、阴晴不定、寡言少语，就像仙人掌一样难以接近。我很高兴这本书让我有机会探究青少年的想法，而不是顺应"典型青少年"的消极刻板印象。把行为或人格方面的某一特征归结为"他只是个青少年"，就像"他那样做的原因是他是天蝎座"一样毫无意义。

虽然我们需要花点时间了解青少年的经历，但是，这本书主要是一本关于"你的经历"的书。给青少年当父母是一种怎样的感受呢？你有怎样的体验以及困扰？你对孩子的期待是什么？你对孩子的担忧是什么？这本书不会告诉你青少年应该如何行事以及如何改变他们的行为。不过，我将与你分享的方法能帮助你更了解你的孩子，最终有助于改变他们一些令你担心的行为。我想帮助你达成两个主要目标：一是在养育孩子时学会调节自身情绪，二是与孩子建立更紧密的亲子关系。无论你是孩子的亲生父母、亲戚、照顾者还是养父母，养育都是最艰巨也是最快乐的经历之一。我将通过我自己的好奇心，鼓励你对自己的养育方式进行反思。此外，我还将帮助你激发你对自己和孩子的好奇心，从而克服孩子青春期的一些挑战。

根据我与父母们合作的经验，我发现父母几乎总是想要做到最好。尽管如此，我遇到的许多父母由于童年经历、当前环境或过去创伤等原因，真的很难与他们的孩子建立联结。有时，他们的困扰与孩子的心理健康问题有关，而他们对这些问题完全没有心理准备。根据我多年的临床实践经验，我认为无论你的童年很艰难还是很普通，你的心理状态关系到你对孩子的理解程度、亲子互动的方式以及孩子未来的成长。

市售的育儿书籍大致分为两种：第一种类似于烹饪教程，告诉你怎么做；第二种偏理论化，侧重于发展心理学理论。然而，这两种书籍都不能解决你的亲子关系问题，也忽视了亲子关系的独特性和个性化。我研究了许多人类发展心理学理论，包括精神分析、认知行为、系统化和神经发育。我认为当前缺少一本帮助普通父母实践这些理论的书。这促使我想为父母们写一本探索理解人际关系模式（心智化）的书，并示范如何把"反思性养育法"应用于日常的亲子互动。虽然这本书具有一些烹饪教程的特点以及包含一些我认为有用的工具，但是，它具有实操性，能帮助你改善亲子关系。

我将带着你走过一系列养育阶段，我希望最后你会发现，你更加了解孩子，更加理解你对孩子的反应。重要的是，读完这本书，你会更了解如何与青春期的孩子建立联结。

需要说明的是，书中讲述的每个场景都结合了多位来访者的特征，任何单一的场景不只代表一个人，我提到的孩子和家长都用了化名，从而进一步增加匿名性。反思性养育理论的原则以及我在本书中提到的实践方法适用于任何青少年的养育，无论青少年遇到怎样的困难，它们都会给你提供一种处理亲子关系的不同方式。

Sheila Redfern

目 录

第 2 章
反思作为父母的自己　/ 53

第5章
支持青少年的社交需求　/ 141

第 6 章
应对青少年的冒险行为　/ 177

第 7 章
了解青少年的自伤行为　/ 215

第 10 章
保持联结：引导青少年向成年期过渡　／ 305

How Do You Hug a Cactus?

Reflective
Parenting
with
Teenagers
in
Mind

如何拥抱仙人掌：
青少年反思性养育指南

引言

　　回想一下，当你的孩子只有两岁大的时候，你看着他在你面前的人行道上跑着。他信心满满，朝着自己想去的方向跑着，丝毫意识不到危险。他一边笑一边跑，你微笑地看着他。突然，你看到他就要靠近马路。一辆货车即将疾驰而过，司机坐在高高的驾驶室里，他肯定看不到孩子。刹那间，你冲着孩子竭力大喊："停下，快停下！"你抓住孩子的衣领，把他拽过来，然后牢牢握住他的手。他的冒险行为突然被你握牢的手和严厉的声音打断了。孩子回到你的身边，当他想再一次挣脱你的手时，你攥住了他的手，你们手牵着手往前走（你的心跳慢慢平复下来），一直走到了公园。

　　在这一场景下，家长无疑是照顾者。家长负责孩子的安全，孩子听从并遵守家长的规则与指导。

　　试想一下另一个场景。13年之后，孩子15岁了，他现在要出门。你听别的家长说，孩子们要去一位同学家里聚会，而这位同学的父母不在家。你问孩子，孩子不情不愿地告诉你几个参加聚会的孩子的名字。孩子随身带着一个硕大的运动包。你问他包里装了什么，他说了句"没啥"就出门了。你有各种担心，你会有与13年前大喊"停下"一样的冲动吗？这次，"停下"不会像当初他靠近马路时那样有效，但你可能会有类似的焦虑感。那么，你该怎么做呢？

何为反思型家长

　　本书的核心目标是帮助你在养育青少年的过程中更有反思性。反思性养育法背后的理论基础是心智化和依恋，这两者被认为是提升青少年复原力和安全感的关键因素。反思性养育模式下长大的青少年更能享受生活的喜悦，适应生活的挫折。青少年需要人际关系和心理复原力来应对生活中的不确定性；当我们的社会（特别是对青少年来说）弥漫着前所未有的焦虑情绪的时候，父母帮助青少年形成他们所需的人际关系与心理复原力就空前重要了。我所指的反思性养育法是指父母不仅关注青少年做什么（关注可见的行为），而且关注青少年想什么（关注行为背后的内在原因）。反思型家长的思维方式和沟通方式都与心理状态有关。例如，反思型家长会说："我觉得我的儿子/女儿对他的未来感到焦虑，我担心我无法让他相信一切都会好起来。我不知道为什么他总待在自己的房间里，但我能想到他有时觉得上学太难熬了。"你会注意到这两句话都提到了孩子的想法和感受。父母不太清楚孩子遇到了什么问题，但他们对孩子很感兴趣，他们还会反思自己的心理状态——他们的心理状态与孩子的心理状态是截然不同的。反思能力较弱的家长可能会说："我的儿子/女儿总是待在自己的房间里，他要明白走出房间去上学是很重要的。逃避是没有用的。"他的关注点是孩子的行为，而不是孩子的想法和感受。反思型家长可以看出孩子待在房间里是有原因的，这与孩子的想法、感受有关。他们可能首先会回应孩子的感受并帮助孩子，这就使孩子有可能改变自己的行为。只关注行为的父母试图纠正孩子的行为，这时，孩子会感到自己得不到理解或者无法处理行为背后的感受。

反思型家长同样了解自己的想法和感受，在一定程度上认识到他们的心理状态如何影响着人际互动。如果你是反思型家长，你要进行心智化——既意识到自己的想法，也能从孩子的角度对孩子的想法产生共情与好奇。没有人能一直是反思型家长，这是因为我们的情绪会因为生活事件和他人支持（或缺乏支持）而波动起伏。这本书不仅会帮助你了解如何重新获得反思能力以及与青少年建立联结的能力，还会帮助你理解你有时难以做到这一点的原因。这不是一本指责父母的书，而是一本帮助父母理解自己，并把这种感受带入亲子关系的书。这样，孩子就会形成更强的心理复原力以及对生活的安全感。在第1章中，我们将更详细地探讨反思性养育法，不过在此之前，我们首先了解一下心智化理论，以及心智化这一重要的能力如何在你所有的人际关系中帮到你。

何为心智化理论

在心理学文献中，青春期通常被看作是一段非常紧张的时期。青少年一方面渴望独立自主，另一方面仍然依赖父母与其他权威，而实际上同伴和社交网络更加吸引着青少年。青少年要向你展示他和你是不同的，这一点对青少年的发展来说是至关重要的。他们需要这样做，同时与你保持联结。理解这种动态关系，能帮助你理解青少年在上述场景中的行为。通过阅读这本书，你将探索你与青少年的关系以及从青少年的视角看待世界，这将帮助你思考如何处理常见的青少年问题。

许多研究关注的是青少年的经历，其中一些研究采用基于心智化的方法，也就是研究我们反思自己与他人的想法和感受的能力。英国精神分析学家彼得·福纳吉及其同事在2016年发表的一项研究探讨了提高青少年心智化能力的重要性。研究表明，青少年的心智化能力越强，他们在面对成人的要求时的困扰越小，他们的心理复原力就越强。

心智化疗法（MBT）最初是由彼得·福纳吉和精神病学家安东尼·贝特曼[1]在治疗边缘型人格障碍时提出的，后来被世界各地的临床医生和研究者进一步开发，用于帮助解决成人和儿童的各种心理健康问题，包括有过自伤行为的青少年。

父母和照顾者是对青少年影响最大的人，也是青少年经历的大部分人际冲突和情感亲密关系的来源，因此，父母是培养孩子心智化能力的最佳人选。对这些接受治疗的青少年来说，提升父母的心智化能力意味着他们很可能从干预中获益，原因是他们感到自己被治疗师和父母所理解，这有助于提升他们的信任感，并恢复他们的情绪管理能力。

这本书如何帮助父母？

对我们大多数人来说，养育孩子是一场装备相对欠缺的未知探险。在写这本书的时候，我开始更多思考父母在孩子进入青春期时所面临的挑战，尤其是我自己的孩子在成长过程中的挑战。

我的第一本书《反思性养育》[2]的目标读者是幼童的家长，当我写完这本书时，我和一群朋友（他们都是父母）在一起聊天，其中一个朋友说道："希拉，你打算什么时候写一本青少年养育的书呢？你的第一本书对我来说有点晚了！"当时，我的两个儿子已经十几岁了，我意识到对青少年进行心智化和对幼童进行心智化是截然不同的两个概念。最明显的一点是，我的儿子们似乎不太接受我对他们想法的好奇心。我读了很多关于青少年大脑发育的书，在一定程度上了解青少年的神经发育、激素发育甚至是生长发育，但是，我如何用这些理论指导我的养育实践呢？这是完全不同的挑战。

这本书适合任何想了解青少年对家庭的影响，以及想了解心智化在促进亲子关系方面的作用的父母（通常青春期的亲子关系像过山车一样）。

当父母非常担心青少年的心理健康时，他们有必要寻求专业的帮助和建议；这时，心智化取向的治疗师可以帮助青少年感受到自己的想法和感受是重要的。然而，在通常情况下，父母对孩子心理健康的担忧并不迫切，养育青少年的过程就是亲子关系中日复一日的冲突，以及你担心他未来的生活。当你担心你的孩子如何应对生活中的困难时，你只需要陪伴他（同时承认他通常首先会向同伴求助），帮他们解决问题，保持你们之间的联结。通过本书中的心智化方法，你可以极大地提升你与孩子的联结，而这在青春期至关重要。

在养育青少年的过程中，完美高效的行为与情绪管理策略是不存在的。不过，本书会提到一些有用的方法。通过本书提供的一系列"反思性养育"工具，你将学会如何培养自己作为青少年父母的自我认识，越来越多地意识到青少年的想法和感受。反思性养育法是你在育儿过程中使用过的其他经过验证的养育方法的有益补充，学习这种方法的好处在于它有助于建立更融洽的亲子关系，甚至增进你对亲子关系的理解。大多数时候，我们凭感觉做出相应的行为。我经常胡乱应付我孩子遇到的情况，根本不知道自己是否做对了；当然，如果我做错了，孩子会让我知道的！不过，当我们有亲密信任的关系时，如果我做对了，孩子有时会告诉我。我们会发现我们可以试着对这一场景以及自身进行心智化，而不是不假思索地采取行动。

在这本书中，我们反思父母与青少年之间的一些常见情况，并关注你当时的心理状态。这将帮助你理解孩子行为背后的感受和意图，你会发现这些感受和意图是有挑战性的、令人担忧与困惑的。

反思自己与反思你所认为的青少年的想法（特别是当你感到自己失去理智的时候），这两种反思过程将帮助你应对那些棘手的情况。

这本书如何帮助青少年？

2018年5月，一则新闻报道30岁的男子迈克尔·罗通多被法官勒令搬出其父母在纽约卡米洛斯镇的家，他在父母家免费住了近10年。这个引人注目的事件引发了一场关于赖家啃老现象的讨论。它被认为是"80后""90后"特有的现象，这些孩子由于经济、社会、政治等一系列原因离不开父母的照顾。莱昂内尔·施莱弗在2018年出版了短篇故事集《财产》[3]，其中一章名为"家庭中的可怕现象"，讲述了32岁的利亚姆的经历——他不愿离开父母的照顾而独立生活。虽然这被认为是"80后""90后"的问题，但它引发了社会对父母面临的新挑战的关注。大多数青少年的父母会担心孩子过度独立和热衷冒险，但是，我们在多大程度上妨碍了青少年不依靠我们、自行解决生活问题的独立性呢？与我们当年的情况相比，年轻人面临着非常严重的实际困难，比如高昂的房租、巨额的学生贷款、停滞不涨的工资以及买不起房子；此外，他们还会面临来自父母的阻碍。父母需要帮助青少年在成年后拥有复原力、独立性和安全感，不过，鉴于年轻人的压力越来越大，父母的角色比以往更有挑战性了。

英国国家医疗服务系统关于儿童和青少年心理健康研究的统计数据显示，在17~19岁的人群中，心理健康问题的发生率从2017年的10%上升到2022年的25%，其中最严重的心理健康问题是焦虑和抑郁。反思性养育法的重点是保持父母与青少年的联结，帮助他们管理情绪。这是父母能教给青少年的最重要的生活技能之一。

赖家啃老现象还意味着孩子缺乏从青春期过渡到成年期的应对办法。父母的责任是帮助青少年和年轻人度过人生的转变期，帮助他们掌握一些转变的方法。瑞典人用"冰壶父母"形容那些无法帮助青少年顺利转变的父母。这个词语源于冰壶这项奥林匹克运动。就像这种冰上运动一样，"冰壶父母"会为孩子扫清道路。他们扫除一切障碍，使生活变得更轻松。这会带来消极的后果吗？这些父母不就是想在这个充满挑战和经济压力的世界里帮助自己的孩子吗？瑞典的种种迹象更令人担忧。精神病学家大卫·埃伯哈德观察到"瑞典的年轻人往往对生活感到非常失望，尤其是在二十多岁的时候。虽然自杀率有所下降，但自杀未遂率却大幅上升，尤其是在15~25岁的女孩之中"。

父母在掌控和放手之间左右摇摆，是青少年养育的核心主题之一。当孩子年幼的时候，你会表达疼爱，以拯救者的形象出现；到了青春期，你必须表现得更像是安全港，而不是救生艇。这个比喻是我从我的同事迪肯·贝文顿那里学到的，他和有风险的青少年一起工作。这一比喻是将你自己定位为一个安全港，离开你曾经和年幼的孩子一起乘坐的救生艇（你当时的角色是解决一切麻烦）。此外，青少年需要学会应对生命中的巨变期，因此，你不能继续扮演这一角色了。

仅仅对想法和感受进行反思，这不是我所提倡的养育法。边界仍然很重要，父母的权威性同样很重要。世界上并没有放之四海而皆准的养育手册，但所有父母都可以使用反思性养育法来帮助孩子度过青春期。青春期的养育工作需要转变：在孩子年幼的时候，你必须不断选择恰当的养育方式，包括如何喂养、穿衣、教育以及培养他，帮助他社会化以及设定边界；当他们进入下一个发展阶段的时候，你可能开始询问他们将如何解决问题。这本书将探索一种不同的养育方法，即你在孩子遇到挑战时要支持孩子找到应对的办法，而不是为孩子提供所有的解决方案与建议。你与孩子交流，了解他们打算如何解决困难，你不要指出他们计划的缺陷，只是提供关于潜在消极因素的另一个视角，这样，你一方面保持了与孩子的联结，另一方面帮助孩子茁壮成长，获得独立和发展生活技能。

什么是心智化？反思能力从何而来？

想象一下你正走在家乡或城市的中心。你沿着干道走向广场，看到一个穿着短裤、戴着棒球帽的男人正在看手机。他低头看了看手机，然后朝着一个方向往前走，接着他又看了看手机，抬头看了看一个重要的地标，又低头看了看手机，接着更坚定地朝着城市中心的地标建筑走去。看到这一幕，你可能会认为他是游客，不是本地人。当你看到他先走向一个方向，又走向另一个方向，注意到他的表情由困惑变为自信，你就可以断定他刚才迷路了，现在已经找到了他要去的地方，并且正朝着正确的方向走去。

整个过程可能就在短短几秒钟之内无意识地发生了。那么，你是怎么做到的呢？你会读心术吗？好吧，不完全是，但你可能很擅长从他人的外表、行为和动作读懂他人的状态。这种读懂他人并猜想对方想法和感受的能力被称为心智化。这是正常的人类反应，你每天都在不假思索地这样做。这是我们理解世界和他人的方式，也是我们每天与他人相处的方式。通过心智化，我们也许能与观点相悖的人们进行更理性的对话，甚至可能偶尔会对不同的观点产生共鸣。在我们的日常生活中，无论是在工作还是在日常交往中，我们可能经常与观点相悖的人打交道。当我们怀着好奇和开放的心态了解别人的时候，我们往往可以洞察到他们的生活事件是如何影响他们的思想与行动的。

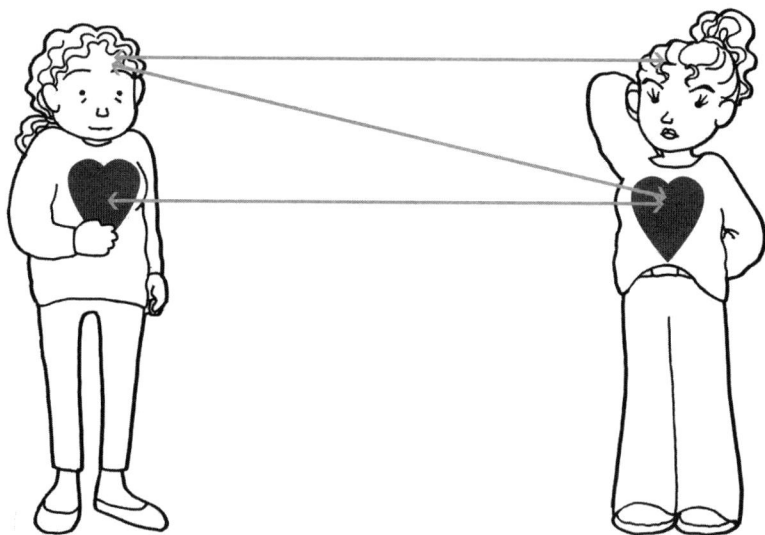

　　在我们的工作中，我们可能不得不做出艰难的决定，而这些决定可能遭到别人的反对。尽管我们不同意他人的观点，但也要学会共情他人的想法。例如，假设我正在和一位抱怨社会服务的家长一起工作，他抱怨的原因是他觉得他们夺走了他的孩子，我不需要赞同他对社会服务及其工作者的看法，但是，为了帮助他，我必须共情他的观点，或者最起码认可他的观点。这同样适用于青少年。如果我们一开始没有从青少年的角度看问题（即使我们完全不同意他们的观点），那么，他们可能不会听从我们的建议。对父母和青少年来说，心智化能力是彼此沟通的核心，被认为是我们与青少年度过最艰难时期的关键因素。

如果我们无法对他人进行心智化，将会发生什么？刚才提到的有关游客迷路的场景难道不是显而易见吗？没错，但也不完全对。我们的确总会对别人的行为做出推断。如果你的丈夫下班后走进家门，深深地叹了一口气，把包重重地扔在地板上，你可能会认为他今天过得很糟糕。不过，我们的猜测不一定总是对的，我们也不一定有心情思考他人的想法和感受。比如，一个睡眠不足的妈妈，在晚上第三次被哭闹的宝宝吵醒的时候，不会有心情思考宝宝当时的想法和感受。同样，一位爸爸要给100位外地客户做报告，他的车钥匙却丢了，结果他迟到了，他感到很生气，这时，他也不会有心情想他十几岁的儿子那一天过得怎么样。因此，我们的心智化能力会随着我们的情绪状态而波动。例如，当我们感到有压力的时候，这被描述成是一种高度唤醒的状态。在这种情况下，我们的心智化能力就会减弱；相反，当我们感到平静的时候，我们的心智化能力就会提升。请记住"心智化"这个重要的概念，我们将在本书中多次提到它，尤其要注意那些提升或减弱心智化能力的做法。

我们都是从早期的依恋关系中了解自己的想法和感受，主要是通过我们与主要照顾者的关系。当我们感到沮丧、受伤、生气或饥饿的时候，我们的照顾者可能会回应我们，并在回应中说出我们当时的感受。

想象一下你是个小婴儿。你的尿布湿了，你睡觉时扭来扭去，盖着的毯子也从身上滑下去了，你感到又冷又难受。你不会说话，哭着想让你的妈妈知道你很不舒服。她走到你的身边，看到你烦躁的表情，就会模仿（镜映）你烦躁的表情，说道："哦，怎么了？你困了吗？"她把毯子盖在你身上，但这不是你的主要目的，你的尿布还是湿的，你感到不舒服，所以，你哭得更厉害了。她回到你身边，把你抱起来，说道："让我看一看你的尿布，哦，尿布湿了。那一定很难受。我给你换块尿布，你就更舒服、更暖和了。"她一边在垫子上给你换尿布，一边微笑，她安慰你说："现在感觉好多了，是不是？"她把脸贴在你的小肚子上，亲了亲你，带着温柔的微笑把你放回小床上，轻轻地说："现在，该睡觉了。我爱你。"同样，当你是小婴儿的时候，如果你感到痛苦、饥饿或害怕，你就会用哭声提醒你的照顾者，表示你需要对方的回应。这时，你们形成了一种模式：你的父母走到你身边，想知道你哭泣的原因，并对此做出回应。久而久之，婴儿本能地知道："我不舒服就哭，妈妈就会明白我需要帮助，她就会回应我。当我难受的时候，我可以告诉妈妈，她会帮助我、安慰我。"

在父母与小婴儿的日常交流之中会发生许多的互动，其中大部分似乎是自发的。当妈妈察觉到婴儿的不舒服时，她是在告诉婴儿"我来猜一猜你有怎样的感受"；她用了一些表达情绪的词语，比如"不舒服""湿了"。这些词语都符合婴儿的感受，所以婴儿感到妈妈能理解自己的想法，婴儿会把一些词语和他所体验的情绪联系起来。这帮助婴儿逐渐理解自己的想法，同时向婴儿传递了"妈妈能理解我"的信息。这就是我们所说的"安全依恋"的基础，它能促进心智化能力的发展。在这些类型的互动中，婴儿学习了解自己和照顾者的想法与感受。

在日常的生活中，我们不一定总能回应婴儿的需求。比如，你刚和丈夫吵了一架，你很难立刻就把注意力转移到婴儿身上。这同样适用于你和青少年之间的关系。如果只是偶尔发生这种情况，大多数时候你都是有回应的、温暖的、随时可陪伴的，那么，你的婴儿——后来长成十几岁的孩子——会拥有安全依恋，他知道大多数时候你都能陪在他的身边。

接下来，我们想象另一个场景。妈妈对婴儿说："你哭什么哭？我说过你快去睡觉，不要吵闹。"她没有镜映孩子，而是皱眉，嘲笑孩子的痛苦。这时，婴儿开始对自己的感受感到困惑。他们有不好的感受，但这一感受得不到妈妈的镜映，因此，他无法理解这意味着什么。当这类互动在孩子的生活中频频出现，他们长大后会对自己和他人的想法与感受感到困惑。长大后，他更难进行心智化，不过，虽然困难，但也是有可能的。我们将在第9章更详细地讨论这一问题。

在我们学会反思之前

在人生最初的几年中，我们逐步形成反思自己和他人心理状态的能力，但我们需要长达六七年的时间才能更深入地理解它们。我们心智化能力的发展取决于我们与主要照顾者之间情感体验的质量。依恋关系越安全，我们就能越早发展出这种理解他人心理状态的能力[4]。在此之前，我们采取的是"前心智化模式"。

前心智化模式有几种类型。婴儿期的前心智化状态是"目的论模式"，这种模式是根据事物的结果来理解事物。因此，在刚才的场景中，我们因为太小而理解不了自己和妈妈的想法与感受，我们只知道"我哭了，她就会来安慰我。她给我换尿布、盖毯子，我感觉好多了"。

在幼儿期，我们开始理解心理状态（自己和别人的想法与感受），但我们还不明白自己的想法与感受并不是别人的想法与感受。你可以从幼儿用手捂住眼睛的表现理解这一点。我们会想："我看不见你，所以，你也看不见我！"这种前心智化模式被称为"心理等价模式"——我所看到的现实才是（唯一的）现实。

随着年龄的增长，大约到了5岁，我们的游戏能力有所提高，开始出现象征性的游戏。比如，我们可能会假装香蕉是手机，纸板箱是我们工作的办公桌，这类前心智化模式被称为"假装模式"。

大约到了六七岁的时候，如果照顾我们的重要成人很容易让我们理解，并且能回应我们的需求，我们就开始把这几种不同的模式整合成一种有助于理解并解释他人行为的存在方式——换句话说，我们开始进行心智化。当我们有了这一能力，我们就更容易发展人际关系，理解他人并维持友谊。

如果孩子没有与照顾者形成早期的安全依恋，他们更有可能采用前心智化模式来解释他人的行为。同样，我们都会在高情绪唤醒的状态下回到无效的前心智化模式。例如，如果我们认为重要的人让我们感到失望，我们可能会非常沮丧，我们只会想"如果我给他发信息说我很沮丧，他就必须回复我；如果他不回复，我就知道他并不喜欢我"（目的论模式）。青少年更有可能陷入无效的前心智化模式。作为反思型家长，你要做的是帮助他们恢复心智化能力，即重拾对自己情绪的意识、理解和控制。

青春期孩子的反思能力发生了什么变化

通过这本书，我们将理解由于青春期大脑发生的变化，青少年更容易失去反思能力。他们经常在高情绪唤醒的状态下回到前心智化模式。例如，你可能看到当你的青春期孩子由于你不理解或不同意他而感到生气的时候，他会像个小孩子一样通过摔门来表达愤怒，而不会说出来。这是心智化能力不足的表现，虽然这有时会发生在我们所有人身上，但更多出现在青少年身上。接下来，我们看一看其表现以及原因。

我们反思他人想法与感受的能力也会随着年龄的增长而发生变化。人是社会性生物，因此，心智化能力是一项至关重要的能力。如果我们不了解他人行为背后的想法与感受，我们就不可能真正理解他人的行为。这时，他人的行为似乎是完全随机的，甚至是令人困惑的，我们就经常误解他人。对孤独症患者大脑结构的研究显示，他们理解他人并与他人建立关系的能力受损，因此，孤独症患者很难理解他人。

在青春期，青少年的大脑和身体发生了很大的变化，理解青少年的变化是非常有用的。青春期不仅是身体与神经变化的时期，也是非常脆弱的时期，在这一发展阶段，青少年更容易做出风险行为，出现心理疾病。这自然是家长焦虑的根源。伦敦大学学院（University College London）的神经科学家Blakemore[5]研究了青少年的大脑发育及其与风险行为之间的关系，并报告了一些有趣的发现。Blakemore的书中提到一项关于小鼠与饮酒量之间关系的研究，这项研究发现青春期小鼠与其他青春期小鼠一起时，要比和自己同龄的鼠在一起时喝更多的酒。

用进化论解释这种现象，原因是人类和其他动物需要发育到一定程度，最终才能脱离父母独立生活。这当然具有文化的差异性：在许多文化背景下，人们在成年后往往还和家人住在一起。此外，即使现在的年轻人想独立生活，生活成本高等因素可能也让他们望而却步。如果青少年将要离开父母，他们就要与同龄人交往。在这个发展阶段中，对青少年来说，成为自己是最重要的，也就是说，他们成为一个相对独立的个体，没有父母照顾也能生存，并在社会中找到他们自己的位置。

直到最近的20年里，我们才了解大脑从儿童期到青春期发生的变化。此前，这个领域的研究一直基于这样的假设：一旦大脑完全发育成熟，我们就可以根据遗传和环境的综合影响解释人们的行为。新近的研究发现，大脑在青春期和成年早期继续发生变化，而且在这一阶段具有较强的可塑性，这一结果开启了一个关于青春期行为科学的全新领域。在第10章中，我们将思考青春期的困扰，这将持续到20岁出头的年纪。显然，这些困扰不会在孩子18岁时突然结束。我们过去经常认为，思考自己和他人的想法、感受、意图和欲望的能力在儿童期停止发展，在7岁左右完全形成。现在我们知道，心智化能力在儿童期后会进一步发生变化，在青春期之前以及刚进入成年期会有变化起伏。虽然我们仍在研究青少年的大脑发育及其变化，但重要的一点是，我们要记住青春期的变化在很大程度上受到环境与经历的影响，而不只受到大脑变化的影响。我们将在第1章中更详细地介绍青春期大脑的变化。

父母可以怎么做?

家庭生活是心智化最难的地方之一。Fonagy & Allison[6]说:"没有什么环境比家庭互动环境更容易导致心智化的丧失了。在家庭之中,人际关系往往处于最紧张、最亲密,情绪最强烈的状态;换句话说,家庭是每天都可能使一位或多位家庭成员失去心智化能力的环境。"这是因为家庭中很多想法汇聚在一起,当家庭中的亲密关系引发强烈的情绪时,人们更可能感到被误解或误解他人,并陷入冲突。加上青少年大脑发育的特点,使得他们在充分理解自己与他人时遇到困难,这一阶段的亲子关系呈现出独特而又复杂的状态。

父母对青少年进行心智化并保持联结包括以下方面:

● **始终保持联结**。保持你和孩子的联结非常重要,你了解他对独立的需求,这并不意味着他不能与你保持联结。

● **在孩子需要你的时候,陪在他们身边**。你想设定固定的聊天时间,这是行不通的,所以,你要准备好深夜交流,如果需要,随时待命——"如果你需要我,我就在旁边的房间里"。

● **意识到孩子很敏感,非常在意批评(尽管表面很强硬),尤其是对他们身份或外表的批评**。你尽量不要说:"你的头发不要挡着脸,这样更好看。"相反,赞扬一些孩子在意的事情,例如"你穿那条牛仔裤真好看"。

● **不要在意侮辱或拒绝**。这不是你的问题,而是他们的问题。学会忍受，并进行自我心智化。

- **优先关注孩子的人际关系以及你们之间的关系，而不是关注行为。** 每天尽可能多花点时间和孩子交流，哪怕是外出时在汽车上的五分钟。他比表面上更需要亲子交流。

- **关注孩子，不要让孩子独自待太长的时间，不要认为他们没事。** 当他们出门或回家的时候，你要记得说"回来了"和"再见"。

- **在你与孩子分离或关系破裂之后建立联系。** 将注意力放在重新建立联结上，排除干扰（放下你的手机！）。

- **允许孩子有时依赖你。** 这并不是鼓励依赖，而是让孩子天然的依赖感有个出口，你给予孩子温暖、安全和安慰，这是任何年纪的孩子都需要的。

这本书的结构

　　每一章都提供了1~2个父母与青少年的互动实例，针对同一场景，我将分别示范如何从父母和孩子的角度运用心智化方法。在此之后，我将提出一系列问题，旨在引导父母先反思自己，再反思这一场景中的青少年。通过学习心智化方法，父母思考并感受自己以及孩子的方式将会有所不同。这不仅会帮助父母更好地调节自己的情绪（这些情绪可能会很强烈），还会使孩子感到自己得到更多的理解，因此，孩子会和父母更亲近。通过更紧密的联结，父母将支持孩子做出自己的人生选择，克服青春期不可避免的困难。

参考文献

[1] Bateman, A., & Fonagy, P. (2004). Mentalization-based treatment for borderline personality disorder. *Journal of Personality Disorders*, 18(1), 36–51.

[2] Redfern, S. (2016). *Reflective parenting: A guide to understanding what's going on in your child's mind.* Hove, East Sussex: Routledge.

[3] Shriver, L. (2018). *Property: A collection.* London: Harper Collins.

[4] Fonagy, P., Redfern, S., & Charman, T. (1997). The relationship between belief-desire reasoning and a projective measure of attachment security (SAD). *British Journal of Developmental Psychology*, 15, 51–61.

[5] Blakemore, S. J. (2018). *Inventing ourselves. The secret life of the teenage brain.* New York: Penguin Random House.

[6] Fonagy, P., & Allison, E. (2012). What is mentalization? The concept and its foundations in developmental research. In N. Midgley & I. Vrouva (Eds.), *Minding the child: Mentalization-based inter ventions with children, young people and their families* New York: Routledge, 11–34.

How Do You Hug a Cactus?

Reflective
Parenting
with
Teenagers
in
Mind

如何拥抱仙人掌：
青少年反思性养育指南

第1章

青少年的反思性养育：
理解孩子与培养亲子关系

"你不是我。"

　　几位父母围坐在我家的桌子旁边，讨论着他们所关心的青少年问题。我邀请他们参与焦点小组的目的是了解目前父母对青少年的担忧。他们分享了很多故事，一些故事让我们开怀大笑，一些故事让我们沮丧不安，找不到切实可行的答案。他们分享的需求很强烈，似乎想确认"不只是我的孩子会这样做，对吧？""我是唯一一个24小时内除了讨论晚餐吃什么之外和孩子没有其他交流的人吗？""如果我让他们这么做，他们能同意吗？"

　　在当晚的交流结束之后，有两件事令我印象最为深刻：一是我们还想继续交谈和分享；二是虽然我们花了大量的时间谈论孩子，但很少谈论我们自己，谈论孩子带给我们的感受，或者谈论我们做了哪些具体的事情让我们的孩子有时显得如此讨厌或难以相处。没有人会说："以前我爸爸经常酗酒，所以我这么担心毒品和酒精。"我们也没有自我反思。会谈结束之后，空气中似乎残留着一种无法言说的感觉，一种不安的感觉，我们与青少年之间的联系或许并不像我们想象的那样紧密。我们总会担心孩子遇到麻烦，最大的担忧是青少年的心理健康：如果他们非常不快乐，而我们不知道怎么让他们快乐，该怎么办呢？我主持过许多类似的小组，这些小组都有类似的焦点。

　　我将在本章探讨为什么心智化能力在养育孩子时是如此重要，以及反思性养育法如何帮助你感受到更紧密的联结，并且更好地理解孩子的需求。

青少年的大脑里发生了什么

首先，意识到青少年的神经系统正发生着重要的变化可以帮助你了解孩子及其行为，继而发现你自己的反应。

人类适应复杂的社会环境依赖三种基本的生物行为系统：一是奖励系统，它既包括产生与人际关系（包括父母与婴儿的关系以及浪漫的依恋关系）相关的奖励体验，也包括与自主体验、行为控制感有关的奖励体验；二是心智化系统或"社会认知"系统，这是人类特有的系统，它是我们根据自身感受、愿望、欲望和价值观来理解自己与他人的能力的基础，被称为"有意识的心理状态"（Fonagy & Luyten 在 2018 年的论文中[1]讨论了人类独有的心智化系统对我们理解复杂的人际世界的重要性）；三是压力/威胁系统，这个系统能帮助我们在遭遇威胁之后应对由此产生的痛苦。

在青春期，大脑中的三种生物行为系统正在重组，简单来说，这种系统的重组导致青少年出现了让人难以理解的思维模式、行为模式与人际反应模式，这些模式似乎是非理性的、反应过度的或自毁性的。我鼓励你试着把这些行为与情绪反应重新定义为适应性的，而非破坏性的。青春期出现的主要发展变化与这三大系统的结构功能重组密切相关。例如，青少年往往不愿与父母或其他权威进行沟通。从父母的角度来看，认为这是粗鲁的、傲慢的和/或以自我为中心的。从青少年的角度来看，如果他们在人际关系中感到非常紧张，他们的奖励系统就会受到影响，他们的人际交往能力也会受损。

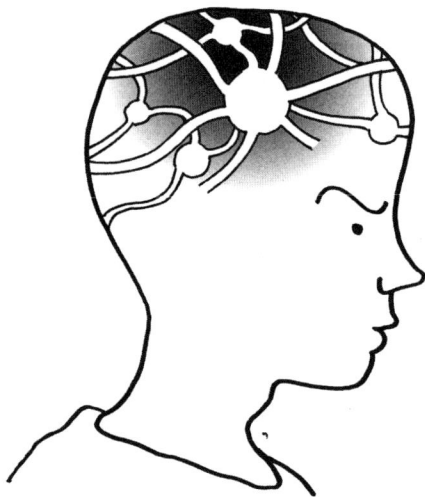

　　我们对青少年大脑中奖励系统的重组及其对行为的影响知之尚少。多巴胺❶在我们的快乐感受中起着关键的作用。这是人类特有的思考与计划能力的重要组成部分。它帮助我们努力、专注以及发现有趣的事物。我们知道在青春期孩子大脑纹状体区的多巴胺含量最低，而前额叶区的多巴胺含量最高。

　　青少年大脑的变化会导致心理学家Linda Spear所说的"小奖励缺乏综合征"。你可能非常熟悉青少年的这类表现：容易感到无聊，在同龄人中强烈地需要归属感与成就感以及因此而感到沮丧。与此相关的状况往往会引发强烈的排斥感和失败感，继而导致挫败感和攻击性。这些感受会促使青少年做出代偿行为，比如冒险、物质滥用以及对抗行为。

---

❶ 一种神经递质或化学信使，神经系统通过多巴胺在神经细胞之间传递信息。

父母需要调整预期及养育方式

大脑在青春期发生的快速变化可以帮助你理解为什么孩子不总是像你希望的那样回应你。我们会因为孩子年龄增长与身体变化而希望他们能做出和成年人一样的决定。实际上，青少年还没有成熟，大脑仍然处于发育阶段，我们应该改变我们的期望，帮助他们在生活中做决定。青少年关门、戴耳机的举动往往使我们误以为他们想要独处。我们认为让他们待在自己的房间里是没问题的。事实恰恰相反，孩子需要知道你随时可以帮助他。尽管青少年会有这些表现，但他们确实需要我们帮助他们做决定，因此，对自身及孩子的观点进行心智化有助于你为孩子提供有效的支持。

我儿子 15 岁，我问他准备怎么复习考试，他似乎没有听我说话。我问他："你有复习计划吗？你似乎没什么头绪。"他抓了抓头发，一脸茫然地看着我，于是，我换了个问法："你想好了吗？你紧张吗？"他回答道："我在想我的头发。"作为家长，我很难理解这句话，这句话没有反映出我儿子对考试的感受，而是反映出他在谈话中关注的焦点在哪里。他的分心行为背后的神经发育变化包括杏仁核和前额叶皮质发育速度的变化。前额叶皮质是冲动行为和情绪（由杏仁核产生）的管理器，它在以后的生活中帮助我们做出审慎的决定。在青春期，杏仁核的发育速度要比前额叶皮质更快，经常会导致青少年做出草率冲动的决定。以青少年思考自己头发的情况为例，杏仁核被激活了，所以，他只考虑自己当下的感受，而不是更长期、更理性的考试问题。

为了避免做出过度反应而引发冲突（这会使青少年疏远父母并拒绝父母的教导），这是你作为父母进行自我心智化的好机会：你可以思考你在这次交流中的思维过程；思考你是如何处理考试复习问题的；在这次交流中，你有怎样的想法。当你开始这么做的时候，你就能更好地管理自身的情绪反应，这样，你和孩子之间的问题就不会进一步升级。

青少年的心智化能力及遇到的挑战

人类有了心智化能力，才能在复杂的社会系统中进行有效的人际沟通与合作。我们心智化能力的发展会提升我们的自我意识和想象力。但是，过度心智化（我们把极端的心理状态过度归因于他人）会增加我们出现心理健康问题的风险。例如，过度的尴尬、羞耻和内疚等自我意识情绪可能会干扰我们应对日常压力的能力。同理，想象力被认为是一个积极的特征，但它可能会导致青少年消极地看待"理想我"和"现实我"之间的差异，也会导致青少年与那些看似拥有"理想生活"的人进行无意义的比较。

正如前文提到的那样，心智化系统与压力/威胁系统、奖励系统一样，在青春期经历了一次重要的重组，这意味着青少年心智化能力的发展被暂时中断。虽然没有确凿的证据，但是许多理论认为社会认知（我们如何在社会情境中处理信息[2]）的"下滑"会影响青少年准确进行心智化的能力[3]。虽然还需要进一步的研究，但青春期大脑的快速变化会影响青少年的人际交往以及他们对自主与成就的渴望，这意味着心智化在青春期是具有挑战性的。这同样适用于那些童年早期经历过困境的年轻人，其中一些人是在缺乏与父母或照顾者之间安全的情绪依恋的环境中长大的。

青少年的生活并非容易。如果你回想自己十几岁的经历，你或许记得当时的经历并不全是有趣的。如果浏览那些被转介到社会服务机构的青少年的记录，可以发现当今的青少年比过去任何时代的青少年更加困难。

这一发展阶段对青少年来说相当具有挑战性，原因是他们要建立起独立自主的自我认同，与父母分离。孩子在处理人际关系时引发的情绪会使孩子感到崩溃或绝望。青少年在青春期时的心智化能力有所下降，这使他们很难处理复杂的人际关系。人际关系让他们充满了对被排斥、不被喜欢或不如别人优秀或有魅力的恐惧，这可能会加重他们已有的自我憎恶感。此外，青少年往往过度揣测他人行为背后的原因，加剧了他们的匮乏感、自我怀疑感与自我憎恶感。当这些感受变得令人崩溃的时候，青少年不会压抑这些感受，而往往会做出冲动的外显行为。一些青少年可能会出现自伤行为或逃避行为（逃避行为包括逃学，在一段重要的关系结束之后不愿开始新的关系，长时间待在自己的房间里等）。

为什么提升心智化能力能够帮助青少年

帮助青少年提升心智化能力的目的是恢复他们理解自身想法、他人想法和不同观点的能力。一旦达到平衡，青少年的心智化能力（思考自己和他人的想法、感受和意图的能力）就会提升。提升心智化能力有助于降低家庭以及其他亲密关系中冲突的程度。相关研究表明，心智化能力保护了我们在社交与情感上的能力。

2006年，Hauser[4]所做的一项研究追踪调查了150名在精神科住院治疗的青少年。这项研究发现，在10年后的随访中，其中相当多的孩子功能良好，他们共有的保护性因素有：

    ① 反思自身想法、感受和动机的能力；

    ② 自我认同感以及对自己行为的责任感；

    ③ 反思他人想法的能力。

研究者认为这些因素是青少年在出现心理健康问题之前就已经具有的特征，而且被认为是关系到他们康复以及发展复原力的重要因素。这项研究告诉我们，这些品质在养育青少年的过程中非常重要，而它们都是心智化能力的体现。

帮助青少年提升心智化能力的目的是恢复他们理解自身想法、他人想法和不同观点的能力。

以下常见的青少年生活场景说明，当青少年处于高度焦虑的状态时，他们反思自己或思考他人的能力容易下降。

走进青少年的内心世界：大卫的故事

17 岁的大卫就读于 13 年级。他是非裔英国人，他的家庭是工薪阶层，家庭关系亲密和睦。

　　大卫从同学那里听说他的一个朋友要在星期六举办派对。他给派对主办者发信息，询问他能不能带朋友一起去。他没有得到对方的回信，于是，他给要参加派对的其他人发信息，说他担心自己的衣着太出挑，想问一问他们都准备穿什么。他收到了派对地点的回复并邀请朋友来他家（其实他家离派对的地点更近），只为了要和朋友一起去。在参加派对之前，他们在大卫家喝了酒。为了缓解参加派对的紧张情绪，他多喝了些，超过了他平时的酒量。

　　大卫和他的朋友来到了派对现场，他环顾四周，没想到派对上有这么多的陌生人。他抓住派对里唯一认识的人不放，开始感到难受。他认为"没人认识我。他们都在想'他为什么在这里？他认识谁啊？'"大卫开始感到焦虑。他看了看时间，感觉时间过得很慢。他意识到他的衬衫起褶了，拽了拽衬衫，越来越感到不安。

　　他假装要上厕所，在镜子前检查自己的头发。他想要是没剪这么短就好了。他回到派对现场，发现一个朋友坐在沙发上，于是，他挨着对方坐下来，掏出了手机。他拿着手机看似很忙，实际上是漫无目的地浏览，他抬头看了看，看到其他人都在聊天、喝酒、跳舞、说笑。他感到自己的手开始冒汗了，"知道"所有人都在看着他。他感到恐慌，有离开派对的强烈冲动。他叫了一辆出租车回家。

　　回到家后，他收到了朋友询问他去了哪里的一大堆短信。他谎称自己不舒服，就关了手机。然而，他发现自己的呼吸变得更急促，手上的汗更多，他感觉自己陷入焦虑的想法之中。他困惑地躺在床上，认为别人都注意到他的不安，认为这是脆弱的表现。

大卫怎么了

现在，我们对大卫进行心智化。

1.当大卫看到其他朋友和女孩聊天的时候，他怀疑自己的魅力。他会思考别人对他的看法，例如，"那个男孩在这里干吗？我绝不会和他说话，他不是我喜欢的类型。"

2.他过分在意别人对他的看法以及他在派对现场的处境。

3.通过喝酒来麻痹神经，随着酒精的镇静作用起效，他从焦虑的状态转向低落、接近抑郁的状态。

4.他不想父母参与，但需要一位可靠的好友让他摆脱压力、焦虑和思虑过重的状态。朋友可以让他冷静下来。

大卫的父母可以怎么做

我们试着对大卫的父母进行心智化。大卫的父母看到他早早结束派对回来了，情绪有些不对劲，他们想关心他。根据他们的养育方式，他们会担心大卫，推测他焦虑的原因，担忧他遇到的不只是当前的问题。同样，他们可能不理解大卫为什么早早回来，觉得他会没事，让他单独待在自己的房间里。大卫的父母不要追问大卫为什么这么焦虑，追问只会使事情变得更糟。如果大卫的父母愿意抽出时间倾听，而不强行介入，等到大卫想谈的时候，他们就有机会讨论这一情况。最重要的是，大卫随时可以找到他们，而他们不要去打扰大卫。父母可能很想给他很多社交方面的建议，但他们需要理解他的想法，以及理解当他自我批评的时候，周围都是朋友的感觉。

大卫的父母可以试着问一问：

"你乐意去参加派对吗？"

"派对里的熟人不多，你感到不舒服了吗？"

"你沮丧的时候，找朋友了吗？"

这一场景以及我们对此进行心智化的尝试，揭示了青少年心智化和幼儿心智化之间一个关键性的差异。当我们思考幼儿的心理状态时，我们可以像侦探一样寻找行为背后的线索，主动探究幼儿行为背后可能存在的想法和感受。不过，我与青少年的父母一起工作，同时我也是三名青少年的母亲，我非常清楚的一点是青少年通常反感与讨厌这类好奇，他们最不希望看到的就是父母寻找线索，教他们如何解决问题。青少年渴望自主性，觉得自己不必依赖任何人解决自己的问题，从而体验到掌控感。因此，在对青少年心智化的过程中，你需要理解这一观点。

为了提升青少年心智化能力，父母可以怎么做

退后一步

青少年心智化疗法（mentalization-based therapy for adolescents，MBT-A）的目标是提升青少年的自我洞察力以及对他人想法的认识，从而使青少年的冲动变少，风险行为减少，对自己与他人的想法和感受更加平和。在上面的场景中，我们可以想象，如果大卫能管理他对于自己在派对中的处境的疑虑（这可能由许多因素引发，比如他以前的恋爱经历或者没

谈过恋爱，他在群体中的种族认同感，以及对自己外表的在意），那么他将能够降低他的焦虑水平。父母对于青少年学习心智化非常关键，你可以成为心智化能力更强的家长，从而示范并教授孩子如何心智化。

尽管用于幼儿心智化的"侵入性"好奇心可能需要暂时搁置，但是，使青少年感到被理解是非常重要的。采取青少年的视角，体会他们的处境，思考他们的看法，这在青春期可能比任何其他时期更重要。青少年往往不希望父母替他们解决问题，因此，要想让青少年感到被理解，你就要退后一步。

意识到并充分认可他"和你不一样"

心智化就是个体要意识到人们的想法和感受是独立的。当思考青春期养育问题时，没有什么比心智化更为重要，因为与父母分离、自主性以及独特性对青少年发展来说是极为重要的。从这一方面来讲，作为反思型家长，你的心智化视角对你和你的青春期孩子来说都是非常有用的。反思性养育法会帮助你理解孩子的想法。由于孩子觉得你更加理解他，这反过来又会让他感受到自己的独立性以及独特性。反思性养育法还能帮助你反思当孩子到了青春期时，你的脑海中会想些什么。自我心智化可以帮助你调节（或管理）自己的感受，如果你想避免你和孩子之间的冲突不断升级，这是至关重要的。

青少年有意无意地向父母传递的一个信息是"你不是我"。那个曾经黏着你、在校门口抓着你不放的孩子，现在变成了对你的问话很不耐烦的青少年。在我与本地家长的焦点小组中，一位家长回忆说，有一次她的女儿在厨房里闲逛，她走了进去，女儿直接问她："你为什么在这里？"这是一个关于存在的哲学问题，还是青少年对于父母出现在同一个空间的恼怒反应呢？她不知道怎样的反应是恰当的，于是走开了。

虽然你在孩子青春期的时候不一定总有这样的感受，但是，你作为他们探索世界的安全基地，在他们的生活中仍然是非常重要的，只不过你要以不同的方式保护他们内心的安全感。幼儿需要知道父母总在关心他，而青少年会觉得这很烦人。作为青少年的父母，最有效的做法是思考他行为背后的想法、感受和意图。作为心智化方法的一部分，你要意识到并充分认可他"和你不一样"的需要（即便有时你在他的行为中发现了你自己青少年时期的影子），这对青少年的发展来说是至关重要的。

当我们回想自己的青春期时，我们很可能会回忆起那些令我们焦躁不安的时刻。我们关注自己青春期的某些感受是自我反思或自我心智化的重要组成部分。其中一些回忆也是我们在采取青少年的视角以及共情青少年时的有用工具，而其他不愉快的回忆使你更难区分自己与孩子的经历。

以不同的方式为孩子提供安全基地

青春期通常被认为是一个充满暴风骤雨的时期，青少年努力成为独立的个体，与父母分离，直系亲属之外的关系变得尤为重要。这些关系以及青少年赋予它们的意义关系到他们的生存，并形成自我认同。尽管如此，青少年仍然像小时候一样需要父母在促进他们探索的同时提供抚慰与保护。青春期的孩子只是不想承认这一点；重要的是，青少年的大脑很难认可别人的想法、感受和观点。我们再次回到成年人大脑与青少年大脑之间的差异。成年人用前额叶皮质进行思考，前额叶皮质是大脑的理性区域，是对情况做出合理判断以及预期长期后果的脑区。青少年用杏仁核处理信息，杏仁核是情感区域，这使青少年被自己的情绪所左右（尤其是当他们体验到崩溃的情绪时），无法与他人和谐相处。

作为父母，随着孩子年龄的增长，你需要以不同的方式提供安全基地。有时，你可能觉得只有你想要这样的依恋关系，不过，它对青少年安全感的意义与孩子年幼时一样重要。你和孩子考虑到青春期发生的社会、认知与情感方面的变化（这意味着青少年需要肯定自己的个体性），从而重新定义你们的关系，这时，你和青少年就产生了健康的依恋。在第2章中，我们将更详细地阐述依恋理论，特别是它如何支持我们的养育行为。简单来说，依恋是我们理解自己和他人想法的基础，即心智化能力的基础。

承担适当的父母责任

当青少年发展自己的独立性、个体性以及自我认同感的时候，紧张局面会频繁出现。你的孩子明确地说，他要与你分开，不太需要你。如果父母不理解这一过程，将威胁到亲子关系的亲密度。另一个威胁是父母过度沉浸在自己的青春期感受，没有从中得到成长，以至无法为孩子提供适合的养育。父母可能会危及孩子的发展，不能提供适当的保护。青少年不希望、也不需要一位无法承担成人权威角色的家长。例如，当目前的环境或早期的童年经历（可能两者兼有）没有满足父母自身的情感需求时，父母可能会用酗酒或滥用药物来填补空虚。他们只顾着满足自己的需求，无法承担起适当的父母责任。

父母想成为青少年最好的朋友，这也会带来威胁。青少年需要父母成为他们的朋友吗？你从他们的视角出发，表达你对他们观点的理解是很重要的，但是，你和孩子成为好朋友，这意味着你们处于同一水平，你像他们一样。一些家长很难胜任更权威、更成熟的父母角色，这在他们仍然需要满足自己的青春期需求时表现得更为明显。比如，有的父母只想满足自己对兴奋感、关注度或娱乐的需求；有的父母参加孩子的活动，与孩子一起玩。这类行为的主要问题是它不仅让青少年没办法与父母分离，还严重损害了父母为青少年提供保护和适当照顾的能力。在最严重的情况下，青春期发展受挫的父母会忽视自己的孩子，让孩子置于危险之中。

为什么需要反思性养育？何为反思性养育

对养育青少年的反思

向自己提问一些养育方面的问题，可以帮助我们检查自己的养育方法。作为"落伍"的老一辈人，你觉得舒服吗？当孩子不想和你分享生活细节的时候，你会有什么感觉呢？我们如何对待青少年养育，以及如何理解在养育过程中的情绪反应，是养育青少年中重要的一部分。缺少自我反思或自我心智化带来的风险是我们与青少年要么太疏远，要么关系紧密到我们变得有侵入性，扼杀了孩子自主与独立的需求。心智化能力可以帮助我们达到这一微妙的平衡。下一章我将探讨青少年的父母如何开始自我心智化，反思自身的想法和感受。

反思型家长是指家长能对自己和孩子进行心智化，即思考自己以及青少年的想法和感受。这两个过程不一定同时进行，但你和孩子是两个不同的个体。在比较理想的状态下，我们大约在30%的时间里进行心智化。毕竟，持续保持反思的状态有点奇怪，我们将永远做不了任何事情！养育工作包括行动和反思，因此，你必须在行动和反思之间找到平衡。有时，你也很难进行准确的心智化。这意味着你可能对于孩子什么时候想亲近你或什么时候想独处感到困惑，并且很容易弄错。换句话说，在青春期，孩子从想获得你认可的幼儿变成需要你帮助却不想承认的青少年，这给你的养育工作带来了真正的挑战。

反思性养育法的工具和技术

下面列出的一套实用方法或技术，可以帮助你理解反思性养育法的理念，学会如何对自己以及青少年进行心智化。

运用工具不仅能帮助你在日常生活中进行心智化，还能帮助你在与孩子相处压力最大的时候恢复心智化能力。接下来，我将通过生活场景展示如何使用反思性养育法的工具改善你和孩子之间的联结，并保护孩子的心理健康。

以下工具能帮助你练习反思性养育法，并在青少年的成长过程中过好自己的生活。

1. 情绪温度计

情绪唤醒是一种思考当前想法与感受水平的方式，也是一种了解我们的感受有多么强烈的方式。"情绪温度计"是一种在某一特定时刻意识到自己"脾气"或情绪唤醒水平的方法。思考你的情绪温度计是自我心智化的一部分，可以和父母MAP等工具一起使用。

我们在一天之中的情绪温度起伏波动，这是正常的现象。有时，我们的情绪温度是适中的，能反思自己以及孩子的想法和感受，但这只会在大约30%的时间里出现。情绪温度计会帮助我们意识到自己的心智化能力，以及影响我们的特定时刻：我们是否过热或过冷，以及分别是什么情况？我们可能感到烦躁或疲惫，或者当时发生了一些事让我们没精力关注孩子；我们可能提不起兴趣，过冷的情绪使我们没办法清晰思考青少年的感受；我们可能刚刚和某人发生了激烈的争吵或开车时发火，我们处于太沮丧或太情绪化的状态（情绪过热），以致无法进行心智化。当我们处于中间的温和状态时，我们就会进行良好的心智化——反思我们自己和青少年的想法。在极端的情绪温度下（过热或过冷），并不适合采取行动或试图干预孩子。这时，你很难理解孩子的感受，你的言语或行为可能使事情变得更糟，导致孩子不愿说话或对你发火。

查看情绪温度计，可以帮助你找到与青少年说话或回应青少年的恰当时机。例如，当你注意到自己的情绪温度过热或过冷的时候，你可以退后

情绪温度计

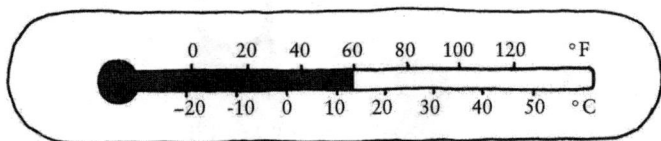

过冷
无法心智化

适中
能够心智化

过热
无法心智化

一步直到你能调节好情绪，再回到谈话或情境中去。当你学会这样管理自己的情绪唤醒、进入"情绪适中"范围的时候，你就更能理解自己以及孩子的想法与感受。此外，你可以使用情绪温度计评估孩子是否情绪过热或过冷（此时孩子无法与你进行建设性的交流）；还可以建议孩子使用情绪温度计来帮助他们了解进行沟通的好时机。

2. 对养育观念进行心智化：父母MAP

父母MAP是一种反思自己的方式，用来反思你目前的养育方式以及你想如何养育你的孩子。你的养育方式是一个不断发展的过程。除了你的

过去经历、家族史以及社会身份的影响之外，你当前的状况与心理状态也会在特定时刻影响着你的养育方式。所有这些因素塑造了现在的你，也塑造了你现在的养育观念。

研究发现，反思养育观念会影响你的亲子关系质量以及孩子随后的行为，因此，反思养育观念与反思孩子是同样重要的。Suchman 等人在 2012年和 2017年所做的一系列研究[5-7]发现，如果母亲进行自我心智化，她们与孩子在游戏中的互动质量将明显好于那些只对孩子进行心智化的母亲。这一证据有力地证明了反思你的养育观念是影响亲子关系质量的重要因素。通过这本书，当你反思你对某些场景的反应以及这些反应从哪里来的时候，你将学会如何对自己的想法与感受进行心智化。

3. 学习反思你的青少年：运用父母APP

"三种关键品质对于青少年的心智化至关重要，这些品质可以用一个方便记忆的缩写——"父母APP"来概括：

A——关注和好奇（Attention and Curiosity）；

P——换位思考（Perspective Taking）；

P——共情和认可（Providing Empathy and Validation）。

这三个要素是青少年反思性养育法的主要原则。第一个要素是退后一步，看一看你的孩子在做什么，以直接或间接的方式对他表示好奇，而不是告诉他"你认为他在想什么以及感受到了什么"。如果你不采取关注和好奇的立场，青少年会认为"你想当然地认为你更懂他"，他们会觉得这太烦人了。

对青少年进行心智化的第二个要素是倾听并尝试理解他们的观点，你不要勉强他们接受你的观点（除非有必要，而且你清楚他们能接受你的观点）。

最后一个要素是共情并认可青少年的想法、感受和经历。共情是更感性的，是你表达你对他人经历的理解和同情，会加深或放大他人的感受，所以，你需要选择共情的时机——共情何时是有效的，何时会使对方的情绪更崩溃。不要在开始表达共情的时候使用"至少"这一词语，例如，孩子说："我的英语结业考试成绩是B级，我太难过了。"你回应道："至少你考过了。"其实，更能表达共情的回答是"我很抱歉你没得到理想的分数。你为这次考试努力了好久。"

父母们经常担心，共情会使青少年逃避责任。父母的态度可能是"我需要告诉他应该努力学习，不能光顾着谈恋爱"。这会激励青少年更努力地学习，下一次取得更好的成绩，还是会使他们逐渐形成羞耻感和自卑感呢？无论你孩子的年龄有多大，共情都是一种强大的沟通工具，"我看到你正在经历什么，我为你感到难过。我相信你，我希望你对自己、对自己的学习更有信心。我相信你，你要相信我是这么想的"。

认可是一个偏认知的过程，可以调节那些更棘手的情绪。例如，你的孩子因为朋友的聊天群没有加她而感到很愤怒。你要认可她确实会感到生气，这既可以使她相信你能理解她，也能帮助她控制不断升级的崩溃情绪。

4. 双管齐下法——帮助你的青少年培养掌控感

当对年幼的孩子进行反思性养育的时候，你可以采取"双管齐下法"的技术。具体做法是：一方面对孩子的行为心智化（理解其背后的意图、想法和感受），另一方面则从权威的角度告诉幼儿他能理解的后果或行动。

此方法背后的原理是孩子既需要感到他们的行为被理解，也需要感受到父母在亲子关系中设定的边界与规则。

在青春期，反思性养育法略有不同。反思或心智化依然是重要的。另一方面更需要关注的是建立从青春期到成年的路径。与它对幼儿的作用一样，反思或心智化对青少年起到同样的约束作用，但设定边界的目的是帮助青少年做出明智的选择，培养掌控感，而不是简单遵循父母所制定的一套规则或准则。

对父母来说，反思性养育是怎样的

反思性养育是指你注意到并向青少年表明他们的想法和感受与你是截然不同的，但你非常想了解它们，与此同时，你还要意识到自己的想法。父母 MAP 和父母 APP 能帮助你同时拥有这两种意识，帮助你感受到亲子联结，帮助你的孩子感受到你的理解与支持。我们来看一看在与青少年的交流中，反思性、心智化的方法与非反思性、非心智化的方法之间的差异。

14岁的 Scarlett 发现朋友们的周末购物群没有加她。她最好的朋友 Holly 说家里有事，周末不能和她见面了，结果她在社交平台上看到了朋友发出的一些照片，其中就包括 Holly。她的妈妈发现她躺在床上，拿着手机哭泣。

非反思性养育	反思性养育
Scarlett，你为什么哭呀？	哦，Scarlett，你遇到了难过的事。
她们怎么能这样？别理她们，我从来不相信那个 Holly。她太讨厌了。	我理解你这么伤心。这太难过了。

续表

非反思性养育	反思性养育
你不想和这样的女孩做朋友。你别信她们。	Holly 对你来说很重要。我感到很难过。
她们为什么这么做？你惹她们了？	她们的做法真令人难以置信。她们出去玩，你只能待在家里，这太难过了。
别哭了。她们不值得你哭。你比她们强多了。	你想和她们在一起去。我想知道 Holly 怎么了，她以前一直是你的好朋友。

以Scarlett的母亲为例，反思型家长与非反思型家长的主要差异包括：

- 她没有给予指导，而是描述Scarlett的感受。
- 她没有给出自己的观点，而是共情Scarlett的感受和观点（她使用父母MAP进行自我心智化并管理自己的感受，使用父母APP对Scarlett进行心智化）。
- 她没有提"为什么"的问题，她认可Scarlett的感受，承认她很难理解她的朋友为什么这么做。
- 她没有漠视Scarlett的感受，在与她的感受共情之后，她想知道Scarlett现在是否能从不同的角度看待这件事。

对青少年来说，反思性养育是怎样的

在Scarlett感到妈妈的共情时，她就更能理解当时所发生的事。她感到妈妈在意并想了解她的观点和感受，妈妈没有批评她或她的朋友。Scarlett非常看重她的朋友，如果妈妈批评她们，这对Scarlett来说毫无帮助。相反，她的妈妈认可她们对Scarlett的重要性，一旦她感到妈妈的认可，她就能与妈妈一起思考她还可以从哪些角度理解朋友的行为。Scarlett

对朋友为何对她撒谎以及小群体排斥她感到难过与困惑，此时她没办法清晰地思考，所以，如果妈妈再提出一大堆问题，只会增加她的负担，她可能就不愿意沟通了。当她的妈妈倾听并理解朋友对她的重要性时，她就能从其他角度思考这一情境。她的妈妈没有迫使Scarlett接受她关于"Holly太讨厌"的观点，这会使Scarlett感到伤心，但是她仍然保留着和Holly交朋友的希望。

反思：在养育孩子时，我什么时候做得最好？

当你思考你想做的任何养育行为时，你可以先问一问自己："在养育孩子时，我什么时候做得最好？"这不是别人经常问我们的问题，更不可能是我们问自己的问题。相反，养育过程时常充斥着自我批评以及他人批评。不过，在探索反思性养育法的父母小组中，这是我们首先考虑的问题。一位父亲说，他认为他会对孩子的爱好与抱负做出积极的反应，比如，如果孩子想参与艺术创意活动，他会很感兴趣，并参与其中。另一方面，他的一个女儿讨厌上学，他觉得要让女儿有机会做她擅长的事情并获得认可。他说他总想做到这一点，我很好奇为什么。他回忆道，他的妈妈鼓励他写作，因此，从他自己的养育经历出发，他想以同样的方式养育孩子，其中掺杂着他没能真正发挥自己潜力的遗憾。我们可以看出，他目前的养育方式既反映了他与他母亲的积极经历（他的兴趣受到鼓励），也反映了他想通过女儿实现他未实现的抱负。如果他能更深入地反思一下自己的想法和感受，也许能帮助他区分他未实现的抱负与他支持女儿的愿望。我们将在第2章中更详细地探讨父母的自我反思。

父母对青少年有哪些担忧

回顾本章一开始父母之间的讨论，交流的话题转向心理健康，父母开始积极讨论他们对青少年的担忧。一位母亲说，坊间报道孩子们会陷入困境，在父母不知情的情况下产生自杀的念头，这让她很担忧。"青春期的女孩喜怒无常，"一位父亲说道，"前一刻她很在意的事情突然就不在意了，所以我很难知道她认为什么重要以及什么不重要。"他们都谈到了他们不知道在孩子出现怎样的情绪时需要介入，也不知道他们应该在什么时候感到担心，于是，他们得出结论：情绪喜怒不定，忽高忽低，你很难分辨那一刻孩子的情绪。一位父亲总结道，对孩子说"如果你需要，我一直都在这里"，让孩子随时能找到他，他感觉非常重要。大多数父母都认为，当孩子当着他们的面关上卧室的门时，他们感到很难过。其实，他们想表达的信息是"如果你愿意，你可以关上你的门，但我的门一直是敞开的。"

当讨论转向抑郁等心理健康问题的时候，思考青少年的想法和感受显然是有用的。家长们可以说："我只是和他们聊一聊，告诉他们有些问题单靠他们自己是无法解决的"，"倾听他们的心声，不要对事情妄下结论"。显然，当父母参与解决问题时，情况会有所改善，但前提是不要让孩子感到讨厌——例如，父母反复问他们！在后续的章节中，我将探讨心理健康问题以及日常问题，看一看对自己和孩子的反思如何能帮助彼此调节情绪，保持亲密的联结。

在焦点小组中，我询问父母他们最关心的青少年问题，包括一些关键的主题：

- 当下的安全；

- 枪械和刀具；

- 药物和酒精；

- 心理健康问题；

- 道路交通；

- 直接威胁与即时安全；

- 死亡；

- 疾病；

- 对父母的态度；

- 尊重（缺乏尊重）。

本书将在亲子互动的场景中探讨以上主题以及更多相关的主题。

父母之间关系对青少年心理健康的影响

父母之间的关系紧张会影响青少年的心理健康。大多数孩子都觉得自己有责任使父母关系融洽。青少年仍然会对他们自己以及他们的未来形成新的看法；为了符合当下的现实，他们会不断调整这些看法。当青少年被问到父母关系融洽的重要性时，75%的青少年认为这是影响自己幸福感的一个重要因素。而当被问到同样的问题时，家长认为父母关系融洽对青少年的重要性大约是15%~20%。这一显著的差异表明了父母的看法与青少年的真实感受之间存在差距。父母经常会说他们的孩子"对自己以外的事情漠不关心"或者"完全沉浸在自己的世界里，不关注家里发生的其他事情"。实际上，他们的孩子关注着家里的一切，也非常了解家庭动态，只是没有说出来。父母之间关系会影响到青少年生活中的多个方面，我们将在后续的章节中回到这一话题，思考它如何影响孩子的社交圈、心理健康以及孩子向成年的过渡。

青少年对父母及其养育的看法

我再一次坐在桌子旁边，这一次是和6个十五六岁的少年在一起，我询问他们对父母以及养育的看法。他们有如此深入和鲜明的观点，并且他们如此想与我谈论这个话题，这令我惊讶。我印象最深的是，这对他们来说真的很重要。我自然询问的是他们对自己以及父母的看法，但他们的回答远远不止于此。他们更广泛地谈到养育，谈到"好"父母是什么样的，以及这对他们以及他们所认识的其他人产生的影响。在谈话中，他们谈论了他们的父母，以及在他们心目中，目前令父母操心的关于青少年孩子的问题是什么。

当我问到父母的养育方式时，James立刻想到的是"他们想联系你，你明白他们想知道你在哪里，但是当你想联系他们时……却找不到他们。他们希望你立即回复，但他们不能立刻回复！"James接着说，"他们想知道我在哪里的原因是他们想知道什么时候做饭！他们并不是真想知道我在做什么。"这句话很有趣，因为它强调了依恋关系的重要性。他的诉求是如果他需要父母，父母就会在他身边，即使他不希望父母一直在他的身边。

小组中的另一个男孩Sam说："我放学回家，发现家里没人，我就会问'你们在哪里？'他们通常出去看电影或吃饭了，但他们不会告诉我。如果他们能告诉我就好了。"

以下是其他一些浮现出的主题：

- 父母一遍又一遍地重复指令。他们要知道我们第一次就明白了。
- 一些边界是有用的。没有边界，我们不知道该怎么做。
- 我受不了父母掌控一切。他们不需要刨根问底。
- 他们确实需要关心我们在哪里，我们在做什么，但是不应该过度介入。

显然，这只是青少年在考虑他们想要（或不想要）的养育方式时的众多主题中的一部分。这取决于他们与父母的早期经历、他们的朋友圈以及其他影响他们生活的主要因素，对每个青少年来说都是个性化的感受。有一次，我问我的一个孩子，他觉得我可以做出哪些养育方面的改变，他回答说："不要过多思考养育的问题！"

当你在亲子关系中反思自己的想法和感受时，你不仅为更平衡、更紧密的亲子互动奠定了基调，还帮助孩子获得了不同的自我视角。在对青少年进行心智化之前，你首先要进行自我心智化，建立情绪稳定可控的环境。你还帮助你的孩子感到被理解，他的观点和经历是合理的。最终，除了改善你们的关系之外，这还增强了他与别人的关系，并支持他的心理健康。

下一章的主要内容是父母地图以及了解自身想法与感受的重要性，以及这如何影响你的养育方式。从你自己开始，学习管理自己的心理状态，这是支持孩子在青春期变得更有复原力和安全感的至关重要的第一步。

停下来想一想：反思性养育法

主要内容

反思性养育法是一种以心智化为基础的养育模式，它可以帮助你在日常生活的亲子互动中使用心智化理论。青少年的反思性养育法改进了我的第一本反思性养育书中的模式，目的是使你和青少年保持亲密的联结。此外，反思性养育法还能促进青少年独立性的发展。

反思性养育法对父母的帮助

成为一个反思型家长，不仅可以帮助你理清你对自己的想法和感受，还可以帮助你从孩子的角度理解孩子的想法和感受。使用反思性养育法的工具——自我反思与使用情绪温度计，可以帮助你调节自己的情绪，如果孩子需要你，你可以随时在他的身边。作为反思型家长，你没有采取专制型（不容争辩的强制性边界）或放任型（缺乏边界）养育风格，而是向孩子示范了管理自身情绪的方式（参见第2章），这将教会孩子如何处理自己的人际关系。

反思性养育法对孩子的帮助

当你成为反思型家长后，孩子会觉得你对他感兴趣，并认可他的经历和感受。他会觉得你尊重他的观点，这为他创造出调节自身感受的空间，尤其是在他感到崩溃的时候。你共情地倾听孩子的心声，他会感到自己被理解，情绪更加平静，并且能想到其他解决办法。

反思性养育法对亲子关系的帮助

使用反思性养育工具（父母MAP、情绪温度计、父母APP和双管齐下法），可以减少你仓促之下对孩子做出过度反应的可能性。反思性养育法使你们保持联结，从而促进你们的关系，你们更可能在彼此倾听的情况下进行交流，并思考你们对同一情境所持有的不同观点。这反过来促进你们的相互理解，使你们不会陷入糟糕的情绪之中。

注意事项

- 使用反思性养育法的工具来决定你进行干预的最佳时机。

- 当你更能意识到自己的感受时（通过自我心智化），你就更清楚你的想法与孩子的想法是不同的。

- 成为反思型家长，可以帮助青少年理解他的想法和感受。

- 通过父母MAP，你更能意识到你的养育方式的影响因素，从而帮助你理解区分自身感受与孩子感受的重要性。

- 教给孩子反思性养育法的技巧（通过他们观察你处理人际关系的方式），可以教会他们如何与同伴、未来的伴侣建立并保持安全紧密的关系。

参考文献

[1] Fonagy, P., & Luyten, P. (2018). Conduct problems in youth and the RDoC approach: A developmental, evolutionary-based view. *Clinical Psychology Review*, 64, 57–76. Doi: 10.1016/j.cpr.2017.08.010.

[2] Blakemore, S. J. (2018). *Inventing ourselves. The secret life of the teenage brain.* Penguin Random House.

[3] Carey, S., Diamond, R., & Woods, B. (1980). Development of face recognition: A maturational component? *Developmental Psychology*, 16(4), 257–269. Doi: 10.1037/0012-1649.16.4.257.

[4] Hauser, S. T., Allen, J. P., & Golden, E. (2006). *Out of the woods: Tales of teen resilience.* Cambridge, MA: Harvard University Press.

[5] Suchman, N. E., DeCoste, C., Leigh, D., & Borelli, J. (2010). Reflective functioning in mothers with drug use disorders: Implications for dyadic interactions with infants and toddlers. *Attachment and Human Development*, 12, 567–585.

[6] Suchman, N. E., Decoste, C., McMahon, T. J., et al. (2011). The mothers and toddlers Program, an attachment-based parenting intervention for substance-using women: Results at 6-week follow-up in a randomized clinical pilot. *Infant Mental Health Journal*, 32, 427–449.

[7] Suchman, N. E., Decoste, C., Rosenberger, P., & McMahon, T. J. (2012). Attachment-based intervention for substance-using mothers: A preliminary test of the proposed mechanisms of change. *Infant Mental Health Journal*, 33, 360–371.

How Do You Hug a Cactus?

Reflective
Parenting
with
Teenagers
in
Mind

如何拥抱仙人掌：
青少年反思性养育指南

第 2 章

反思作为父母的自己

"你现在心里在想什么，为什么会这么想？"

反思你当父母的经历对你的亲子关系来说是非常关键的。在思考孩子的想法与感受之前，你先要关注自己对养育孩子的想法与感受，这对思考如何支持青少年来说似乎是个有点奇怪的出发点。不过，这种方法能帮助你思考哪些事物会影响你并使你产生某种感受，使你注意到那些触发你想法、感觉和反应的特定因素。这些影响因素具有个体差异性，并且取决于本章将要探讨的一些因素。

首先，问一问你自己"在养育孩子时，我什么时候做得最好"，这是第1章谈到反思性养育法时提到的问题。我在焦点小组中对家长提出了这个问题，他们惊讶的表情给我留下了深刻的印象。一位爸爸说："我没想过这个问题。"一位妈妈评论："我不会想我做得好的地方，只会想我的担忧和我可以改进的地方。"当我们进一步探讨他们对养育的感受时，他们说："当一切顺利的时候，我觉得我做得比较好；当我感到压力不太大的时候；"另一位家长评论道："当我没有被工作或一大堆待办的事情干扰，能真正思考的时候；当我遵循着我希望的养育方式的时候；你知道，当我真正喜欢做家长的时候。"

针对这一问题，你会产生哪些具体的想法和感受呢？孩子比较小的家长经常说，在孩子睡眠较好的时候，他们感到自己当父母做得很好。对青少年的父母来说，答案显然是不同的。青少年的父母经常说他们养育的最佳时刻是当他们倾听孩子说话、不会反应过度或评判孩子行为的时候，或者是当他们即使不赞同孩子的看法也认可孩子感受的时候。我们许多人更容易反复回忆自己的缺点和失败，而不去注意自己做得好的地方。

让我们从父母常见的行为——叫嚷开始。为什么你有时会叫嚷呢？你是不是觉得当你叫嚷的时候，孩子为了顾及你的想法和感受，会立刻听你的话并改变自己的行为呢？当你的父母对你叫嚷的时候，你是否会立刻回应呢？你是否从自己的家庭背景中继承了这种行为呢？例如，当我们难以控制强烈的情绪或者我们的负担过重（比如生活成本高、做一份不喜欢的工作或者照顾年迈的父母）时，我们会大声叫嚷。你可能会觉得叫嚷会从你的孩子那里得到你想要的回应。更有可能的是，你甚至没有想过叫嚷到底能达到怎样的效果，你只是在压力增大、无法掌控的时候才会爆发，叫嚷起来，或者你只有通过叫嚷才能得到回应。

你可能想要的只是得到回应。不过，在大多数情况下，父母由于挫败感做出叫嚷的行为，往往是因为他们通过叫嚷的行为释放了内心积聚的一些紧张情绪。所以，事实上，叫嚷只是暂时使父母的感觉更好或感觉不同，不会对孩子的想法、感受或行为产生任何重大的影响。击打、抓挠或摇晃的行为也是如此。尽管这些行为总是增加和（或）升级你本想阻止的冲突或攻击，但是，它们几乎不会对青少年的行为产生任何影响。

父母心智化的理论基础

在过去的二十年里，我们对父母理解孩子心理状态的能力（即"反思功能"）有了更深的理解。这一概念源于Peter Fonagy和他的同事Miriam和Howard Steele 1991年进行的开创性研究——伦敦亲子项目[1]。他们的研究结果表明，父母的依恋模式与孩子的依恋模式之间存在高度一致性。例如，如果父母小时候与主要照顾者形成安全的依恋关系，那么，他们的孩子可能会形成与他们类似程度的依恋模式。反之，如果父母的童年依恋模式很糟糕，他们的孩子身上更可能重复这种模式。读到这里，你可能会担心如果你过去的依恋经历不像你想得那样安全，那么你注定要把同样的模式传给你的孩子。我们现在知道，通过更有反思性（心智化）的养育风格，我们有可能改变依恋传递模式。营造一种深入反思你自己和他人的心理状态的氛围永远都不算太晚，这就是你使用反思性养育法的全部意义。

依恋理论

当我教授依恋理论的时候，我通常首先提出一个问题："如果你觉得课程很难，非常担心自己过不了考试，你会怎么做？"我得到了一系列答案，从"我会给我妈妈打电话，或者和我的朋友聊一聊"，或者"我会惊慌失措，变得非常焦虑，不知道该怎么办"，到"我通常不再想它了，然后制定一个解决问题的计划"。每一种回答都体现出他们的依恋风格，鲍尔比所说的"内部工作模式"是他们对人际关系和他人的期待的核心。其中一些学生立刻会求助，认为他们生活中的人随时会提供帮助和支持（我们把这种依恋模式称为"安全型"）；一些学生认为他们要靠自己找到解决办法，更愿意采取这种务实自立的方法（回避型）；一些学生非常烦躁，大声而又恐慌地到处求助，他们不确定自己能不能得到帮助，也控制不了自己的感受，当他们得到帮助时，他们需要一段时间才能平静下来（不安全型）。

这些不同的依恋风格体现在日常平淡的生活场景之中，并且，它源于生命的最初几年（或1001天）。如果在你还是个婴儿的时候，你的需求总能得到满足，并且你与主要照顾者之间有亲密的依恋关系，你可能就形成了安全依恋。如果你在婴儿期时的需求总得不到满足，比如，你因为痛苦或不舒服而哭泣（尿不湿了或者睡不着），你的主要照顾者有时会满足你的需求，有时不会帮助你，那么你就会知道"为了使父母注意并回应你，你只能大声哭泣"。这被称为不安全依恋，它不仅使你怀疑他人会不会满足你的需求，还会使你产生"你的需求不值得被满足"的感觉。另一类依恋风格被称为回避型。如果在你还是婴儿的时候，你的父母给你传递的信息是"如果你感到烦躁、痛苦、愤怒等，你要靠自己解决问题"，你将学会更少地表达情绪，因为你得到的信息是你需要自行解决问题；如果陷入困境无法挣脱，你需要自力更生，因为没有人能帮助你。随着年龄的增长，你逐渐认识到如果你遇到困难，你不能依靠别人，但你可以依靠自己。你可能发现自己不太依赖别人，也不像你认识的其他人一样展现出自己的弱点。

每当我和学生谈论这些依恋模式的时候，他们往往会担心自己是否符合安全依恋模式。似乎任何不安全依恋的迹象都意味着他们的生活和人际关系注定要失败。这是不正确的。我们现在知道，依恋是不断变化的，其他影响因素和以后生活中的人际关系（特别是在青春期）意味着当我们与可获得的、支持的、可信的成年人有过友好的相处经历时，我们会形成安全依恋。如果你反思自己的童年，我想你会认同上述模式中的其中一种依恋模式。

第四种依恋类型叫作混乱型依恋。这种依恋类型不太常见，其源于孩童时期，父母或照顾者对孩子做出与他的感受不相符的反应，让孩子很难理解。我刚才提到的其他三种类型都是父母做出可预测的行为，婴儿很快就知道父母可能做出的反应（即使是父母断断续续地回应孩子的不安全依恋）。而在一段混乱型的依恋关系中，父母的反馈与孩子的感受可能是不一致的，这使婴儿对自己的感受感到困惑。例如，想象一个婴儿朝着母亲发出咯咯的笑声，好奇地睁大眼睛，来回扭头，对着母亲微笑。母亲没有对着婴儿微笑，而是瞪着婴儿说道："不要对我摇头！我没心情看你拒绝我！"这对婴儿来说是非常困惑的，如果一直持续到童年以及以后的发展时期，年轻人将很难理解自己的感受以及他人的感受与行为。如果父母的表现与孩子的感受不一致或者缺乏我们所说的"标记性镜映"（父母/照顾者镜映他们所认为的婴儿的感受），就会导致孩子没办法理解自己和他人。

安全依恋是心智化能力发展的基础，因此，每当你尝试对自己和孩子进行心智化（反思你的想法，并试着理解孩子的想法）的时候，孩子会感受到安全紧密的依恋关系。当然，你不可能一直保持反思，但是，如果你把心智化方法运用到你的亲子关系之中，这将对你们关系的亲密度产生积极的影响。

依恋类型与反思能力相关的理论

福纳吉和他的同事们假设，父母的依恋风格和孩子的依恋风格之间的一致性，与父母把孩子看作是拥有自己心理体验（想法与感受）的独立心理实体的能力有关。此外，父母感知并反思孩子心理状态，从而做出相应反应的能力，通常与父母小时候对主要照顾者的安全依恋程度紧密相关。换句话说，如果你能思考孩子的心理状态，并向他们表明你对他们想法与感受的理解，这很可能是你从你父母的养育方式中沿袭的技能。

基于这一假设，福纳吉及其同事开发出"自我反思功能量表"，随后开发出用于测量父母理解自身心理状态的能力的"反思功能量表（RFS）"。反思功能量表最初应用于成人依恋访谈[2]，它是一种基于父母反思自己早期童年经历的访谈、用以测量父母童年对自己父母的依恋程度的工具，有助于识别那些被视为反思性功能的证据的标记物。这些标记物不仅与父母对自己心理状态的意识有关，还与他们反思自己童年经历的能力以及这些经历对他们当下的养育方式的影响程度有关。研究表明，父母理解并反思自己和他人心理状态的能力源于他们自己早期的亲子关系；在他们自己的亲子关系中，他们把照顾者（通常是他们的母亲）视为能识别并回应他们心理状态的人。

现在想一想这个理论与你当前的养育方式有怎样的关联。如果你年幼的时候，你的父母似乎能用语言和情感表达你的体验，那么，作为成年人，你更有可能理解你自己的感受以及孩子的感受。例如，想象一下你小时候在公园里玩，看到你的哥哥从妈妈那里得到了冰激凌，你没有得到冰激凌，你感到既嫉妒又生气。你噘着嘴，眯着眼睛看着母亲，心里想："这不公平。"然后你的妈妈看到你的脸，模仿你的表情，她也噘着嘴说："啊，对不起，你在攀爬架爬上爬下，错过了吃冰激凌。你有点不高兴，是吧？等一下，我去看一看卖冰激凌的阿姨有没有'迷你牛奶'冰激凌。你喜欢'迷你牛奶'冰激凌，是不是？"在这一场景中，你得到的是父母解释你的行为并赋予其意义的体验。父母通过镜映你的脸，告诉你他们能理解你的感受。他们会说"不太高兴"这类的话。这个日常生活场景是父母能理解孩子心理状态的一个实例，这类互动奠定了安全依恋的基础。我们可以看到父母通过给孩子的行为赋予某意义、对孩子进行心智化的过程。这种互动还涉及孩子学习理解他人以及感到自己被理解的过程。在养育的背景下，拥有"反思性自我"的能力是指父母反思自己当父母的心理状态和父母把这种反思能力映射到孩子心理状态上的一种相互作用。这一重要的平衡对于我所提出的反思性养育法非常关键，反思性养育法可以帮助父母提高他们的心智化能力。对年幼的孩子来说，在这一场景中，父母能调节好自己的情绪，已处于合适的"情绪范围"内，因此，他们不一定需要首先进行自我心智化。一旦你的孩子成为青少年，你在反思孩子的心理状态之前先想一想自己的心理状态就变得越来越重要，因为你更可能体验到情绪温度的"高点"。

　　在第1章中，我们看到研究[3]揭示了，与反思他人的能力相比，自我反思的能力对于亲子关系与亲子互动更加重要，随着孩子进入青春期，这一点更是如此。学会反思自己的心理状态不一定总是容易的，我们在压力之下很难做到这一点，但如果你能坚持下去，它将对你的所有关系以及你的心理状态都产生巨大的益处。

如何将父母心智化理论付诸实践

这类研究表明，当我们不时停下来反思自己（尤其是我们的想法与感受，它们从哪里来，它们如何影响我们）的时候，我们可以与孩子进行更多积极的互动。相比之下，如果我们只把注意力放在理解孩子上，而没有事先了解自己的心理状态，那么，我们就不太可能与孩子建立有意义的联结。这听上去非常简单，但令人惊讶的是，我们在养育孩子的时候很少关注自己的心理状态，而是把注意力放在其他家庭成员身上。

你可能会想，如果你的孩子很难相处、行为不当，让你感到非常紧张和焦虑，你能做的就是尝试找到一个针对他们行为或态度的解决办法，这样你们的关系就会恢复如初。前面提到的研究[6]表明，对亲子关系最有帮助的做法是反思自己，聚焦于你的情感生活。这是提升亲子关系和日常亲子互动质量的最重要的因素之一。

自我心智化在反思性养育中起着关键的作用，这是想要实践反思性养育法的父母要做的第一步。接下来，我将分步骤介绍反思性养育法，帮助你把这一理论应用到你自己的养育实践之中。

思维核查

为了开始自我心智化，"思维核查"技术是很有用的。"思维核查"是指你对自己进行的一次快速检查，开始留意你正在想什么。这和你回想发生在某一天、某一周甚至是你的童年或者最近生活中的所有事情是不同的。例如，如果你现在停下来进行思维核查，你可能会注意到 / 观察到你的思维并没有完全集中在你正在阅读的内容上，而是在别的事情上游离，可能是孩子的学校旅行（他们记不记得把所需的东西都打包，天气状况会不会影响旅行），也可能是你要不要去商店买点东西，等等。你可能会注意到你的脑海里充斥着各种声音，如果你想专心阅读，你需要排除这些杂音。

现在出现在你脑海中的是什么？你正在想什么？你有什么感受？为了练习思维核查，你可以花几分钟的时间留意并写下你此刻的想法。你是完全专注于手头的任务，还是一心二用地想着后续要做的事情呢？或者你开始更深入地思考你作为青少年的家长以及与之相关的所有事情呢？你的脑海里可能不只想着一件事。

你可能发现你更关注实际的想法，而不是情绪化的感受。这取决于你当前的情况，包括你在哪里，你和谁在一起，当下是哪一天，刚刚发生了什么，后续会发生什么。在任何时候，对你的影响因素是无限的，它们都会影响你当前的心理状态。

影响养育方式的因素有哪些

父母MAP代表的是心智化的青少年养育，即思考那些你养育青少年的影响因素。这张"地图"是你可以用来开始构建的内容，就像通往你养育之旅的路线一样，你可以在纸张上、设备中或者脑海里记下要点。在本书将要介绍的所有工具中，父母MAP可能是最重要的工具。当然，在你开始对你的孩子使用反思性养育法之前，这是你要思考的第一个工具。在这本书中，我会提示你停下来想一想。在这些时刻，你要做的第一件事就是思考"现在我在想什么，为什么我会这么想？"这将涉及你思考你的父母MAP发生了什么。

我们以18岁的拉希德为例。拉希德吃完早餐后，把盘子扔在水槽里。他的爸爸对此非常不满，因为厌倦了日复一日地唠叨他，爸爸最后在家庭聊天群里发了厨房状况的信息。这惹恼了拉希德，他讨厌爸爸指出他的毛病（毕竟他自己做了早餐），所以他无视了所有的信息。如果我们问拉希德的爸爸当时有怎样的想法和感受，以及这些想法和感受来自哪里，他可能会说："我就让他做一件小事，但我不得不三番五次地催他，这就让我很恼火，我问他，他对我不理不睬。他不尊重我，也不尊重这个家；我工作多么努力，才能得到这样的房子啊！"

从父亲的话语我们可以看出，他对拉希德的愤怒不仅是因为他想让儿子按照他说的去做，更是因为他的愤怒与他自己的职业道德、他为家人买房子付出的全部努力有密切的关联。虽然大多数父母都不希望孩子偷懒，把家里弄得一团糟，但是这位父亲对价值与尊重的问题尤其敏感，这意味着他对拉希德把盘子放在水槽里的反应可能要比一般人更强烈，进而导致他们的父子关系紧张，以及父亲的感觉很糟糕。

如果你使用反思性养育法，就会发现自己的心理状态受到孩子情绪状态的严重影响，而在你的亲子关系中，你能调整好自身的情绪，这会使你和孩子之间产生更亲密的联结。

你作为父母的感受

你认为你的养育观念从哪里来呢？实际上没有人教过你如何养育孩子，但你不知不觉已经把孩子抚养成青少年；你可能和我一样，觉得自己还没有完全掌握养育之道。你是否仍然觉得有些事不知道该如何处理呢？我回想起疫情开始时遇到的完全意想不到的养育挑战。例如，考试被取消，毕业舞会和庆祝活动被取消，青少年重要的生日不能如期庆祝。回顾这段时间，它已经过去两年多了，我们会认识到当时父母在养育青少年时面临的一个重要挑战是调整自己的情绪，使我们可以帮助孩子。当真正的死亡威胁笼罩着你的时候，这并不容易！在近现代的历史上，可能还没有出现过像现在这样普遍感受到焦虑和恐惧的时期。对我们的养育方式进行心智化能帮助我们理解这一点：我们作为父母所经历的感受严重影响着我们每天对待孩子的方式。

你对养育青少年的看法

在我与父母（包括照顾者和养父母）的工作中，一个常见的主题是他们对孩子青春期的消极期待。在通常情况下，父母能够对孩子进行反思与共情，思考彼此关系的动态，并讨论他们认为孩子行为有挑战性的场景，例如在一起吃饭的时候彼此发生争执。我记得在想象自己在养育过程中将会遇到哪些困难的时候，很多父母会停留在青春期，有一次，他们画了一个长着魔鬼犄角的头像，代表着他们认为的青春期男孩的样子以及他们那时的感受。当你反思你对养育青少年的想法时，你期待着孩子的这一人生阶段吗？如果你的孩子还没有进入青春期，你认为你会接纳这一阶段的孩子吗？回到你对养育青少年的思考，你觉得你期待这个阶段的生活吗？或者因为你在15岁时找不到好朋友，觉得自己在学校里格格不入，你会对孩子的友谊感到非常焦虑吗？

依恋史的影响

　　无论你对养育青少年有什么想法，这些想法对你的养育方式来说都是极其重要的。你的养育方式以及由此形成的依恋风格，将在很大程度上塑造了孩子早期的生活经历。例如，如果孩子早期体验到的是安全型的依恋风格（你曾经给孩子带来安全感，培养他对别人的信任，使孩子觉得自己值得获得别人的帮助与爱），在他们进入青春期之后，这将在很大程度上影响着他们对自我以及他人的看法。有时，有些情境可能意味着我们不能一直满足孩子的需求，例如父母患有抑郁症、出现经济困难或者照顾身体不适的祖父母。在这些情况下，孩子长大后可能会怀疑别人的可获得性、可靠性以及回应性，还可能认为自己不配获得别人的帮助。他们的经历可能教会他们，由于他们不一定能得到所需的帮助，他们不确定如何以及何时寻求帮助或者依赖他人。

　　幸运的是，过去的经历不一定就是主宰孩子未来的力量；即使孩子的依恋模式并不"理想"，他们也可以在我们一生的呵护中获得安全感。如果你觉得你在孩子年幼的时候没有给他们提供足够的安全感，那么你在青春期给他们提供安全可获得的依恋关系也为时不晚。

不同的养育风格

青少年的父母经常表达的一类情绪是"他们不尊重我当父母的权威"。这通常是指父母制定一些规则或者提出一些要求，遭到了青少年的拖延或拒绝。父母可能想知道制定规则与边界、有一定权威性的父母与指责孩子行为的暴君之间的界限在哪里。心理学家 Diana Baumrind 首先提出了不同养育风格的概念，心理学家 Eleanor Maccoby 和 John Martin[4] 对此进行了扩展，他们把养育风格划分为四类。

放任型 以孩子为导向的 很少给孩子制定或强制规则 过度溺爱孩子以避免冲突	**权威型** 与孩子一起解决问题 设定清晰的规则与期望 开放的沟通与自然的后果
忽视型 不参与或缺席 很少培养或指导 漠视孩子社会情感或行为的需求	**专制型** 以父母为导向的 设定严格的规则和惩罚 单向沟通，很少考虑孩子社会情感 或行为的需求

根据父母行为的两个维度，养育风格可分为指令型与回应型。指令型的养育风格是一种以父母的指令、命令、要求为核心来引导孩子行为的养育方式；回应型的养育风格侧重于父母对于孩子的需求、情感和行为作出

积极的回应。

　　观察一下这几种不同的风格，你童年时接受的是哪一种养育风格呢？如果你关注权威型养育风格，你可能会发现这符合反思性养育法的理念。作为权威型的父母，这意味着你非常看重成就和成熟，但你也是温暖的、有回应的。权威型养育风格还包括制定规则并通过监督来执行（例如使用"双管齐下"法），公开讨论问题并提供指导。权威型父母也会解释自己的行为，这会使孩子形成清晰的认识，并把价值观、道德和目标教给孩子。权威型父母是果断的，但不是干扰性或限制性的。他们在管教孩子时是支持性的，而不是惩罚性的。他们尊重孩子的自主性，给孩子更多自由，并鼓励孩子独立。

练习

　　花点时间回想一下你的童年经历。写下你的父母是如何养育你的。你的亲身经历最接近哪种养育类型呢？或许不止一种。

　　现在想一想你最近和孩子之间的一次困难互动，反思一下你当时使用了哪种养育风格。如果你采取权威型的养育风格，你对孩子是有回应的、温暖的，但是，你仍然对他们的行为设定界限或期望。你可能已经向他们解释了他们行为的后果。

　　如果你采取的不是权威型养育风格，那么，你要想一想这种方式是否有效。或许你采取了专制型的养育方式，制定严格的规则或惩罚措施。这时，你不仅批评孩子的行为，还批评他们，在一定程度上给他们贴上诸如"懒惰"或"不尊重"的标签；你可能还会发火或者收回你的帮助与关爱来惩罚他。在这次互动结束之后，你们的关系更紧密还是更疏远呢？或许你事后感到很糟糕，或者你的孩子感到生气、沮丧甚至是羞愧？

当你阅读这本书的时候，你会遇到不同的场景，你要记住你想采取的养育风格。反思一下在你目前的养育风格中哪一种是最有效的，你可以在哪些方面做得更好，从而使你和青少年的关系更温暖、更紧密。

你与伴侣关系的影响

我们与伴侣、好友或家人之间的争吵必然会影响我们的感受，并且，在无意识的情况下，我们把这些消极互动的感受带入我们的养育风格，继而妨碍青少年的个人需求。你与伴侣的关系起着重要的作用，这不仅体现在你的养育方式上，还影响着孩子其他方面的发展。在第5章中，我们会探讨你与伴侣的关系对孩子处理其他人际关系的影响；在第10章中，我们会探讨你们的关系对孩子成年生活的长期影响。现在，如果你开始反思你和伴侣的关系，这是良好的开始。你们可能有基本一致的养育风格，也可能有截然不同的养育风格（这在一定程度上是由你们不同的童年经历、当前的影响、文化等因素所导致的）；无论是哪一种情况，你要记着这些因素对青少年的影响。当父母的关系存在严重的冲突时，无疑会对儿童以及青少年产生深远的消极影响。关于高冲突家庭的研究[5]表明，孩子将处于三角关系之中。三角关系有不同的表现形式，但是，从本质上讲，孩子都会卷入成年人的纷争，并与父母中的一方形成有问题的联盟。例如，在一种三角关系中（被称为"病态三角关系"），父母中的一方把孩子视为密友，排斥并贬低另一方。一些父母可能不会消极地评价另一方，但是，由于另一方令他们感受到强烈的痛苦与愤怒，所以他们选择避而不谈。从表面上看，沉默似乎比说坏话更可取，但这仍然会产生同样的效果——他们不支持孩子与另一方的关系。这也使青少年很难想起另一位家长的好。不管你的个人感受如何，你都应该使孩子与父母双方有"足够好"的关系。

　　另一方面，你只要拥有一两个支持性的关系（你与伴侣的关系或者你与朋友的关系），都会对你的养育工作产生积极的影响。支持你的伴侣或朋友不仅会认可你的想法与感受，还会认可你在养育青少年时的情绪波动。他们将使你更容易区分自己的心理状态与青少年的心理状态。如果你是单亲家长，或者虽然你有伴侣，但是，如果你遇到了生活困难，而且你与孩子的相处也出了问题，这时，最有效的做法是与和你处境相同的家长进行交流。重要的是，你和别人分享养育过程中的成功和失败，有助于改善家庭关系。养育经常会令人感到竞争性，分享自己的失败，而不是展示自己的成功，能拉近你和其他家长的关系。

　　当你和孩子出现沟通不畅与误解的时候，你可以认为此时此刻你的心智化能力处于"离线"的状态；换句话说，你想法与感受的影响力阻碍了你反思青少年的能力。首先，构想你的父母MAP（接下来我将会介绍），并花一些时间反思那些影响你的养育方式的因素，这样，你就开始认可自己现在的一些思维方式、感受方式以及行为方式，意识到你在大多数时候已经尽力了。你还可以提升心智化能力，思考那些在特定的养育情境下影响你的想法、感受以及反应的因素，并承担起心智化能力缺失的责任，继而开始逐渐质疑并改变你的想法。如果拉希德的爸爸能做到这一点，他就不会唠叨拉希德，在家庭聊天群里发抱怨信息，而是冷静地向拉希德解释他为什么非常看重做家务。当拉希德不做家务的时候，尽管不是故意惹恼他，他还是觉得自己的辛苦工作都白费了。如果拉希德理解他爸爸的强烈反应在一定程度上与他爸爸自己有关，而不是与他有关，那么，他更可能按照父亲希望的去做，而不会觉得爸爸在对他进行人身攻击。

当你给自己留出反思自身心理状态的时间和空间（例如，你在吃早餐时对孩子发脾气的原因是什么），你会发现你能有更好的状态来反思你的孩子。换句话说，一旦你开始管理自己的情绪，使其处于可控的状态或者你开始理解这些情绪，你就能更好地思考孩子的想法。

如何构建你的父母 MAP

面对青少年的强烈情绪，父母管理自己的情绪确实是一项艰巨的任务。有时，你可能发现自己被推到了爆发的边缘。正如第1章所述，你在这些时刻可以使用情绪温度计。当孩子的言语或行为令你感到焦虑、愤怒或不安时，你情绪温度计上的"温度"太高了，你没办法进行清晰的思考。这时，你要做的是找到一种把情绪温度降低到正常或中间范围的方法，这样你就可以更清晰地思考或反思。

回顾一下第1章中父母在焦点小组中谈论的主题清单，最常见的主题之一是不体谅或不尊重他人。青少年几乎一定会宣泄强烈的情绪，他们很多时候会产生冲动的想法。有时，你很难保持冷静并明白你此刻最好的反应是什么，甚至可以说这几乎是不可能的。不过，不要惊慌，这正是构建父母MAP的目的，以下是具体的步骤。

第一步：使用情绪温度计

使用你的情绪温度计来观察你现在的情绪温度。如果你的情绪温度太高或太低，那么，你就不适合和孩子解决问题，没办法有效地反思自己或孩子。你需要做的是找到能帮助你降温或升温的办法，比如停下来等待，离开当前情境，与不在场的人聊一聊或者做一些能使你冷静与分心的事情（比如，听音乐）。

第二步：核查你当前的心理状态

你可以进行思维核查。问一问自己："我现在觉得怎么样？是什么让我有这种感觉？"例如，你可能意识到自己感到焦虑，当你开始好奇焦虑的来源时，你可能会追溯到某个主要因素（比如担心自己的健康）或者多个因素。这是你的焦虑，你要认识到这是你对自己的感受，而不是孩子的感受，这是开始自我心智化的第一步。

现在关注一下你当下的想法。这可能比关注你的感受更困难，因为我们经常意识不到自己的想法，所以会觉得这样做有点不自然或不熟悉。即使是刻意练习，你一开始也会感到有点困难。最初你可能观察不到自己的想法，但是，当你进行练习并记录你的想法，或者与伴侣或朋友谈论你的想法与感受时，你就能逐渐意识到自己的想法。这对于下一步你按照第 3 章的内容对你的孩子进行心智化非常有用。例如，如果你需要打一通电话，你可能留意到自己的想法，"我得继续工作，但我忘了今天早上应该给全科医生回个电话。"意识到这一想法有助于你把它与焦虑感联系起来，认识到这些想法和感受是你自己的。如果孩子想得到你的关注，你可以保留自己的想法，不要让它干扰你与孩子之间的互动，但你需要有意识地做出努力，特别是在他问的事情需要花你一些时间的时候。由于你潜在的心理状态，你需要努力调节自己。

第三步：思考你的文化、社会和个人认同

思考你的文化、种族、社会和个人身份是在反思自身想法和养育风格时的关键内容。以我自己为例。我是一名白人、英裔、异性恋的中年已婚女性。我出生在东米德兰兹郡的一个矿业小镇，我在十几岁时目睹了矿工的罢工运动。这个地区的大部分人属于工人阶级，但是，我的家庭是中产阶级（我妈妈）与工人阶级（我爸爸）的结合，我在一个容易获取书籍、电影和文化的家庭里长大。我上的是一所综合学校，我的大多数朋友来自工人阶级的矿工家庭。这都是重要的文化因素，它们影响着我对养育进行心智化的能力（形成我的父母MAP），塑造了我看待自己、处理人际关系和养育孩子的方式。

当你构建你的父母MAP时，重要的一点是反思你的自我认同，以及它如何塑造你、塑造你的养育方式。你会觉得一些影响因素比其他影响因素更重要、更有关联性。例如，我的母亲有很坚定的信仰，她把我当做信徒一样抚养长大，但是，我在养育孩子时没有遵从特定的宗教信仰。另一方面，我非常尊崇社会正义，这些年来，我和孩子们谈了很多关于阶级制度的问题。在我看来，一个重要的生活信条是他们需要明白即使人们没有犯任何错，也可能处于社会的最底层。

在你的父母MAP中，你的自我认同包括哪些重要的方面呢？它们目前对你的养育方式产生了哪些积极的和消极的影响？

第四步：思考你的家族史、过去的经历与关系

对心理学家来说，"你小时候和你父母相处得怎么样"是个老套的问题；如果把你目前的养育方式看作是你早期家庭经历的直接反映，这就过于简单化了。尽管如此，我们唯一的养育经历就是我们在原生家庭中的成长经历，无论它好与坏，我们的许多养育方式从小就烙印在我们身上。我们有一个占主导地位的养育模板，那就是我们从自己的家庭中观察到的模板。反思过去的家庭经历与关系的过程可能令人轻松或不适，也可能两者皆有。你的童年可能有一段非常不愉快或不安的经历，或者你看到父母的行为方式是你不想重复的方式（我知道父母争吵对孩子的伤害，因此，我绝对不希望我的孩子在父母争吵的环境中长大）。请注意：成为反思型家长并不涉及个人心理治疗，也不涉及深挖你的过去，而是关注那些与过去经历相关联的养育方式，而这些过去的经历或多或少有助于你当前的亲子关系。这可能会使你体验到自主性与满足感，就像你在整理有关自己被养育的经历的"袜子抽屉"：从那些你觉得舒适、可靠和有用的袜子中，挑出不合适、不符合特殊需要或穿坏的袜子，然后扔掉它们。

回顾我的家族史、过去经历以及人际关系，我注意到我的父母都是独生子女，没有与兄弟姐妹相处的经历。我有一个哥哥，他比我大两岁。小时候他一直欺负我，我的父母根本不知道如何处理兄妹之间的矛盾。祖父母从小就要求我的爸爸不要表达太多情感，而外祖父母则表达更多的情感，家庭是温馨有爱的。我妈妈16岁就不读书了，在我年幼的时候一直是家庭主妇，后来她回到大学读书，毕业后成为一名教师。我爸爸的家人都是农民和工人，但是，他努力学习，成为一名建筑师。我和祖父母、外

祖父母的关系都很亲密。我过去常常去外祖父家度过周末，他家的房子在乡下，有个很大的花园，可供我玩耍。我的父母以前经常吵架，他们在我12岁的时候离婚了。爸爸搬出去了，我和妈妈、哥哥住在一起。我可以继续讲下去，但是，我希望你能看到我如何描述我过去的家庭文化与经历，以了解早期的生活如何影响着我的养育理念与行为。例如，我会说我的父母不怎么管我，而我对孩子一直到青春期都设定了更严格的边界和规则。我自己的反思是父母的放任有时让我搞不清谁是权威，结果我承担的责任超出了我的能力范围。在了解到这一点之后，我通过自身经历形成了另一种有明确限制与责任的养育方式。另一方面，我试着把我妈妈的乐观与期待带入我的养育方式，就像我试着鼓励我的孩子相信如果他们用心，就可以做到任何事情。

和我一起工作的一位母亲玛丽告诉我，她父母之间的关系非常亲密，几乎容不下她和她的哥哥。虽然她说拥有如此相爱的父母是美好的，但是，这让她觉得她永远不如他们彼此更重要。她有两个孩子——儿子18岁、女儿23岁，在思考她的父母MAP时，她意识到与丈夫相比，她总是更在乎孩子，这使她的家庭互动出了问题。她的丈夫出于不同的原因，也更在乎孩子。因此，他们都非常焦虑在孩子离开家之后他们的生活会怎么样；他们在整个养育过程中都把孩子放在夫妻关系之前，不知道他们夫妻还有什么共同点。通过自我反思，他们能够意识到在谈论孩子离家的时候，他们的情绪温度是如何上升的。

你应该非评判性地看待你的影响因素。换句话说，你不要批评自己的养育方式，而是更加意识到过去的经历和关系给你当前的养育方式带来的影响。有时，回忆难过的家庭互动是痛苦的，尤其是如果你有创伤性的童年或者一些消极或虐待的经历。尽量不要陷入"你的过去以消极的方式决定着你的现在"的思维模式，你要意识到自己的经历，逻辑清晰地描述发生在你身上的事情。你对自身生活经历的描述越清晰，就越能控制自己的情绪，区分自己与孩子的情绪，并且，当孩子的生活遇到起伏波动的时候，你就在他的身边。

第五步：探索当前的影响因素和关系

父母MAP的第五步涉及所有影响你此刻心理状态的人际关系，包括与伴侣、朋友、亲戚、同事、老师、社工、身心健康专家、运动教练等等的关系。就像过去的家庭关系会影响我们日常的想法与感受一样，当前的人际关系也会产生同样的甚至更大的影响。如果我继续绘制我的父母MAP，我会提到我的父母最近去世、儿童与青少年临床心理学家的工作以及我的同事、我的丈夫、我的朋友。

请看一看以下的亲子冲突场景，并思考这位家长构建父母MAP的步骤。

杰德的女儿艾米13岁，星期五从学校回来了。她把书包扔在家门旁，踢掉了鞋子，把鞋子随意地甩在了客厅的中央。之后，艾米在家里闲晃，一只手抓着手机，另一只手从橱柜里拿出一包饼干。杰德看到女儿一边闲晃，一边盯着手机屏幕，屏幕上好像在重复播放《老友记》，就开始训斥她："艾米，你就不能放下你的手机，把你的书包和鞋子放整齐吗？你在家里不能打扫一下你的卧室吗？你今天早晨出门前没有叠羽绒被。放学回家后不要吃饼干，我要开始做晚饭了。你为什么总是看手机？我希望你能放下手机，读读书。你为什么不读书了？你以前总是读书。你看了多少集《老友记》了？我花了好几年才看完，你几周就看完了。艾米！艾米！你听到我说话了吗？"杰德的声音越来越大，直到她用最大的音量喊叫，要艾米多读读书。艾米终于抬起了头，看着妈妈说："妈妈，现在是我的自由时间。"她走进卧室，砰的一声关上了门。

你对这一场景的反应是什么？当你阅读的时候，你有怎样的想法和感受呢？试着关注一下如果你是杰德，你会有怎样的感受。

杰德给我讲了她与女儿交流的这件事，她和女儿的关系很好，所以，我问她怎么发现自己正在叫嚷以及她这么做的原因。杰德回答说："我只是想发泄出来。"当我们继续探究原因时，她解释这不只是因为艾米进家后把家里弄得一团糟，还是因为当时发生了其他事情。其中一件事是杰德觉得艾米排斥她，逐渐疏远她，她认为艾米放学后不理她，说明她对艾米来说不重要了。她一直在想她们过去多么亲密。父母担心青少年变得更独立，这是父母多次提到的担忧，他们还担心孩子的心理健康。使杰德叫嚷的另一个重要因素是杰德很担心艾米老玩手机，有时艾米会拍摄家里发生的事情给她的朋友看，结果艾米朋友的妈妈（她很了解杰德一家）对杰德说："我看到你今天早上穿着睡裙。"杰德觉得别人看到了他们家的生活琐事，这是对她家庭隐私的侵犯。最后，她反思内心深处的另一个问题是她日益强烈的恐惧感，她害怕随着艾米长大，她会更多受到家庭之外的影响，而更少在意妈妈对她的看法。

当然，其他因素也在杰德和艾米的互动中起作用。杰德希望女儿尊重她，保持物品整洁，按时用餐，不在晚饭前吃饼干。例如，她对"妈妈，这是我的自由时间"这句话有强烈的情绪反应，就好像是她打扰了艾米认为自己有权享受的时间。艾米这种理所当然的感觉让杰德很生气，尤其是她工作了一整天，她得在做完晚饭、打扫卫生、为她的小孩子整理第二天运动会要用的东西之后才有自己的"自由时间"。

把父母 MAP 付诸实践

现在我们对杰德进行心智化。我们如何帮助杰德使用她的父母MAP来识别她对女儿的强烈感受和想法中，哪一部分源于她自己的想法与生活，而不是女儿的想法与生活呢？在练习反思性养育法的时候，你一般首先要练习父母MAP，有时它可能是避免冲突以及建立更亲密的亲子关系所需的唯一工具。这是因为，如果你能理解自己在亲子关系的情境中的反应来自哪里，它将帮助你管理你的反应，调节你的情绪，并与你的孩子进行更紧密、更有建设性的对话和互动。

思考杰德的父母MAP需要更多关于她过去经历和当下状况的信息，不过，根据我所知道的情况，我可以帮助她在她的父母MAP上绘制出这些关键点。

第一步：使用情绪温度计

第一步是杰德要意识到她在情绪温度计上的位置。在艾米刚从学校回来的时候，杰德忙了一天，当时的情绪有点激动吗？当她开始说出所有令她困扰与焦虑的事情时，她的情绪温度正在升高，使她几乎不可能进行自我心智化。稍后回顾这一事件，这将帮助杰德使用她的情绪温度计，首先使自己进入适合的情绪温度或心智化的范围。

第二步：核查你当前的心理状态

最近杰德的工作压力很大。她在一家大型保险公司工作了三年，感觉工作上没有太大的进展。她错失了很多晋升的机会，觉得经理不重视她，很少称赞她的工作。她的伴侣有一份比她收入更高、更开心的工作。最近他们夫妻的关系有点紧张，因为这促使杰德反思她的工作多么不如意。使用父母MAP并不代表她可以改变目前的情况或心理状态，但是，通过意识化，杰德开始理解她对艾米的反应在一定程度上与她压力增大的程度有关。

第三步：思考你的文化、社会和个人认同

杰德来自一个白人工人阶级家庭，她小时候家里没有书籍。她伴侣的家庭是中产阶级，他们相识的时候，他已经大学毕业了。双方的家庭都是温馨有爱的家庭，每逢星期五，杰德的爸爸结束了一天忙碌的工作，晚上总会安排一顿特别的晚餐。杰德意识到艾米的态度使她对星期五晚上可能的艰难局面感到紧张。她越来越意识到她的成长经历与女儿不同，也越来越担心她们的差异太大。

第四步：思考你的家族史、过去的经历与关系

杰德可以发觉她的父母MAP中关于家族史的一个重要部分是她与妈妈之间的关系，他们之间的关系一向很亲密，但在两年前杰德刚满45岁时，她的母亲就去世了。她和艾米之间的关系也很亲密，她为此感到自豪，把自己全部的精力用来维持她和女儿的亲密关系。一想到她和艾米的关系可能变得疏远，再加上母亲的去世，她就感到焦虑不安，就连轻微的拒绝都让她接受不了。杰德意识到她不像丈夫一样受过高等教育，女儿不读书、光看手机的状况让她感到焦虑。

第五步：探索当前的影响因素和关系

杰德的丈夫对两个孩子的态度很宽松，这有时是有帮助的，但她发现她很难和丈夫谈论她与日俱增的焦虑。丈夫认为女儿所做的是正常的、值得鼓励的行为，因此，她感到女儿正在和丈夫一起离开她。生活中没了母亲，她觉得有点迷茫，不知道自己到底能和谁倾诉这些感受。

我们从对杰德的心智化开始，现在我们试着一起对这一情境进行心智化。杰德要求艾米把手机和杂物收起来，艾米明显不尊重她，我们完全可以理解杰德的沮丧和愤怒。然而，这都不是导致她对女儿吼叫失控的原因。相反，她内心积聚的强烈情绪是由更深层的感受（她的失落感以及远离女儿的生活）导致的，她担心女儿最终会完全离开她。她认为艾米开始离开她，进入更自主的发展阶段；在这一发展阶段，朋友的看法比妈妈的看法更重要。此外，她的工作状况、丈夫对女儿独立的不同态度以及她在母亲去世后缺乏支持，这些因素的影响使她的感受变得更加强烈。

《老友记》是艾米朋友们谈论的一个主要话题，所以，艾米沉迷于《老友记》，随大流。尽管她知道妈妈已经看完了这部剧，但她并不想了解妈妈的看法，一想到妈妈和朋友喜欢同样的节目，她就有点尴尬。对艾米来说，最重要的事是和她的朋友保持亲密，而不是和妈妈如此亲密。当天晚上她只想和朋友在社交媒体/聊天群里聊天，聊一聊对最后一集的看法，但她听到妈妈的叫嚷，妈妈的关注使她感到有压力。她和朋友的关系有点紧张，她时常对她在群体中的地位感到困惑。她想有点自己的时间，从紧张的一天中放松下来，但妈妈的叫嚷使她在结束漫长的一天学校生活之后感觉很糟糕。

当你感到自己帮不了孩子的时候

当忧心忡忡的父母帮不了陷入困境的青少年时，他们可能向心理健康服务机构求助，或者至少获得对这一问题的了解。问题有时不仅使父母感到棘手，还可能超出父母的能力范围或理解水平，因此，父母向他人求助是一件很自然的事情。毕竟，如果你的儿子或女儿身体出现问题，尤其是你觉得问题很严重的话，你会带他们去看全科医生，而不是试图自己治疗他们。

当然，有时从另一个角度看待问题和寻求帮助是必要的，第8章将会讨论这一主题。在很多情况下，问题太棘手、太严重，父母会觉得保护青少年安全的最好方法就是寻求外界的帮助。然而，当孩子遇到的问题不太严重时，你远离他和他遇到的困难，把问题交给别人，这不一定有利于你们的亲子关系。当你有了合适的工具时，你就可以成为你孩子的专家，学会不靠外界的帮助就能解决问题。虽然一开始这可能有点棘手，但帮助青少年克服生活中的困难并引导他们朝正确方向迈进的最佳人选是父母或照顾者。如果读完这本书，你觉得自己做好了准备，我的写作目标就达成了！

父母为孩子的心理健康状况寻求外界的专业帮助有多种原因：

- 现在孩子长大了，父母想给他们留一些空间，让他们和别人倾诉自己的烦恼，表明父母尊重他们对空间和自主性的需求。

- 父母担心和青少年谈论他们的感受和原因可能导致本就脆弱的亲子关系更加岌岌可危。

- 父母担心风险，生怕漏掉了某些信息。如果孩子做出一些危及生命的冒险行为，父母该怎么办？我们能处理吗？

- 有时，父母的存在以及父母与孩子的关系被视为孩子困境的原因或诱因，那么父母怎么可能成为帮助孩子的最佳人选呢？

- 父母太老了，"理解不了他们"。21 岁以上的人怎么可能知道青少年的感受呢？父母觉得自己离青少年的生活太远了，无法共情孩子的感受。

父母的担忧，再加上青少年说他们不欢迎父母进入他们的世界，这使父母和青少年的距离越来越远，这实际上会增加青少年心理健康问题恶化的风险。相反，正如本章所述，我们不仅要关注青少年的心理状态，还要关注自己的心理状态，这对亲子关系来说是很有帮助的。

在阅读这本书的过程中，我们将一再提及父母首先进行自我心智化的必要性——你想知道你的想法和感受、触发这些想法和感受的因素，以及你如何学会管理这些感受或者如何获取支持。你很快会发现，自我心智化是一种非常有用的工具，它能以积极的方式改变并塑造你以后的亲子关系，也开始影响着孩子发展中的心理健康状况。

停下来想一想：自我心智化

主要内容

安全依恋是心智化能力发展的基础，因此，每当你试图对自己和青少年进行心智化的时候，你都给孩子提供了一种安全的、联结的依恋关系的体验。自我心智化能帮助你调节自己的情绪温度，使你以后更容易反思孩子遇到的问题。

自我心智化对父母的帮助

父母MAP代表的是对青少年养育方式的心智化，是一种思考你自己、你的想法与感受的方式（自我心智化）。其目的是了解影响你养育方式的因素：过去的家族史和经历、文化和个人认同以及你目前的影响因素和环境。

自我心智化对孩子的帮助

父母MAP帮助你区分你的感受与孩子的感受。如果你能区分你的想法和孩子的想法，你们就不太可能陷入冲突，孩子也不会感到自己被误解。

自我心智化对亲子关系的帮助

你的一些想法和感受在特定的互动中影响着你的养育方式。你对这些想法和感受有了新的认识，能帮助你下一次做好更充分的准备。例如，你可能知道在忙了一整天工作之后，或者当他们所做的事情不需要你过多地参与时，你会感到不高兴。你要意识到你的情绪在哪些时刻更强烈，知道这是你的情绪并了解这些情绪的来源，这样，下一次你就能更好地管理情绪。

注意事项

- 练习思维核查。这是对自己的快速核查，关注你现在正在想什么。不要回顾过去一周的每件事，只是看一看你是否注意到当下的想法和感受。把它记录下来。

- 开始构建父母MAP。想一想你最近和孩子发生的一次艰难的交流。发生了什么？你们当时在哪里？困难是什么？试着想起你说过的话，以及你当时的想法和感受。

- 现在想一想在你的父母MAP上，生活中可能有哪些因素导致亲子交流困难。你一整天都在紧张地工作吗？或者你的家人说过令人沮丧或拒绝的话吗？或者你只是太累了。想一想你和孩子发生冲突的诱因是什么。

- 在你处理与孩子的棘手状况之前，你首先要用情绪温度计测一下你的"温度"。如果你的温度过高，无法进行反思性的对话，那么，你可以先做一些事情使自己冷静下来，然后在温度"适宜"的范围内回到孩子的身边。这样，你就能提升心智化的水平，你的孩子也会更愿意交流与倾听。

- 练习关注你的过去经历和你现在对孩子的反应之间的联系。

参考文献

[1] Fonagy, P., Target, M., Steele, H., & Steele, M. (1998). *Reflective-functioning manual, version 5, for application to adult attachment interviews*. London, UK: University College London.

[2] George, C., Kaplan, N., & Main, M. (1985). The adult attachment interview. Unpublished manuscript. Department of Psychology, University of California at Berkeley.

[3] Suchman, N. E., Decoste, C., Rosenberger, P., & McMahon, T. J. (2012). Attachment-based intervention for substance-using mothers: A preliminary test of the proposed mechanisms of change. *Infant Mental Health Journal*, 33, 360–371.

[4] Baumrind, D. (1991). Parenting styles and adolescent development. In J. Brooks-Gunn, R. M. Lerner, & A. C. Petersen (Eds.), *The encyclopedia on adolescence* (pp. 746–758). New York: Garland Publishing.

[5] Asen, E., & Morris, M. (2020). *High-conflict parenting post-separation. The making and breaking of family ties*. Abingdon, Oxon: Routledge.

[6] Suchman, N. E., Decoste, C., Rosenberger, P., & McMahon, T. J. (2012). Attachment-based intervention for substance-using mothers: A preliminary test of the proposed mechanisms of change. *Infant Mental Health Journal*, 33, 360–371.

How Do You Hug a Cactus?

Reflective Parenting with Teenagers in Mind

如何拥抱仙人掌：
青少年反思性养育指南

第3章
反思你的孩子

"我们不想让你像夏洛克·福尔摩斯一样……
你只要感兴趣就行了。"

青少年经常说他们觉得父母并不是真正"理解"。这意味着什么？我认为这是指青少年感到父母不能理解他们所做的事情，或者他们感到自己被父母误解或曲解。这也可以解释为青少年觉得父母只在意他们自己的事情，或者出于权威感或控制欲，不能真正关注青少年的需求。

最近，我请一位20岁的年轻人回想一下他十几岁的时候父母做过最烦人的事、最有帮助的事情分别是什么。比如晚上他很晚才回家，他希望父母如何应对。"我在夜店里痛快地玩了一晚上，第二天我又累又晕，不要对我宿醉的事大惊小怪，也不要说我做错了。不要问我一大堆谁在场、我去了哪里的问题，你知道这些是你感兴趣的问题，与我完全没有关系。你可以问我是否玩得开心，告诉我你很高兴看到我度过了愉快的一晚。这才是我想要的——你还可以问我早餐想不想吃油炸食品。就这样吧。"

我认为这个例子强调了青少年需要感受到父母暂时能站在他的立场上，想一想他有怎样的体验，并且认可他的体验，表现出好奇。它还表明青少年不希望父母用他们的逻辑或观点评判自己的体验。回过头来看，这位年轻人清晰地表达了他想与父母分离的需求，同时也表达了他对父母非评判性的支持和兴趣的需求。尽管他有独立的体验，但他还是想从父母那里得到一些抚慰——这就是他想要油炸食品的原因！

在一个由青春期男孩组成的焦点小组中，一名16岁的男孩也提到了这种感觉，他说："我们不希望父母像夏洛克·福尔摩斯一样。"小组中的其他孩子也同意他的观点，并表示很多"他们感兴趣"的问题有多么烦人。另一个男孩谈到了他的父母没有积极地倾听。他说，他觉得他和父母说话，父母心不在焉，对他感兴趣的事情不感兴趣。青少年经常告诉我，他们的父母只是"听他们想听的，告诉我他们认为我说了什么"，而他们的解读往往是不准确的。这些青少年说父母往往提出自己感兴趣的问题，这些问题能给父母带来安慰和与孩子的亲密感，甚至是控制感。这种方式与反思性养育法似乎是不一致的。通过好奇心，反思型家长可以站在孩子的立场上，更好地理解孩子的需求。

为什么你很难对青少年进行反思性养育

正如第1章所述，大脑在青春期发生了复杂的变化，这意味着你的孩子很难做计划、对事情的优先级排序以及做出正确决定，而且，同伴接纳的重要性使青春期成为青少年难以应对的时期。青少年需要得到我们的共情、理解以及适当的指导。但这一阶段的养育变得格外复杂。在孩子年幼的时候，父母用语言描述孩子的感受，这会给孩子带来极大的好处。例如，一个小孩子看到哥哥可以熬夜，而他却不可以时，他感到很沮丧，他的父母可能会说："你年纪小，必须早睡，你感到不公平，是不是？"虽然这一反思适合年幼的孩子，但青少年在听到父母说出他的感受时就感到很不舒服，因为他们需要表达自己的感受。你对青少年感受的反思可能会使他们觉得你侵犯了他们的隐私。同样，自主性的需求（参见第4章和第5章）可能使他们有时不想和你这么亲密。本章将探讨当你对孩子进行心智化的时候，如何调整你的方法，使孩子更容易接受，并与你建立联结。

在劳拉的小儿子10岁的时候，她邀请他的几个小伙伴来家里玩耍。他们最喜欢吃果冻，她就做了三份果冻。孩子们在花园里玩射击游戏，绕着房子跑来跑去，于是，她把果冻放进冰箱里，等他们玩够了再吃。

她还有一对快17岁的双胞胎儿子。当小儿子和他的伙伴"拆家"的时候，其中一个双胞胎在厨房里溜达。他抱怨他们多么烦人，拿出哥哥的做派——"他最好离我的房间远一点"。话题转到了当晚他要参加的派对，劳拉问了一些问题：派对在哪里举行，谁参加派对，他怎么去那里。她问得越多，越觉得他的怒气噌噌上涨，最后他不耐烦地说道："你没必要知道这么多，妈妈。这些细节无关紧要。我不再是小孩子了！"接着又说，"我饿死了，有什么吃的吗？"

他打开冰箱，高兴地叫道："果冻！"

青春期的孩子既需要独立自主、与父母分离，有时又像小孩子一般兴奋雀跃，这种矛盾的情绪多么令人困惑啊！一方面，他们极力想表现不同，想与父母、年幼的自己分离；另一方面，他们也渴望舒适感、信任感和安全感，但这仅仅发生在他们想要获得这些感受的时候。

反思你的青少年：迪隆的故事

第2章探讨了父母的自我心智化如此有用的原因——它使你开始对自己和他人感到好奇，而不是追求确定性。它会帮助你理解自己的想法，以及你的心理状态如何影响你对孩子的反应。

作为父母，我们会有替孩子解决一切的强烈冲动。在孩子年幼的时候，我们经常被要求修理东西、解决困难的问题或困境。我们要确保孩子的基本生存，合理饮食，睡眠充足，拥有几个朋友，学业表现良好；随着孩子的成长，我们还要确保孩子拥有健康的人际关系以及身心健康。当我们的孩子遇到困难的时候，我们也想解决问题，毕竟，这是父母的责任，不是吗？父母经常要对生活中的难题和困境给出正确的答案，他们觉得自己需要提供确定性。然而，当孩子进入青春期，父母可能需要谨慎地看待不确定性，甚至学会把不确定性作为一种有用的方法，使你与孩子之间的关系更亲密，帮助他们度过这个艰难的人生阶段。作为家长，你一方面有天然的好奇心以及想"了解并解决问题"的需求；另一方面，你还要理解青少年的感受，许多青少年强烈地认为父母的询问是无用的、烦人的，甚至是批评性的。要想运用反思性养育的心智化方法，关键在于找到两者之间的平衡。达到这一平衡，意味着你能以他们感到支持和联结的方式对他们的观点表达好奇与兴趣，当他们的一些行为或他们告诉你的一些事情使你的情绪失衡时，你能有效地管理自己的情绪反应。因此，你给孩子提供了积极有效的反思模式。

对你的孩子进行心智化，涉及你对他的行为背后的动机、感受、想法与意图感到好奇。为了帮助你做到这一点，你可以使用父母 APP。APP 代表的是**关注与好奇**、**换位思考**以及**共情**。父母 APP 的目的是帮助你关注孩子的想法，而不只是关注孩子的行为。例如，如果你的孩子不想离开家或者不打算和朋友交往，你要做的不是通过提建议来解决这个问题，而是关注并好奇他对面对面的聚会感到不情愿/焦虑/回避的原因。这使你能和孩子的真实经历建立联结，反过来，这会帮助孩子感受到你的理解、支持与亲近。

对青少年进行心智化的核心原则是给予他具体而积极的关注，并试着理解他的观点。通过积极关注和好奇，你开始进入他的视角，理解他希望你看到的经历，暂时放下自己的观点，与他的世界建立联结。

在亲子关系中保持好奇与反思是一个主动的过程，你可以练习它。在下面的例子中，思考一下你如何对青少年进行心智化，能帮助你练习这一技术。

迪隆今年17岁，和爸爸、妈妈以及妹妹卡拉一起生活。不上学的时候，他大部分时间都待在自己的房间里，玩游戏机、戴着耳机听音乐。晚上，他从房间里出来，和家人一起吃饭，但吃完饭就直接上楼了。一旦他回到自己的房间，父母就让他自己待着，原因是他们认为他不喜欢父母的过多打扰。

一天晚上，迪隆的妈妈准备睡觉了，在浴室门口碰见了迪隆，她问迪隆最近怎么样。迪隆耸耸肩说："我不知道。我的情绪非常低落。不过没什么好说的。情况就是这样的。"

迪隆的妈妈吓了一跳，说道："想聊一聊吗，亲爱的？"迪隆说："当然，但你也没办法。"他坐在妈妈的床边，妈妈问道："发生了什么事？是什么让你感觉'低落'呢？"迪隆回答道："我不知道。我就是很低落。"他不想再谈了，他沉默着，努力想接下来该说什么。

你可以按照任意的顺序使用父母APP。你可以从共情开始，对迪隆说："听到这件事，我很难过"，也可以从关注和好奇开始，问一问迪隆的感受或者想法。

运用父母APP的原则，迪隆的妈妈应该如何回应迪隆"感到低落"的话呢？她怎样的话语和行为能帮助迪隆感到自己被理解与支持呢？

反思你自己以及迪隆妈妈

首先，思考一下你对这一情境的反应。你对迪隆或迪隆妈妈产生了强烈的感受吗？你也许能体会到他妈妈吓了一跳的感受，也许它唤起你熟悉的焦虑感，或者你可能认为你会对迪隆做出不同的反应。

首先理解并管理自己的感受

正如第2章中提到父母MAP时所说的，迪隆的母亲采用反思性养育法，首先必须管理她自己的感受，即自我心智化。她可能感到焦虑，问孩子一大堆问题并想快速找到解决的方法。我们可以想象到她可能想通过自己的言语或行为，立刻使迪隆感觉好一点。还有一种可能性是她说一些否定他感受的话，使她自己好受一点，并分散他对消极想法与情绪的注意力。例如，她会说："大部分时候，我看到你都觉得很棒。"或者她会激励他摆脱这种状态，告诉他这都是"青春期的必经之路，这只是一个阶段罢了"。这些方法都不太可能使迪隆认为妈妈想要了解他的感受。

你或许觉得你们已经失去联结，你想表达的是"你想更好地理解他"。那么，如果你对青少年进行心智化，这就能传递出你可以支持他找到解决办法，或者支持他向朋友、家人或其他认识的人求助。你不仅要意识到他想自己解决问题、获得掌控感，还要记住他需要你。通过关注和好奇、换位思考以及共情，你对青少年进行心智化的目的是保持你们之间的联结。你必须调整自己想要立即解决问题的冲动，而是通过认可他的观点与感受，从而保持你与他之间的联结。

对孩子保持关注和好奇

接下来，我们进一步思考这一场景。针对迪隆认为自己情绪低落的原因，迪隆的妈妈可以尝试提出更多的问题。然而，迪隆似乎说不出来，不知道自己为什么低落，妈妈的提问可能对他没有帮助。他的妈妈可以这样回应："亲爱的，你不必告诉我你为什么感到低落，你甚至也不知道为什么。你能和我说这件事，我感到很高兴。"

换位思考、共情与认可孩子

她可能想提供安全感，还想传递这样的观点——"偶尔感到情绪低落是很正常的。我们都会这样的。只要你需要我，我就在你身边，我会尽我所能地帮助你。"有时，仅仅是共情，就是一种回应青少年感受的有效方式，你无需进一步提问或提供解决方案。例如，迪隆的妈妈可能说："你不知道自己为什么有这样的感觉，你感到很艰难。情绪低落很不好受。"

当你能成功地对青少年进行心智化的时候，你就达到了增进彼此联结的目的。你好奇和关注的不应该是你自己想知道的信息。虽然"你今天干什么了"这类的问题非常正常，但不能帮助你与孩子建立情感联结。相反，你应该问"昨天你和朋友在一起，感觉怎么样？"这表明你想了解并关心他的经历。你的孩子会知道你真的对他的感受感兴趣；你不加评判地关心他，可以帮助管理他强烈的情绪，你自己不会被压垮。在迪隆的例子中，我们探索了父母对青少年的心智化。为了做到这一点，重要的是不要混淆你的感受和孩子的感受，这会使孩子感到困惑，使他们的感受更难管理。这意味着你要同时使用自我心智化的技术（父母 MAP）和你对孩子进行心智化的工具（父母 APP）。通过下面的例子，我们看一看如何在实践中结合这两类概念。

父母 MAP 和父母 APP 结合使用：谢琳的故事

心智化指读懂他人并猜想对方想法和感受的能力。当你开始通过关注和好奇、换位思考以及共情，对青少年进行心智化的时候，你必须明确区分你的想法及感受和孩子的想法及感受。例如，我的一个儿子快 16 岁了，他想坐公交车去市区参加聚会，我想开车送他和他的朋友，但是，显然他根本不想让我送，于是，我开始提出各种各样的问题，而他不想说自己的计划。其实，我应该说的是我自己的感受，以及我的感受与他的感受截然不同。我可能会说："我知道你打算坐公交车和朋友参加聚会，只是我还没有做好准备。我对你可能遇到的事情感到焦虑，这是我的担忧，但这并不意味着我认为你不能安全往返。所以，请原谅我，因为我必须接受这个事实：你现在长大了，不需要我事事帮助，就能搞定很多事情。"

通过这样的话语（我先对自己进行心智化，再对他的感受进行心智化），我仍然要清楚地意识到我的脑海里存在边界，我担心晚上的公共交通安全。尽管我儿子的反应是让我别管，但这使他确信父母仍然关心他的安全，而我对自己想法的觉察能使他从另一个角度考虑他的问题。这不会改变他的行为，但让他拥有另外一种视角，这样，当他上车时，他就不会忘记夜间出行的风险。因此，在拥有掌控感与友谊的同时，他可能会更加意识到这些潜在的危险。说这些话的另一个目的是与孩子保持联结。如果你只设定严格的规则禁止他的行动，而不解释你自己的想法，很可能会导致你们的关系破裂。

在接下来的场景中，谢琳尽量进行自我心智化，发现她很难不把自己的想法和感受投射到她的儿子安东尼身上。

谢琳有一个儿子和两个年幼的女儿：儿子安东尼14岁，两个女儿分别是7岁和9岁。他们的家庭关系很亲密，虽然谢琳和她的丈夫德斯都有工作，但是，他们都喜欢花大量的时间与孩子们在一起。谢琳喜欢烹饪，对准备家庭餐食引以为豪。

最近，无论是在自己家还是去朋友家，安东尼与朋友相处的时间更多了。每天晚上，他一吃完饭就冲进自己的房间。他和朋友们一边打游戏，一边打电话或上网聊天。以前，安东尼周末会和家人一起去公园、看望亲戚；现在，安东尼打算找朋友玩，委婉拒绝父母的邀请。有一次，谢琳告诉安东尼他们打算去海边小镇玩一天，开车大概要几个小时。谢琳的妹妹（他的姨妈）和她的孩子们住在海边，她说他们要和姨妈一家一起吃安东尼最喜欢的食物（炸鱼和薯条）。她说："这会很棒的。你可以见到你的表兄妹们。"安东尼回答说："妈妈，我几乎不认识我的表兄妹们。他们的喜好和我不一样。我可以待在家里，邀请朋友过来玩吗？你们去吧。我很高兴留在家里。"

谢琳失望地说道："安东尼，你要和家人好好相处。你随时能见到你的朋友。对我们所有人来说，这是很棒的一天。不要扫兴啊。我们星期六9点半出发。"安东尼看起来很沮丧，说道："我非得去，那我就去吧，但我要说的是我不乐意，我不想去。"他上楼回到自己的房间，整晚待在那里，给朋友们发信息。

反思谢琳

你对这一场景有怎样的反应呢？如果首先从对谢琳的心智化开始，你觉得她在想什么呢？当你想到她和安东尼的关系时，你会联想到谢琳的想法吗？你会觉察到自己有怎样的强烈感受或想法吗？我们知道她感到不安，我们可以想到这与她的担心有关：她担心她的家庭生活正在发生变化，安东尼更渴望独立，这使原先他们之间的亲密感变得支离破碎了。她还可能强烈地感受到工作之余她与家人共度的时光被缩短了。这不仅使她的情绪唤醒水平升高，还使她更难体会到安东尼的感受。

反思安东尼

如果我们帮助谢琳对安东尼进行心智化，那么，为了理解并联结安东尼当前的体验，谢琳该如何关注并好奇他的想法呢？显然，安东尼想花更多的时间和朋友在一起，朋友已经是他生活中非常重要的一部分。他对家庭亲密感和安全感的需求没有消失，只是行为表现得不太明显，他的妈妈为此感到伤心。谢琳需要管理"她的大儿子抛弃了她，只在乎他的朋友"的感受，并试着对安东尼进行心智化。对安东尼来说，如果在这一发展阶段不和朋友交往，会怎么样？现在，他把所有的精力放在同伴群体中，是为了寻找一种与他的家庭关系（他可以信任和依赖的家庭关系）不同的社会联结感。他或许还不确定同伴群体是否是稳定的群体，而谢琳可以试着理解安东尼正经历的不确定感或不安全感。她可以试着说："现在对你来说，朋友比表亲重要得多。我明白你不想去的原因。"当安东尼感到妈妈理解他的观点时，他可能更理解他妈妈看重这次旅行的原因。谢琳可能会说："我知道你会觉得很无聊，但是，我很看重大家庭的相处。我希望你能明白。"

使用你的父母 APP 和情绪温度计

想一想父母APP的原则（关注和好奇、换位思考和共情），如果你感到情绪温度正在上升，这些原则就特别有用。在这一情况下，谢琳一想到安东尼不再像从前那样愿意和她、和其他家人在一起，就感到很沮丧。随着她变得沮丧，她的情绪温度上升，她发现她很难对她自己和安东尼进行心智化。于是，她会说："安东尼，你要和家人好好相处。你随时能见到你的朋友。"这表明她强烈的情绪阻碍了她对安东尼当前的感受进行心智化的能力。她难以调整自己的情绪，这导致她无法理解安东尼的观点（即使她可能不同意他的观点）。同时，她可能表达了对 14 岁的安东尼独自待一整天的担忧。如果谢琳注意到她的情绪唤醒升级，她可以想点办法降低情绪唤醒水平。例如，她可以和丈夫聊一聊，让自己冷静下来。当她的情绪唤醒水平有所下降、处于更能反思的心理状态时，她就更容易理解安东尼的想法和感受。

父母想要解决问题的倾向几乎写进了父母的职责说明书当中，当孩子进入青春期时，我们需要改变这种倾向。他们不想让我们替他们解决问题，而且，这不利于他们的发展。当他们长大后，我们的职责发生了变化，其中之一就是我们需要教他们如何自己解决问题。

迈克尔的故事

迈克尔是两个十几岁女孩的父亲，其中一个女儿出现心理健康问题（心境低落伴有焦虑）。当他被问到他如何养育孩子的时候，他说他避免使用那些和她们小时候一样的方法，比如带她们吃比萨，在车里放点音乐。相反，他试图营造一个孩子能自得其乐的环境。他的话似乎符合反思性养育法的观点，因此，我很好奇这句话的具体含义。迈克尔所做的是对他女儿的需求进行心智化，他的女儿想要不同的感受，但又不完全依赖父母。他还分享了自己在她们这个年龄的一些经历，以帮助引入新的视角，同时认可女儿的观点。他的心智化系统就是要培养女儿解决问题的能力。这是一个循序渐进的过程，从帮助她从不同的角度思考自己的处境开始。这样做，可以帮助她从另一个角度看待让她感到焦虑的情况。然后，她可以开始管理自己痛苦的情绪，逐渐培养洞察力和复原力。需要注意的是，这一切都是从她的父亲共情她糟糕的感受、分享他在她这个年龄时一些困惑的感受开始的。迈克尔使用了共情的方法，并开始鼓励女儿（在他的支持下）思考如何解决某些极有挑战性的情境。

你觉得迈克尔的办法怎么样？面对孩子的心境低落和焦虑状态，你是否做过类似的事情，还是会采取不同的做法？请你想象一下，如果迈克尔不鼓励女儿形成解决问题能力、独立性以及适应力，将会发生什么。假如迈克尔认为他的主要作用是当女儿遇到生活困难时，他能替她们解决。他可能喜欢帮助孩子解决问题时所获得的成就感和满足感，可能把他的养育时间都花在带着孩子兜风，为孩子安排生活上，孩子要什么，他就给什么。等到孩子十七八岁的时候，她们想自己去某个地方或自己解决问题，这种养育方法怎么样呢？

迈克尔没有这么做，女儿已经十几岁了，他认识到她们对他的需求发生了变化。他思考她们的发展需求，尤其是他应该如何支持孩子更独立、更自主。通过这样做，他仍然让孩子知道他一直在她们身边，传递出这样的信息——"他知道他的直接参与不一定总能帮助孩子"。他的角色变了，从以前事事尽心尽力的爸爸变成了培养孩子解决问题能力的爸爸。

如何关注和好奇

对青少年进行心智化的第一个原则是关注和好奇，这是一个很难把握尺度的原则。我们都知道青少年讨厌父母提出一大堆问题，那么，你如何在不引起孩子紧张和敌意的情况下表现出好奇呢？你可以通过另一种方式表现你对青少年的好奇，就是你从他们的角度看待事物，而不是像做调查一样刨根究底。你要试着对孩子的经历感兴趣、表达好奇与关注——他们所经历的感受和所处的心情。这种方法表明你没有把你自己的想法、感受和生活事务带到情境之中，而是对孩子的经历以及他们眼中的世界真的感兴趣。

在表达好奇时，你可能遇到的困难是青少年通常就像迪隆一样，他们不会思考自己大脑中的变化，很难向你解释他们的感受。青少年不会直接说"我感到焦虑""我感到沮丧""我感到担心"或"我很兴奋"。在他们年幼的时候，他们可能更容易准确地描述这些情绪，但是，当进入了青春期，他们更难弄清楚自己的内心状态。大脑在这一时期内发生了变化，例如前额叶皮质的发展缓慢（前额叶皮质帮助我们权衡风险并做出合理的决定），使得青少年更冲动，更难管理这些情绪。我们要明白，青少年很难做到三思而行，冲动行为是青春期的常态。当你问他们的感觉怎么样的时候，孩子回答"我不知道"，你将不得不接受一定程度的不确定性，而不确定性可能引发许多父母的焦虑。试着接受孩子的"不知道"，当他们想说的时候，你要主动倾听。

如何换位思考

父母APP的第二个原则是换位思考。当父母想找出孩子的行为或表面心理状态背后的原因时，换位思考是很重要的。核心原则是你不要假设你知道，即使你可能想说你真的知道他的感受（因为你觉得你对他了如指掌）。你需要坚持好奇的原则，试着理解并欣赏孩子有截然不同的看法。有时，你明确说出不同的观点是对孩子有帮助的，即使这显得有些愚笨或尴尬。例如，你可以说："我知道你不在乎，但是我在乎。我有点纠结。你不太需要我了，我有点难过。"或者"我发现你有事不想和我说，这让我有点难过；有时我没办法让你的心情好起来，但我真的想听你说，想理解你。"区分你和他，是以心智化为基础的反思性养育法的核心，对你的孩子极有帮助——帮助他们感到被理解，感到与你亲近，拥有自己独立的想法和感受。

如何共情和认可

父母APP的最后一个原则是共情与认可原则。首先，我们来看一看这两个概念的区别。共情出现在你与另一个人拥有相同的感受的时候。例如，你的朋友流着泪，告诉你他心爱的狗死了。你可以理解并感受到他的悲伤，可能给他一个拥抱，说你也很难过或者你知道他多么爱他的狗。这使你和他建立联结，使你的朋友感到被理解。你们一起感受到悲伤，悲伤可能在那一刻变得更强烈。当我们认可一个人的时候，这并不会引发太多的情绪，它的作用是允许他告诉你一些事情，他会感到被倾听与理解，但不会增强他当下的感受。当我们认可一个人的时候，我们可以帮助他管理甚至控制这种感受。如果青少年因为某件事而感到非常沮丧，而你想帮助他们不要被沮丧压垮，那么，你可以使用认可的方法。例如，你的孩子对即将到来的聚会感到极度焦虑，非常担心自己要和不熟悉的人说话。你可以这样说："我知道，你一想到房间里全是陌生人，就感到很害怕。我想我们可以提前想一想你可以说的话，再想一想你几点出发几点回来。"当你认可他们的时候，你的话语里不掺杂太多的情绪，这能帮助孩子释放崩溃的感受，从而使用大脑的思考功能，而不是大脑的感受功能。

我们大多数人愿意共情我们所爱的人，但是，这有时令人为难，特别是在你不赞成甚至强烈反对的时候。你可能担心，共情他们的感受等于纵容他们的行为，但这是两码事。我和一位名叫米琪的妈妈沟通，她告诉我她十几岁的女儿想和她分享一些事情的时候，是养育孩子最容易的时刻。无论你怎么看待孩子的行为，重要的一点是如果他们下定决心与你分享自己的感受，你要表现出你感同身受的、令他们感觉真实的回应。青少年非常敏感，很容易察觉到你傲慢或虚假的语气；如果我们想表现出我们对他们的理解，但实际上我们并没有这样的感受，就会出现这种情况。

共情是一个非常强大的工具，在我们不能为孩子提供好见解或好办法的情况下，我们会低估共情的重要性。我们看到了青少年的痛苦与挣扎，只是告诉他们这一点，向他们反馈我们看到了事情对他们来说有多么困难，这本身就非常重要。在这些情况下，你过多地试图通过"理论化"的解释使孩子高兴起来，或者把成年人的逻辑强加到青少年的观点上，是无益的。相反，你需要镜映你孩子的感受，例如，他告诉你生活一团糟，你要认可这一点。假设你的孩子在疫情期间待在家里，他们没办法见朋友，生活看起来一片灰暗。为了和孩子保持联结，此时最贴切的表达方式就是共情："是的，这对你来说确实很糟糕。这不公平，你很难接受。我真希望我能说些什么来改变现状，不过，我很高兴你能告诉我。我很抱歉改变不了已经发生的事情。现在我有什么能帮助你的吗？"

共情还能让青少年知道，即使他无力改变现状，你也会关心他。感受到联结，在很大程度上是感到自己被看到与听到，这是反思性养育法的一个重要部分。这是使用父母APP原则时的一个重要部分，有助于你对青少年的认可。当青少年感到孤独、困惑、无所适从的时候，或者总是很焦虑的时候，他想不到有谁能帮助他或者理解他的真实感受。给予孩子共情倾听与关注，这一简单的行为本身就能产生重要的影响。与青少年保持联结，反映出他对你的安全感和依恋。心智化的方法能使他感受到你就在那里，即使你只是在幕后；有时，你以不干涉但好奇的方式关注他，让他看到你一直惦念着他就好了。

让青少年知道他仍然可以找到你

想象一下你有两条长长的手臂，你的孩子知道你在他可获得的范围内，只是你没有紧紧抓住他。例如，如果你的孩子和朋友外出，你想让他们自在相处，但不能完全不和你联络，那么，你可以让他给你发信息来保持联系。他不想让你过度干涉或保护，但你也不应该听之任之。请记得引言提到的青少年仍然有感受到"可获得的安全依恋关系"的需求。被倾听和被惦念，这会形成安全感，而安全感在任何家庭关系中都是很重要的。被共情倾听的体验不仅让青少年知道你愿意提供帮助，还能让青少年知道他值得你的帮助和理解。不要低估后者的重要性，因为青少年很容易质疑自我价值，失去自尊。他们很容易迷失方向，不确定别人对他们感兴趣或提供帮助的程度。他们经常会感到别人拿着放大镜看他们，觉得自己受到了批评、贬低，甚至是羞辱。为青少年提供安全基地，这在青春期与儿童期是一样重要的。

如何表达不同的观点

明确表达你对他的观点感兴趣，并不意味着你必须放弃自己的观点或不能有不同的观点。当你的孩子拥有了你反思他内心世界的体验时，孩子会感受到你们之间更紧密的联结，更加意识到你想要理解他。你可能仍然不赞同他的做事方式或行为方式；心智化并不是说你必须赞同对方的观点，而是表明你有兴趣去理解对方的观点。

当你很难控制自己情绪的时候

在你与孩子交谈或处理困难的情境之前，你首先要注意到自己的想法和感受，并努力调节自己和管理自己的感受，这在本质上是重新温习父母 MAP 的原则。你先进行自我反思，接着对青少年的观点表示充分的关注和好奇，他们会觉得你是一个稳定的、一致的、可靠的家长。不过，父母往往非常担心自己的孩子，有时很难调节情绪，因此，我们很难做到这一步。一个 17 岁儿子的妈妈说，她的儿子的心理健康问题非常严重，她要准备与儿子进行艰难的交流。她反思道，在她自身的焦虑和想要解决问题的欲望的驱使下，她介入得太快，导致情况恶化，她和孩子的关系更疏远了。反之，当她准备好进行艰难的沟通，想办法反思并改善自己的心理状态（这些办法可能包括和伴侣谈一谈这件事，或者暂时退后一步等一等）的时候，她与孩子的沟通就会有所改变。她进行自我心智化（在伴侣的帮助下，反思自己的想法和感受），她就更能调节自己，之后，她表示好奇和关注，再倾听儿子的看法，接着共情。在伴侣的支持下，她能认识到她很难面对儿子一直生病的状况，意识到这一点使他们的沟通朝着不同的方向发展。我注意到在她这样做之后，她的儿子又过来和她沟通，他想到她的感受心里很感激，他退后一步想看一看妈妈是否安好，感谢妈妈对他的帮助。令我惊讶的是，他能理解妈妈的感受与他不同。她的自我心智化能力帮助了她，也帮助了她的儿子。

如何使用反思性养育工具帮助凯莎

凯莎今年16岁，刚刚结束了初中考试。11年级是她过得很艰难的一年，她交不到知心朋友，不喜欢待在同龄女孩的圈子里。她不喜欢女孩们聊化妆、聊人际关系，她经常觉得她在这些群体中感到不舒服，不知道该说些什么。她觉得自己没有有趣的东西在社交媒体上发布，而她的朋友似乎经常使用社交媒体。尽管如此，她还是想融入其中，因此，当她们说考完试一起参加音乐节的时候，凯莎想和她们一起去。

在音乐节上，她们搭起了帐篷，凯莎有点尴尬，不知道如何开启"合适的"聊天话题。她感到有些拘束和尴尬，发现在群体里很难做真实的自己。她的三个朋友说她们要出去多拿点水，一会儿再来找她。结果，三个多小时过去了，她们还没有回来，凯莎独自待在帐篷里，感到非常沮丧，想知道为什么她们明明不想和她在一起，却骗她说要去拿水。她们回来后，她故作镇定，在剩下的时间里，她有时独自欣赏乐队的表演，有时只是貌合神离地和她们待在一起。回到家后，她把事情的经过告诉父母。妈妈立刻就哭了，为凯莎感到非常难过。爸爸非常愤怒，想和其他女孩的父母谈一谈她们怎么能这样对待他的女儿。

你对凯莎所经历的事情的第一反应是什么？有怎样的想法和感受？你

觉得她是因为音乐节感到沮丧，还是因为其他困扰她的事情感到沮丧呢？她感到难过是对的吗？或者你认为凯莎还遇到了其他事情，这些事情她没有解释清楚，或者她和她的父母没有充分了解？如果这是你的孩子，你的反应会像她的妈妈一样难过，还是像她的爸爸一样愤怒呢？或者你的反应两者兼而有之，抑或截然不同？

　　如果凯莎的父母使用父母APP的原则（关注和好奇、换位思考以及共情）对他们的女儿进行心智化，那么，他们首先要弄清楚音乐节上发生的事情。接下来，他们可能开始认识到当晚的帐篷事件背后还有很多事情，而不仅仅是这一件事，他们开始好奇这一切是如何发生的。

　　他们如何在不让凯莎觉得自己有错或者不认可她的朋友的情况下对她的友谊表示好奇呢？他们不一定用到父母APP的所有原则，也不需要按照特定顺序使用父母APP——这要视情况而定。在这一情境下，他们可能意识到最需要做的是共情和认可。她的父母可以从共情凯莎在音乐节上的经历开始。他们可能会说："这听上去很糟糕，也很孤独，你当时一定感到很困惑和失落，甚至可能有点害怕吧？"请注意这些话带着一些试探性，因为父母不能假设他们了解女儿的感受。他们可能想说出自己的观点，认为其他女孩对凯莎很刻薄，不过，这时他们不知道凯莎是否有同样的看法，因此，除非凯莎自己说，否则他们不要说出来。他们需要保留对凯莎遭遇的感受，试着与她的感受联系起来。

　　凯莎可能不想承认她的朋友很刻薄，但父母可以跟着她的思路，在维护她之前看一看她怎么想的，以及她在谈论自己的感受时愿意走多远。他们可以说出自己的观点，比如对她说："在那种情况下，我知道我会感到朋友让我有点伤心/被抛弃/沮丧。"凯莎需要她的父母站在她这边，但不要让她觉得自己很糟糕,他们在谈话一开始的时候并不知道她对自己的感受以及她对朋友的感受。虽然她需要父母的支持,不想感到孤独,但是,她同样可能想要融入群体,不想显得格格不入。凯莎的父母知道她这一年过得很艰难,如果他们只根据这一信息做出判断,却意识不到她想融入群体,那么,他们就可能会让她觉得彼此更加疏远。

凯莎妈妈的第一反应是难过,我们可以理解她的反应,但这对凯莎没有帮助,原因是凯莎忧虑父母因为她而担忧,她可能会因此产生内疚感或认为自己负有责任感。

为了表明他们开始思考凯莎所需的支持,凯莎的父母可能会做出哪些不同的行为呢?他们可以从凯莎的角度反思她与朋友交往的舒适度,以及这与他们自己以往的学校经历以及现在的交友经历有何不同。看到这一场景,我们可以感到凯莎可能遇到更普遍的友谊问题,她的父母对这个问题的好奇和兴趣,使她确信父母可以帮助她了解并解决这个问题。他们也可以对凯莎交友方面的普遍困难感到好奇。她的父母要知道,在这一人生阶段,最重要的事是得到同伴的认可,而这也是她最容易遭到同伴排斥的时候。这意味着她在日常生活中可能面临着心智化系统失灵的情况,即她逐渐脱离了自己的社交圈。当青少年逐渐脱离同伴、脱离社交圈的时候,他们就与世界上他们最看重的东西失去了联结。如果凯莎已经遇到一些友谊问题,或许还有心理健康问题,那么她在音乐节中更容易感受到同伴的排斥。因此,重要的是,她的父母要保持警惕,不要让她把排斥感归咎于自己,不要用无益(甚至有害)的方式处理这些难受的情绪。

青少年的情绪温度如何影响他们对他人的感受

当我们通过反思自己和他人的想法、感受和意图进行心智化的时候，我们就能体会到青春期的焦虑水平上升得有多快、多频繁了；在青春期，青少年极易对同伴的反应过于敏感，对别人的拒绝、嘲笑或评判感到非常焦虑。我们已经想到情绪温度计：当焦虑增加时，唤醒水平会上升，反思自己和他人的能力会下降，当青少年焦虑时，他们在社交圈中理解自己和他人的能力自然会下降，心智化的能力就会丧失；这反过来意味着他们无法理解社交关系，可能突然被自己的感受所淹没。考虑到青少年有时难以控制自己强烈的感受，"心智化对他们来说变得更加困难"也就不足为奇了。

丧失心智化能力的后果

丧失心智化能力会产生其他连锁反应。当我们像凯莎一样太过紧张、焦虑、困惑或者充满自我怀疑的时候，我们就会丧失反思能力，继而陷入"无效心智化"的状态，退回到早期的前心智化模式。通常发生的情况是想法变成事实（前心智化模式中的心理等价模式）。凯莎的想法之一可能是她的朋友不关心她，她们由于她的某些特质离开了她。在她看来，它不仅是一种想法，而是变成了事实。因此，凯莎失去了共情自己的能力：她开始评判自己，这可能使她产生负面情绪，例如她很糟糕或毫无价值。随后，她不仅这样看待自己，还失去了对朋友进行心智化的能力。她越来越确定她们对她持有否定的态度，这使她体验到令她崩溃的排斥感。在她看来，任何能帮助她摆脱糟糕感受的行为都是解决方案。最坏的情况是她在情急之下做出自伤的行为，我们将在第7章中讨论自伤行为，许多难以处理自己糟糕感受的青少年会出现自伤。这似乎是相互矛盾的，但对处于这类困境的青少年来说，有时像自伤这样的行为可以作为暂时缓解的方式。

在这一场景中，凯莎父母的有益回应可以是试着理解她的经历，并给予支持、共情和认可。这样做将减少凯莎非常消极的想法和感受，使她感到平静，开始恢复一些心智化能力，从而更能反思实际发生的事情（可能会看到一个新的视角），不会把问题归咎于自己。所以，要想和青少年相处，父母必须带着足够的兴趣和好奇去了解他们真实感受背后的原因。

试着放慢速度与回溯

父母另一个有用的策略是放慢速度。尝试让青少年停下来回想或回溯一下在那件使他感到如此糟糕的事情发生之前，他在想什么。在通常情况下，回溯到他感受失控前的那一刻，可以帮助他发现那些无益的自我评价，接下来你们可以一起探索这些想法。你只需要采取好奇、倾听、未知的视角，开始提一些更开放的问题，比如"在你的朋友把你单独留在帐篷里之前，发生了什么？"你的孩子可能说："我只是觉得自己很糟糕。"或者"我在想'我敢打赌她们想没邀请我就好了'。"还可能说："在我产生这种感觉之前，什么都没发生。"但是，通过这种方法，你表明自己不一定充分了解他的经历，但你想了解他的经历。这是非常有效的策略。之后，你可以说："你能告诉我在那之前发生了什么吗？"这句话向孩子表达的信息是"我真的想知道你经历了什么。你可以带着我回顾一下吗？"此时，孩子通常开始表达自己的感受。如果你和孩子能准确地识别出情绪唤醒水平发生改变的那一刻，那么，反思这一时刻是很有帮助的。凯莎需要反思的重要感受可能是她感觉朋友不想与她交往。这可以开启一条更加心智化的通路——反思自己的想法，比如"我很无趣""我格格不入"或者"我总是被排斥"。如果她能回到情绪温度上升的那一刻，接着进行自我心智化，那么，这可能使她更了解自己，最终更了解他人。

重要的是，你一定要确保你关注的不是孩子的行为，而是孩子的想法，以及他此时此刻的感受。例如，如果青少年表达了自己失恋后的沮丧情绪，回想过去的事情以及它们如何导致分手，这可能对他来说是无益的，因为这意味着你脱离了他当下的感受。通过这样的方式回顾过去，你的孩子很可能觉得他现在的感受不被认可，这更像是父母"调查事实的任务"，最终你的孩子可能感到被误解。因此，最重要的是关注孩子当下的感受，以及你如何帮助他们理解这些感受。在凯莎的例子中，她的父母最好不要过多地关注帐篷里发生了什么以及接下来她做了什么，而是更多地关注她当时想什么，这样她会觉得父母真的理解她。这样，父母和孩子将保持联结。随着时间的推移，视角的转变有可能促使父母和孩子从信任与安全的立场进行更深入的交流。这时，她的父母可以真正地帮助她解决她在友谊中遇到的困难。比如，他们会使她想一想她和朋友之间的兴趣是否不同，差异是否过大。这类交流将帮助凯莎学习如何进行自我心智化，从而更好地调节自己的情绪，并了解她适合怎样的朋友和社交场合。

从以上场景来看，父母对青少年的心智化不仅需要使他们感到被理解，还要在他们追求独立的过程中不过多干涉他们的生活，两者之间要达到适当的平衡。

停下来想一想：对青少年进行心智化

主要内容

父母对孩子进行心智化，就是父母要对孩子行为背后的动机、感受、想法和意图感到好奇与有兴趣。父母APP代表的是关注和好奇、换位思考、共情。对青少年进行心智化的核心原则是给予具体和积极的关注，并试着理解他们的观点。

青少年心智化对你的帮助

你对孩子表达积极的关注和好奇，于是，你开始站在他的立场上，按照他所期待的方式理解他的经历，暂时抛开自己的观点，与他的世界建立联结。这不仅帮助你把关注点转向孩子的想法（而不是他的行为或态度），还能帮助你区分孩子的观点和你（或他人）的观点，使你理解他的想法和感受完全不同于你的想法与感受。

使用父母APP对你的帮助

每当你使用父母APP的原则对孩子进行心智化的时候，孩子会觉得你是一个乐于倾听、能看到他的观点并理解他们的人。他将与你更加亲近，更有可能信任你。此外，它还塑造了反思性思维，不仅能促进孩子反思能力的发展，还能使孩子与他人建立并保持更牢固的关系。

使用父母APP对亲子关系的帮助

当你试图理解孩子的想法和感受、认可并共情他对世界的看法时，他会产生与你更紧密的情感联结，以及更加了解自己。这在青少年时期是非常重要的，因为青春期大脑的变化使孩子更难理解他人的意图，也更难管理自己的情绪。你和孩子将开启更友好、情感更一致的交流，并且，你在亲子关系中将感受到更多的安全感。

注意事项

- 积极关注孩子的想法和感受，尽量少说话多倾听。

- 在你提出自己的观点之前，停下来反思一下，先花点时间了解他的观点。不管你的观点是什么，你都要特别留意那些他认为重要的事情。

- 如果你不理解或不知道孩子的想法和感受以及原因，这也没关系。重要的是不要假装你理解了，或者在你不理解他的观点时提出意见。如果你不确定该说什么或很难理解他的感受，这不要紧，但是，你要表现出你渴望理解他。

- 首先，调节你自己的感受（使用情绪温度计来检查你的感受），然后选择一个你能保持冷静、对孩子进行更有效的心智化的时刻。

- 练习思维核查，注意你自己的想法。然后，当你这样做时，开始注意并好奇你的孩子在想什么，但你的态度不要咄咄逼人。

- 尊重孩子对自主性的需求。当你对他的想法和感受表示好奇的时候，你要判断时机是否恰当，并允许他保留自己的想法。

- 注意你的语气和面部表情。青少年对傲慢或评判的声音很敏感。你希望别人怎么对你说话，你就用同样的方式对孩子说话。

- 帮助孩子解决问题，你要知道在大脑更容易冲动的青春期，孩子很难解决问题。

How Do You Hug a Cactus?

Reflective
Parenting
with
Teenagers
in
Mind

如何拥抱仙人掌：
青少年反思性养育指南

第4章
回应青少年的自主性需求

"我能有一点隐私吗？你越界了！"

最近，我小儿子的14岁生日就要到了。我想和他一起做点特别的事，于是，我向一些有差不多大孩子的朋友征求意见，想找一个有趣的地方带他去吃饭。我最后选定了一家餐馆，客人可以坐在餐台旁看着厨师制作菜肴，我们的面前将呈现出一番热火朝天的忙碌景象，我认为这是个好主意。我把餐馆的信息给我小儿子看，他很有礼貌地说："谢谢妈妈，但我更想和我的朋友一起去。"我有点崩溃了。

本章将探讨的主题是青少年在家庭中对自主性的需求，以及友谊对他们的重要性日益增长。青少年在青春期更加追求自主性的主要原因之一是他们需要与同伴建立牢固的关系，这是他们从青少年向成年人过渡的一部分。孩子一方面想要安全与稳定；另一方面想推开你，走他们自己的路。对大多数父母和照顾者来说，青少年所处的拉锯状态是一种常见的经历，往往会导致冲突的出现。作为父母，当孩子想要我们放手的时候，我们可能难以放手；而在他们想要我们坚持的时候，我们却错过了他们给出的暗示。这种处于拉锯状态的内在斗争给父母和青少年都造成了一定程度上的混乱。你如何在保持与孩子联结的同时帮助孩子培养自主意识，促进他们建立健康、支持性的同伴关系呢？我们可能会担心，青少年对同伴的关注和渴望会对他们产生负面的影响。心智化方法能帮助你解决这类日常困境。我们将在第5章中讨论同伴的重要性。

当幼儿感到自己的需求受挫的时候，他们往往通过自己的行为表达自己的感受。青少年通常也会这样做，例如，你想和他讲道理时，他会当着你的面砰的一声关上了门。青少年对隐私和自主的需求往往使父母觉得自己被排除在青少年的生活之外。当父母感到自己被排斥的时候，他们的焦虑感会上升，或者出现相反的状况：家庭中滋生出自以为是的氛围，孩子可以不受监督，随意使用电子设备。同时，随着孩子年龄的增长，他们也学会了撒谎。青少年撒谎的原因是他们想在你不知情、不受你干扰、不被你否定的情况下行动。

当青少年说谎的时候

4岁左右的孩子形成了"心智理论"，说谎的能力最早出现在这一时期。这一理论描述了个体理解别人可能持有错误信念或者与自己不同的想法的能力。我在这一领域的一些研究结果表明，具有安全依恋模式的孩子比那些有不安全依恋模式的孩子更早通过测试[1]。换句话说，理解别人有与自己不同的想法的能力，与孩子的安全依恋模式有关。这一点很有道理，因为我们理解自己想法与他人想法的方式是通过依恋关系习得的，父母和照顾者向婴儿反馈他们所认为的婴儿想法和感受。我对这些发现很着迷，这引发了我将心智化作为一种治疗工具的兴趣。

青少年对隐私的需求

这一认识与青少年以及你当前的亲子关系有怎样的关联呢？青少年对隐私的需求通常使父母感到不舒服，但接受这一点是你作为父母的一个非常重要的发展阶段，就像追求隐私和自主是青少年发展的重要部分一样。青少年谎称自己将要参加聚会，不是因为他想伤害你或者有意欺骗你，而是因为他越来越需要保持一部分生活隐私，这样他就可以形成自我认同，感到与朋友亲近——这个群体正成为他"族群"的一部分。你对自己和孩子进行心智化，这促使你不仅对他撒谎的原因产生好奇，还会对你自己产生好奇：你为什么如此渴望知道孩子到底在做什么呢？当然，你强烈的渴望一部分来自你想确保他们安全，另一部分可能与你们关系中的其他因素以及你的养育观念有关。

当然，青少年说谎还有多种其他原因，例如，他们说谎可能是为了避免惩罚、限制或羞愧。有时候青少年想做的事情是违规的，这时我们试图设定边界、管理自己的恐惧和焦虑、与孩子保持联结的同时维护父母的权威就是一项持续的挑战。

联结，而不是纠正

很多育儿文章和父母课程（线上或线下）的主题都是改变孩子或青少年的行为。迄今为止，在你纠正孩子的行为中，有多少是增进了亲子关系？当青少年离开你、追求自主性的时候，你如何与他保持联结呢？当你不是只关注他正在做的事情，想纠正一个你认为他存在的问题，而是花时间思考你们之间发生了什么的时候，这将给你的孩子带来他们最需要的东西。与小孩子一样，青少年同样需要安全、爱和接纳的关系。如果你说话时带着愤怒的情绪，比如"你到底为什么要这样做？难怪你的朋友不给你发信息"，接着你开始批评孩子，那么他很可能同样会以攻击挑剔的方式回应你。另一方面，如果你采取明智、体贴和/或有趣的方式进行沟通，那么你的孩子将以明智、体贴的方式回应你。例如，你可以说："我对你昨天发生的事很感兴趣。你认为朋友为什么不给你发信息呢？"

孩子感觉被评判、不被认可、被拒绝和/或被批评，这不利于维持亲子关系，反而可能破坏亲子关系。当青少年忙于形成自我认同时，由于他的性格以及他对你的反应都发生了巨大的变化，因此，这可能是一场战争。曾经体贴友爱的孩子突然变成了排斥、伤人、刻薄、不友善的青少年，这对任何父母来说都是难以接受的。好消息是，一旦你的孩子对即将成年的自我认同（涉及朋友圈、上学或就业）更有安全感，他们就不会如此强烈地表达离开你的需要，你体贴友爱的孩子就会回来了。为了度过这段时期，你需要努力在亲子关系中保持你与他的联结，而他要学会在不使你感到被拒绝的情况下实现自己想要的自主性。这就是自我心智化对你自己以及你的亲子关系大有裨益的关键所在。首先从你的想法开始吧。

莱尼的养育困境

你的孩子越来越独立，越来越远离你，你会产生怎样的感受呢？你认为青春期是他的人生中一个激动人心的阶段，还是使你充满了恐惧和悲伤以及失落、被排斥或嫉妒的感受？你的孩子可能不在意自主性，你觉得他太依赖你了。很多父母担忧孩子没有朋友，感到孤独与社交焦虑，以及被欺负、被孤立。父母的作用是，如果孩子有需要，如果孩子的社交网络失灵，父母要及时介入。你是替补队员，不是一线队员。养育没有父母何时前进、何时后退的精确公式,因此,养育是一门艺术,而不是一门科学。如果你担心孩子离开你会遇到危险,你需要判断危险是真实存在的,还是你想象出来的。同样,如果孩子尝试独立自主但失败了,他会感到沮丧,那么,你要注意他可能认为你亲切友善的回应是在嘲笑他的努力,因而感到羞愧,自尊心受到伤害。虽然你认为你关于青春期的看法都是基于自己的亲身经历,但是,他对你的真知灼见不感兴趣,所以,他会觉得你在嘲笑他,而不是共情他。相反,试着更加好奇并关注他的行为背后的动机和想法,可以更好地了解他的感受。

根据你生活中的诸多因素(包括过去的与现在的),你时常会对孩子的自主或依赖需求产生强烈的感受。例如,你自己在青春期的经历,以及你对孩子不再依赖你、进入家庭生活新阶段的感受,都会影响你的整体感受。为了找到这些感受的根源,重要的一点是看一看自主与依赖对你和孩子来说意味着什么。在接下来的场景中,我们探讨一下父亲莱尼的养育困境。

莱尼是一位单亲父亲,他有两个儿子:大儿子艾萨克16岁,小儿子梅森11岁。一个星期五的晚上,艾萨克从学校回来就径直走进了他的卧室,他挪动东西,打开衣柜和壁橱的门又用力关上,弄出了很大的声响。莱尼上楼看一看这是怎么了。他走进了艾萨克的卧室,艾萨克嫌他爸爸没敲门,说:"你没敲门?"

莱尼:"怎么这么吵?"

艾萨克:"我拿了一些东西,一会儿要和几个朋友出去。"

莱尼:"哪些朋友?""你去哪里啊?""我开始做晚饭了。"

艾萨克:"只是朋友。爸爸,这和你没关系。"

　　莱尼（提高声音）："这和我有关系！你要去见谁，你往包里装什么呢？"

　　艾萨克："一些东西罢了。我们在沙恩家聚一聚。就我们几个人。你看到我的游戏手柄了吗？"

　　莱尼："你先和我们吃饭呢，还是不吃？你看上去很着急啊！我送你，好吗？天已经黑了。"

　　艾萨克："谢谢，不用了，卢克马上就来接我。爸爸，请你离开我的房间好吗？"

　　莱尼："不要这样和我说话，我是你的爸爸！"

　　艾萨克（走到门边，打开门，示意他爸爸离开）"我能有一点隐私吗？你越界了！"

　　莱尼感到愤怒、受伤和有点困惑，离开了房间。

　　艾萨克在他身后砰的一声关上了门。

　　你对这一场景的反应是什么？当你读到它的时候，你会想到什么、感到什么呢？如果你是这一场景中的莱尼，你会有怎样的感受？接下来，思考一下你认为莱尼会有的想法和感受。

　　在使用反思性养育法的时候，我们总是从自己的感受开始。为了理清我们对艾萨克的感受，在反思莱萨克可能出现的想法之前，我们首先需要对莱尼进行心智化——站在莱尼的立场上，反思他的想法和行为。

反思莱尼

　　如果我们想象一下莱尼的想法和感受，我们可能会认为他首先想到的是"他要去哪里？和谁在一起？我难道不应该知道一些细节吗？比如他要见的朋友是谁？"我们可以想象莱尼感到担心、焦虑、愤怒、不被尊重、作为父亲的权威被忽视了。他的儿子没有回答他，于是，他的情绪唤醒水平迅速上升。回想一下第1章的情绪温度计，我们的情绪温度升高，心智化能力就会下降；简单来说，我们处于情绪高涨的状态，就很难进行反思（同样，当我们处于情绪低落的状态，情绪唤醒水平很低时，我们也很难进行反思）。就莱尼而言，我们可能会好奇他想法和感受的来源及影响因素。我们可以问一问莱尼的家族史。他的父母过度保护他，还是给他很多自由呢？他愿意向父母吐露心事，还是愿意保留隐私呢？他成长的家庭环境是怎样的？我们还可以好奇当前事件对莱尼心理状态的影响。他似乎很担心艾萨克包里的东西。他担心的是他包里的衣服样式，还是更糟的东西，比如酒精或毒品？他怎么看待这些东西？如果我补充一些细节，告诉你莱尼在父母崇尚严格教育的家庭中长大，莱尼在教育两个儿子时质疑这种严格教育，你认为他会怎么做？我还可以继续补充，他的妻子三年前去世了，从那时起，莱尼一直独自抚养孩子，一直在当地的一所学校担任副校长。根据这些细节，我们可以按照第2章中父母MAP的步骤，开始构建莱尼的父母MAP，并思考那些影响他当下对儿子的看法和感受的所有因素。如果莱尼进行自我反思，他会开始稍微管理一下自己的情绪，比如弄清楚他是否由于他的心理状态做出过于强烈的反应，或者他的反应是否适合当时的情况。

　　大多数时候，我们意识不到我们的个人因素是如何影响我们当下的行为和反应的。此刻，莱尼不太可能考虑到他的行为背后的影响因素。当我们处于类似的情境，情绪温度上升时，我们不太可能反思我们的想法和感受来自哪里。如果你事后能回顾那些紧张的情境，将有助于管理你的情绪以及理解相关的影响因素。通过这样的做法，莱尼在下一次与艾萨克沟通的时候，就能更清晰地意识到父母对他自己的强烈影响，还会注意到他的父母MAP中的一些重要因素，这些因素影响着他当前的反应。例如，他故意不像他的父母一样严格，可能使他无法设定边界。一旦他认识到这些因素，他就能区分自己的强烈感受和儿子的感受。如果他进行自我心智化，他就不太会把他的全部感受都投射到艾萨克身上。

反思艾萨克

艾萨克从学校回来，径直回到房间里收拾东西，我们可以想象到他很兴奋，迫不及待地想见朋友。他满脑子想的都是他和朋友见面后要做的事——打游戏，这是他最喜欢的娱乐活动。他很在意他房间的隐私，父亲的出现可能让他感到烦躁：他正在想带什么东西去朋友家，这打断了他的思绪。他一烦躁，就忘了他把要带到朋友家的游戏手柄放在哪里了。爸爸不敲门就闯入的行为惹恼了他，因此，当他的爸爸问他问题的时候，他感到这些问题比平时更讨厌，他无视了爸爸送他或在家吃饭的提议，他生气得没办法对爸爸进行心智化了。他可能会想"他干吗要知道这么多细节呢？"他原本期待独立做的事情却被当成了坏事或秘密，他的心情由于爸爸变得糟糕，这让他很生气。艾萨克身上还发生了哪些隐秘的事情呢？我们了解到三年前他失去了妈妈，那时他刚满13岁，我们可以想象他一直压抑的强烈感受以及友谊对他的重要性。我们也会好奇他对他父亲的感受。他可能觉得要保护父亲，不要让他操心，或者他对没人救得了他的妈妈而感到很生气，甚至觉得自己为此负责——小孩子在经历死亡和失去时很难理解它们。他还可能感受到父亲在严格教育和宽松之间的纠结，感受到要为爸爸负责，有时这使他感到崩溃或沉重。或者如果他告诉父亲他和朋友干什么，他担心爸爸的反应，又或者他只是一个典型的青少年，只是想离开爸爸和弟弟，保留一点空间和隐私。

反思这一场景中到底发生了什么

思考这一场景，我们可以想象到莱尼的烦恼，并理解他被忽视的感受，毕竟，父母难道不应该知道孩子是否和家人一起吃晚饭吗？这不是最基本的要求吗？同时，当青少年被问到很多问题的时候，他们的第一反应是沉默。如果他的父亲知道他和谁一起打游戏，这又有什么区别呢？在这一场景中，莱尼非常想知道他儿子周五晚上出去的细节，却没有解释他想知道的原因。他感到焦虑和受挫的是什么？作为单亲爸爸，莱尼是否觉得那天晚上糟透了，儿子破坏了他原本期待的周末家庭聚餐？莱尼觉得他有权知道儿子活动的细节，但真的是这样吗？你赞同还是不赞同他的感受呢？或者莱尼还有其他的想法吗？或许他在失去妻子后非常在意并保护他的儿子们，既感到失去妻子的沉重，又感到独自养育儿子的重担。你可能联想到更多的事情，但就像所有的亲子关系一样，莱尼和艾萨克的互动是独特的。

一起思考

当我们思考这一简短的场景时，我们可能形成一些清晰的初步看法。首先，作为成年人，我们可能觉得艾萨克对他爸爸说话的方式很粗鲁；其次，孩子不在家吃饭，还给他做饭，这使莱尼感到沮丧、烦躁，甚至觉得这是浪费金钱。如果我们对这一场景中的爸爸和孩子进行心智化，我们可能会理解影响莱尼行为和反应的因素（他在使用父母MAP的步骤时可能会发现的影响因素）意味着他的某些感受被触发了。我们可能还好奇莱尼对大儿子疏远他、转而亲近朋友的行为有怎样的感受。他担心艾萨克现在不像以前那么需要他了，他的愤怒沮丧是出于这个原因吗？莱尼是否忽略了"他的孩子必须有自己的经历"这一事实呢？与很多青少年一样，他也许觉得没必要提及所有细节。我们可能进一步想到父母想沟通的需求可能与孩子想沟通的时机是不一致的。沟通的时机很难把握，但这对你与孩子保持联结是至关重要的，因为选择错误的时机（就像莱尼所做的那样）可能会导致孩子拒绝沟通。

使用双管齐下法：反思安娜的养育

第 1 章中提到的双管齐下法是一种理解并回应孩子行为的有效工具。在莱尼的例子中，采用这种方法与艾萨克互动将帮助莱尼感受到自己仍然有父亲的权威性。例如，莱尼使用一只"手"，对莱尼离开父亲的需求采取好奇和共情的心智化的态度（和朋友在一起，想有点隐私）；使用另一只"手"，和艾萨克约定几点回家，或者他可以说"饭好了，咱们先一起吃饭吧"。关键在于同时使用两只"手"，双管齐下，这样你的孩子就会觉得你有一定的权威性，同时仍然觉得你很温暖，能理解他们的观点。这使他们产生安全感。

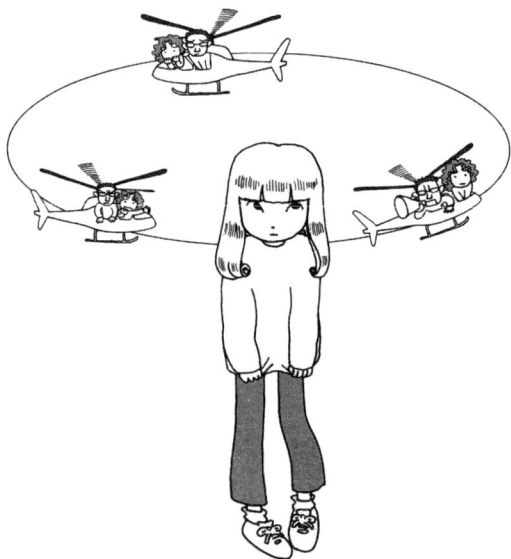

　　下面看一看一位母亲对青少年的看法。

　　安娜是三个青少年的妈妈：两个儿子和一个女儿。女儿卡西
19岁了，她遇到了棘手的养育问题。

　　安娜把卡西形容成"冒险者"。卡西11岁进入了青春期，突
然打破了安娜设定的所有边界，安娜觉得她根本应付不了。安娜
处理女儿抵制行为的方法是严格规定她不能做的事情，她制定了
一份不允许做的事情清单，"不要在我的房子里"一度成为她的
口头禅。

　　安娜注意到卡西的第一个变化是她的态度：她之前礼貌听
话的女儿变得咄咄逼人。在学校里，她融入了帮派文化（gang
culture）。安娜震惊地发现卡西被帮派所吸引。她发现卡西经常
看社交媒体，她的朋友们从十一二岁就开始抽大麻了。她越是

严格，卡西就越任性。

　　有一天，卡西告诉她妈妈，她的一个朋友在12岁时发生了性行为，安娜开始认真考虑她要不要对女儿采取不同的养育方式。她一直在设定边界和规则，但她看到她所做的一切都把卡西推得更远，现在她真的开始害怕女儿会模仿周围朋友的行为。她不得不怀疑她制定规则的效果，并决定采取不同的策略。

　　她反思自己一直在不说教孩子、设定边界以及给孩子自主权之间走钢丝。她简直不敢相信她必须接受一套全新的规则，每当她给卡西任何自主权的时候，她都感到非常焦虑，因为她的脑海中会立即出现一个有危险的情境。一次，她们一起出去玩，只有她们两个人；卡西告诉妈妈，她发现她的朋友和男朋友的状况很可怕。安娜没有先强调规则，而是更开放和好奇卡西的感受，她的女儿开始告诉她更多的事情。卡西说，她看得出她的朋友很爱那个男孩，但她并不想效仿她的朋友。她还告诉她的妈妈，她认为他不爱她，他想要的是性而不是爱情，所以她很担心她的朋友。

　　16岁时，卡西告诉妈妈她想退学，不想参加考试了，显然，她不想听安娜的建议。安娜决定不再为女儿可能遇到的事情忧心忡忡，而是认可了卡西想学习另一种课程的愿望，所以她支持她开始当学徒，而卡西因为不用参加考试而松了口气。随着妈妈的期望所导致的压力减轻，卡西与妈妈的关系越来越亲密，对自己的未来也越来越有信心。

　　如果我们觉得孩子走上了一条我们认为有危险的道路，我们很多人会采取安娜最初的养育方式。她一开始制定了严格的规则和边界，规定家里可以做的事情和不可以做的事情。我们可以把安娜的做法理解为她担心女儿的安全，以及随着女儿的独立，她害怕失去对女儿的控制。当卡西把朋友的行为告诉安娜时，安娜的情绪温度可能突然升高，我们可以想象到她惊慌失措，无法清晰地思考。当我们的情绪温度上升时，我们往往不假思索地采取行动或者制定严格的规则。这时，我们的大脑根本无法做出反应。我们开始好奇安娜的信念来自哪里，她自己的母亲是一个制定规则的人吗？或者她和母亲恰好相反，觉得她需要比父母更有边界意识。一旦她采取了开放好奇、不知情的心智化方式，我们就会看到她们的关系发生了变化。她相信女儿会找到自己的方向。我们还看到她试图用父母APP的一些原则对卡西进行心智化，并采取了开放好奇和一无所知的视角。这为卡西说出自己的真实感受创造了条件。

　　安娜一直很焦虑卡西的学校生活，担心卡西不参加考试怎么办，尤其是知道她在校外和一群危险分子混在一起。她很难放弃她最初"不要在我的房子里"的方式，但她可以看出这不起作用；当她持有这样的态度时，卡西拒绝和她沟通。起初，她试图对卡西施压，想让她守规矩，但她看到卡西在学校非常痛苦，学校想让卡西参加考试，她拒绝了学校的提议，表明了她支持卡西的态度，事情就发生了变化。后来，卡西离开了学校，在当地的宠物外科诊所找到一份喜欢的工作，并和朋友们维持着深厚的友谊。

　　我想知道你是否同意安娜的做法，或者她的做法是否让你感到焦虑。你可能采取一种截然不同的做法，当然，你会处于不同的背景与当前环境，这将影响你的养育方式。安娜看到最初的养育方式不能使她与女儿保持联结，因此，她好奇地想看一看如果她冒险选择另一种养育方式，这将带来怎样的效果。安娜面临的风险是如果她坚持最初的养育方式，她与卡西的关系将变得疏远，可能使她的女儿面临着更严重的风险。安娜改变养育方式的决定对她和卡西都有好处。对别人来说，这种养育方式会让人感到不适和太过纵容。我们的养育方式不是一成不变的，反思养育方式的有效性，这对你和孩子来说都有帮助。你可能一开始很宽容，但随着孩子年龄的增长，你变得更有权威性，或者你变得和安娜一样更加宽容。

青春期的同伴关系与自主性

关于青少年同伴关系以及这些关系的意义和重要性的社会心理学研究有着悠久的历史。研究表明，随着年龄的增长，青少年与同伴相处的时间越来越多，而与家人相处的时间越来越少。这些发现具有文化特殊性，大部分研究是在西方白人文化（主要在美国）中进行的。在其他一些国家中，例如韩国、印度和日本，青少年与家人相处的时间和他们小时候一样多。有趣的是，西方研究的结果显示出一些性别差异，青春期女孩和朋友相处的时间比男孩更多，男孩与父母相处的时间更少，往往有更多的独处时间，而男孩独处的时间与女孩与朋友相处的时间一样多。当然，这是一般趋势，不适用于所有的青少年。你的孩子可能更喜欢独处，而不是和朋友在一起；或者他们可能更喜欢和朋友在一起，而不是独自一人。无论你的孩子如何使用他们的时间，他们受到生物性的驱动需要更多的自主性，父母有责任帮助他们实现自主性。

过度保护的风险

尽管我们有保护孩子的本能，但过度保护的养育方式以及不支持青少年获得自主权的行为都可能存在风险。例如，如果把冒险看作一个连续的等级，最低的冒险等级是不能承受任何风险的青少年。这些青少年的心理健康问题往往比中等级别冒险的青少年更严重。因此，过度保护的养育方式意味着青少年缺乏冒险精神，并且无法实现自主性，从而导致青春后期和成年期面临着更大的心理健康威胁。我们将在第6章中更详细地探讨青少年如果不冒险将会遇到的困难，考虑到他们对自主性的需求，如果父母不鼓励孩子冒险，将会带来严重的后果。比如，你的孩子想和朋友一起去城里玩，这是你第一次允许他独自出行，你坚持要开车送他或者陪着他，这会产生怎样的后果？这当然会扼杀他们的独立性以及损害他们解决问题的能力，原因是你就在身边，能为他解决一切麻烦。与你提供公共交通路线的建议、让他到达目的地时给你发信息的做法相比，开车送他或陪伴出行的做法反而会使孩子更容易受到伤害。在关于冒险的第6章中，我们看到当代的青少年事实上比以往的青少年更少争取独立自主，这本身就带来了风险。

孤独症青少年的自主性

如果你正在养育一个患有孤独症的青春期男孩，那么，他的独立自主需求就涉及一系列不同的问题。我们已经知道，青春期的男孩往往增加了他们独处的时间，与父母变得疏远。患有孤独症的青春期男孩和青春期女孩一样很难找到自我认同，但他们选择远离他人的方式追求自主，他们往往躲进卧室，沉浸在自己特殊兴趣的世界。虽然有时他们需要有一个能让他们冷静下来、更好控制情绪的安全空间，但是，你要试着和孩子保持联结，引导他们走出房间，走进社交圈。与正常的青少年相比，父母更容易感到他们与孤独症青少年之间的疏离感。父母会感到自己与孤独症青少年之间严重缺乏情感的联结，与养育非孤独症青少年时的感受有本质上的区别。我曾经帮助过一个有孤独症的十几岁男孩的家庭。这个男孩似乎不需要母亲的陪伴，也没有对母亲表达过强烈的情绪，这使他的母亲感到非常难过。她感到非常孤独，作为母亲，她感到自己有点多余。在这种情况下，你需要进行自我心智化，明白你体验到的是一种正常的反应，你希望在亲子关系获得的亲密度有时与孩子想要的亲密度是不同的。这并不是说，患有孤独症的青少年不想要关系联结或充满爱的关系，而是有时他们对自主性和空间的需求可能与父母对亲密感的需求不相容。你可能难以接受这一点，但重要的是，你要认识到这不是孩子爱你或需要你的程度的反映，而更可能与他们需要更多的时间控制局面与控制自己的感受有关，这通常意味着他需要更多的独处时间。

当自主性导致孩子与父母发生冲突的时候

在某些情况下，青少年对自主性的需求可能导致他们与父母之间出现长期的冲突。

　　研究表明，与惩罚相比，青少年从奖励中学到更多东西；与长期奖励相比，青少年更可能对即时奖励做出反应[2]。因此，我们就可以理解孩子不太可能参与那些奖励遥不可及的任务。例如，"如果你现在为考试好好复习，你以后可能找到一份好工作"的方式就不如"如果你今天晚上好好复习，我就给你点外卖"的方式有效。青少年研究还告诉我们，惩罚行为不太可能产生我们所期待的行为改变。例如，"你昨晚没复习，今晚我把你的手机拿走，你就可以好好复习了"。

　　当你对孩子的未来发展感到焦虑或紧张（比如如果孩子不努力学习，这将影响他以后的生活）时，你的情绪温度就会升高，而你的自我心智化变得更加困难，你意识不到这只是你自己的担忧。反过来，你也会把自己的压力投射到孩子身上，使他和你一样担忧。这时，我们就进入了引言提到的前心智化模式，比如我们给孩子贴标签，或者不假思索而草率行事（比如惩罚）。当我们感到青少年攻击我们的时候，我们经常会进入这一模式，遗憾的是，它只会使冲突升级。

　　我认识的所有父母几乎都在亲子关系中的某一时刻因为青少年对他们的敌意而伤心。青少年会表现与幼儿一样强烈的情感，这种情感往往来得快去得快，但在有些情况下，他们对父母正常的权威性表现出强烈的敌意和对抗，导致对峙情形的出现，即父母和青少年似乎成为战场上的对手。在第1章中，我们探讨了大脑在青春期发生的变化，因此，我们可以理解某些敌意源于这个发展阶段出现的困难，即在青春期大脑掌管理性思考的部分（在前额叶皮质）的发展滞后于大脑的情感部分。于是，我们看到孩子可能先做出情感反应，后来才进行思考。作为父母，你也要发挥重要的作用。人们往往对青少年有非常消极的预设观念。对很多父母来说，就连"青少年"这个词都是难以相处、不可理喻或者故意激怒你的代名词。他们如果达不到父母的期望，似乎就做不好任何事情。这类批评会让青少年感到压抑和愤怒。如果你带着这些消极的期待走进孩子的青春期，你很可能会遇到一个充满敌意和"不理智"的青少年。父母和青少年之间更深层的困难（长期无法沟通、缺乏联结以及公开的敌意）往往出现在以下类型的家庭之中：父母无法认可青少年对事物的体验，也难以管理自己对青少年强烈感受的情绪反应。

如果你因为青少年没做过的事冤枉他们，他们会感到非常不公平并对你进行反击。你要保持冷静，这样，即使在孩子处于失控的状态，你也能进行自我心智化，调节自己的情绪。当你的孩子对你发脾气、不让你参与他的生活的时候，你自然会感到生气或沮丧，但这样的反应将会导致你和孩子之间不断出现消极和敌意的状态，最终将破坏你所期待的亲子关系。如果你对自己和孩子进行心智化，你无需沮丧和生气，而是可以试着这样说："我不喜欢你对我发脾气，但我明白你为什么发脾气。无论怎样，我都爱你。"

当你和孩子发生冲突时，你能做些什么

我们知道强烈的情绪会导致心智化能力（即思考想法和感受的能力）的崩溃，因此，在发生冲突时，更有效的做法是关注孩子的情感脑（大脑边缘系统），而不是逻辑脑（大脑皮质）。回顾第 3 章中的父母 APP（你对

青少年进行心智化），你在青少年愤怒的时候表现出积极倾听（A）、对他们的观点感兴趣（P）以及共情（P），这就是更有效的做法。当你感到愤怒或沮丧的时候，你很难做到这一点，因此，如果你的情绪温度过高或过低，无法共情或管理孩子的情绪，你还可以做的是描述你认为他们有怎样的感受。你可以说：

"我不让你和朋友在外面待到很晚，你觉得这不公平。"

"你哥哥私自拿走了你的外套，你很恼火。"

"你在学校待了一天还要复习，感觉很无聊。"

接下来，你可以使用心智化工具，通过倾听与询问"他们能不能告诉你他们的感受"，对他们的想法和感受表现出更多的好奇心。如果他们说不出自己的感受，你不要强迫对方，只是表示你好奇并关心他们的感受。你保持一定的父母权威性，告诉他们叫嚷、粗鲁等行为让你感到伤心，但同时表现出对他们感受的兴趣和理解（"双管齐下"法）。试着把注意力集中在他们的感受和对他们重要的事情上。你可以和他们多谈论这些感受，让他们不再关注最初让他们生气的人或事。如此，你帮助了青少年进行自我心智化，从而帮助他们管理自己的感受。

说到冲突，如果你有一个患有孤独症的青少年，他们还会遇到其他困难，因为他们可能很难识别和管理冲突（与非孤独症青少年相比），这将影响他们修复并维持友谊的能力。正如我们之前谈到的，虽然被动承受青少年的敌意是一件困难的事情，但是，你在处理你与孤独症青少年的冲突中有一项重要的任务——教孩子学习换位思考。

乔什的故事

让我们看一看下面的场景：一个青少年渴望更多自由，觉得父母过度保护他，与父母经常发生冲突。

15 岁的乔什上 10 年级，准备参加他的第一次重要考试。他与父母、妹妹卡莉一起生活。他最近建了新的朋友圈，朋友圈里有男有女，他想周末的大部分时间和他们待在一起。他在 9 年级时最感兴趣的是踢足球和看球赛，他爸爸经常带他去当地的球队踢球，周末他们会去诺丁汉森林俱乐部看比赛。他的爸爸一直购买球赛季票，乔什和他一样爱看球赛，他感到很高兴。在一次学校旅行之后，乔什的父母注意到他似乎变了，更想和他的朋友在一起。他们一开始很高兴，但是，渐渐地，乔什只通知他们"他要去朋友家"，而不是询问他们他能不能去；他的爸爸开始设定规则，乔什觉得这些规则很烦人。

爸爸："你回来的时候天都黑了，走路回家很危险，我去加夫家接你吧。"

乔什："你不用接我回家，这有点多余了。就隔了几条街，我自己能回家。"

爸爸："我不想和你争论这个问题。上周诺丁汉有个孩子被刺伤了，我不能让你走夜路。你才 15 岁。"

乔什："周六是加夫的生日，我们一群人都要去。你不用接我，我和其他人一起走。离这里只有几条街。"

爸爸："我想知道地址，你能告诉我加夫妈妈或爸爸的电话吗？"

　　乔什（变得焦躁）："我们不一定一整晚都待在加夫家，还可能去别的朋友家。我们一晚上会做不同的事。"

　　爸爸（变得生气）："比如什么事？我要知道你和谁在一起，你在做什么。"

　　乔什："这有什么关系？不过是几个朋友而已。你干吗要知道这么多？"

　　爸爸："我是你爸，我要确保你的安全！"

　　乔什："我要上楼待一会儿。"

　　乔什上了楼，砰的一声关上了卧室的门，小声骂他的爸爸，接着给他的朋友加夫和群里的其他人发消息，告诉他们周末的计划。他决定不再告诉爸爸任何信息，并说谎隐瞒他要做的事情。他爸爸没敲门就冲进了乔什的房间，对着乔什大喊大叫。乔什也和爸爸对吼，说爸爸是一个"过度保护的烦人家长"，说自己"不是像卡莉一样的婴儿了"，还对爸爸大喊："滚出我的房间！"

反思乔什的爸爸

　　在这一场景下，我们可以看到乔什和爸爸对他行为风险程度的评估是截然不同的。他的爸爸认为走夜路很危险，而乔什只关注他的新朋友。爸爸和乔什的关系一直很好，因此，当看到儿子离开他，进入新阶段的时候，他一定感到非常吃惊。父亲可能因为失去他们一起踢球看球时的亲密感而感到悲伤，甚至可能有点嫉妒乔什和朋友们的新生活。同样，如果他允许乔什晚上在街上闲逛，他可能非常担心自己永远失去他。他留意到最近在离家不远的地方发生了一起暴力事件。

反思乔什

从乔什的角度来看，我们可以想象他在参加学校旅行时体验到一种全新的独立感，从那以后，他一直喜欢和新的朋友圈待在一起。这个群体有男有女，我们可能好奇乔什的兴趣点是群里的女孩（或者是男孩，我们不知道他的偏好）。对乔什来说，新生活的趣味在于它与他已有的家庭活动是分开的，他可能希望这是他的个人体验，不想告诉别人。即使父亲只是想陪他回家，他也对父亲的参与意愿感到恼火。他觉得这可能会破坏他晚上的心情，甚至可能让他在朋友面前感到尴尬。

一起思考

我们可以看到两种不同的视角。如果你有类似的经历或者害怕孩子越来越想离开你（你不知道他是否安全），那么，你可能会发现你更容易共情乔什的爸爸，而不是乔什。如果我们思考反思性养育模式以及它如何修复乔什和爸爸之间的裂痕，我们首先要帮助乔什的爸爸进行自我心智化。他可能开始意识到他太担心乔什的安全了，以至于不能共情儿子想要什么，再加上乔什对他如此粗鲁和轻蔑的态度，他感到很愤怒。反过来，他可以开始说一些乔什的感受，比如"尽管我不喜欢你对我的无礼态度，但我能理解你和朋友在一起很开心。我仍然爱你，你有一群好朋友，我感到很高兴。"这向乔什表明他理解人际关系的重要性，还使他们有了沟通的契机，而不是迫使乔什向他爸爸提供更少的信息。如果他的爸爸首先进行自我心智化，他就能更好地管理自己的情绪，并好奇乔什如此急切地想和朋友在一起，以及他如此渴望从父母那里获得独立和自主。

停下来想一想：自主性

主要内容

一般来说，父母还没有充足的心理准备，青少年就想要独立自主了。研究发现，成为反思型家长，尤其是采用权威性养育风格，能够促进青少年自主性的发展。

反思性养育模式对你的帮助

我想提醒你的是，在反思性养育模式中，亲子关系是温暖的，但也是有边界的。成为反思型家长，使你能理解自己的反应，在退后一步的时候，你会意识到你的视角与孩子的视角是不同的；它使你保持冷静，尤其是当你觉得因为孩子的自主需求而被他们推开的时候。

反思性养育模式对青少年自主性的帮助

青少年要感受到他们要在不被评判或批评的情况下形成自我认同。如果你没有对他们的观点表现出好奇和理解，他们会容易感到羞愧。虽然青少年想打破边界并挑战规则，但是，如果没有边界，青少年就会失控。

反思性养育模式对亲子关系的帮助

无论是需要自主性的青少年还是患有孤独症的青少年，他们都会发现有时很难理解并控制自己的情绪，有时很难理解他人的想法。通过反思性养育模式（你首先进行自我心智化，再对你的孩子进行心智化），你和孩子将获得更好的亲子联结和理解。

注意事项

- 你要认识到孩子需要形成与你不同的自我认同，这对他形成良好的同伴关系来说是非常重要的。

- 试着使用双管齐下法（你既要温和并好奇地了解青少年行为的意义，也要设定相应的边界）。例如，你要对青少年独立生活的需求表示好奇，允许他拥有他想要的隐私，同时给他设定一些你期望的边界，例如几点回家、一起吃饭以及复习学校功课。

- 对患有孤独症的青少年来说，你往往需要明确你的意图——你的孩子不一定清楚你为什么做这些事情或者他想做什么。你进行自我心智化，并向孩子解释你的想法，他会更清楚你的思考过程。

- 明确区分你的想法与感受以及孩子的想法与感受。如果你把太多的个人情绪投射到孩子身上，他很容易感到困惑，不清楚自己的想法和需求。

参考文献

[1] Fonagy, P., Redfern, S., & Charman, T. (1997). The relationship between belief-desire reasoning and a projective measure of attachment security (SAD). *British Journal of Developmental Psychology*, 15, 51-61.

[2] Blakemore, S. J. (2018). *Inventing ourselves. The secret life of the teenage brain.* New York, NY: Penguin Random House.

How Do You Hug a Cactus?

Reflective
Parenting
with
Teenagers
in
Mind

如何拥抱仙人掌：
青少年反思性养育指南

第5章

支持青少年的社交需求

你在这样的朋友圈里，也会对外表等事情感到焦虑。

除了第4章探讨的自主性需求外，家庭之外的同伴关系和其他关系对青少年也是至关重要的。在这一章中，我们将探讨青少年的同伴关系、社交媒体在青少年生活中的作用，以及如何支持患有孤独症的青少年建立友谊。

青少年的生活系统包括他们的大家庭、同伴以及他们的学校、线上网络、社交与体育俱乐部，每个孩子、每个青少年都是这个系统的一部分。你如何看待在孩子当前生活中的影响因素？当你感到这些影响（无论是孩子的朋友、社交媒体还是校园文化）超出你的控制并对你的孩子产生消极或不可避免的影响时，你会如何应对？在这一章中，我们将探讨同伴关系对青少年的发展以及安全感和归属感的重要意义。接下来，我们将探讨反思性养育模式如何使你理解并应对你对这些影响因素可能的担忧，并开启你和孩子之间的交流。

除了家庭之外的影响，我们也会探讨你的其他关系对青少年的影响，特别是你和孩子爸爸/妈妈的关系。你们处理亲子冲突的方式以及你管理人际关系的方式都会严重影响到青少年对人际关系的看法。

父母之间的关系对孩子社交关系的影响

我们在第2章中探讨了父母的养育风格，本章我们将花些篇幅探讨父母的关系对孩子的社交关系产生的影响。

父母是孩子人际关系的模板：从婴儿期开始，他们就一直观察你如何与伴侣、朋友、大家庭和社区里的人相处。在你所有的人际关系中，你和伴侣的关系，将会对你的孩子产生最重要的影响。此外，你与他们相处的方式将对孩子的幸福感和心理健康产生巨大的影响。研究表明你所生活的家庭类型并不重要，关系的质量是最重要的，当青少年和家长被问及"父母的关系融洽对养育快乐的孩子是否重要"时，70%的青少年认为重要。有趣的是，同样的问题只有33%的家长认为重要。如果我回想自己的童年经历，我认为我的父母并不知道他们的争吵对我今天的幸福有多大的影响。除非青少年找你谈论他的友谊或人际关系，否则你不太可能主动提到人际关系，但他们一直观察着你的人际关系状况。你和伴侣之间的关系可能不稳定，充满着起伏波动，有欢笑，也有分歧和争吵；你和伴侣可能几乎不争吵，更喜欢压抑自己的感受，在家里很少表露情绪；你可能公开地表达爱和情绪，或者非常保守与私密。无论你们的关系是哪一种形式，你都可以确定青少年已经从你的人际关系中学会了一些社交技巧。这一部分关注的是反思你的人际关系和它们为青少年所做的示范，思考一下你如何支持孩子建立良好的社交关系。

父母对冲突的处理方式如何影响青少年

夫妻争吵本身并不是坏事或错误，关键在于你们争吵的方式，更重要的是，你们如何善后，以及理解并解决已经发生的事情。显然，如果你们处于长期冲突的状态，一方总是威胁要抛弃另一方，这将对青少年产生严重的消极影响，他将会在离婚威胁的家庭氛围中变得焦虑。在治疗工作中，关系破裂与修复的概念对理解关系来说是很重要的。"恋人从不会有分歧"这样的观点既不健康，也不现实。事实上，心智化系统鼓励你对别人的观点和不同的观点产生好奇，但这与一开始就批评别人有不同的观点是非常不同的，而这恰恰是可能产生冲突的地方。我们看一个日常的实例。

　　吉姆工作了一整天回到家，而他的妻子安雅也在家工作了一整天。她一直接电话，连出门的时间都没有。吉姆下班前，安雅给他发短信，问他能不能在从车站回来的路上到商店里买些牛奶。吉姆进了家门，疲惫地对安雅和孩子们（他们都在楼上自己的房间里）说了一声"嗨"。"嗨，"安雅说，"你买牛奶了吗？"吉姆说："没有，我快到家才看到你的短信，我累死了，不想返回去了。你一天都待在家里，你就不能出去买吗？"安雅立即感到愤怒（和防御）："即使我一直在家，我也一直工作啊！我一整天都在盯着屏幕。"

　　关于"这一天谁最辛苦"的争吵爆发了，吉姆和安雅声嘶力竭地为自己辩护。最后，安雅大喊："你没把我的工作当回事！你干吗不早点看短信？你只顾着自己的工作！"

　　在楼上，两个十几岁的孩子听到了父母的争吵声。为了屏蔽吵架声，一个孩子戴上耳机听音乐，另一个看电影的孩子调大了音量。他们都决定暂时不下楼。

　　在最激烈的时刻，当情绪温度过高的时候，吉姆和安雅都没办法对自己或对方进行心智化。他们都掌控不了自己的情绪，不会对对方这一天的经历感到好奇。安雅不理解吉姆一天的辛苦，也不明白为什么他忘了买牛奶，听到吉姆指责她更应该做这件事之后，她处于防御的状态。为了解决这个问题，双方都要冷静下来，降低情绪温度。你很少听到这样的争吵：一个人大喊大叫，另一个人的回应是"是的，我明白你的观点"。当我们情绪高涨的时候，我们不可能进行换位思考。然而，在事情发生之后，我们要对彼此的观点感到好奇，认可并尊重它们。

这种争吵或关系破裂对青少年的影响是不言而喻的。在那一刻，它会威胁到他们的安全感，所以他们都待在自己的房间里，更愿意做出退缩行为。之后，这个家庭暂时分崩离析，每个人都待在一个单独的房间里。如果这种情况反复出现，它会在家庭中持续形成不确定、不安全的状态。修复这种关系破裂的场景，关键的一点是双方要了解哪里出了问题，以及为什么双方都觉得自己被误解了。安雅和吉姆要进行自我心智化。例如，吉姆可能会说："我很抱歉，我在看到你的短信时没有回去买牛奶。我今天过得太糟糕了，只想快点回家看见你们。我打算晚一点出去的。我想当时我已经很紧张了。"或者，安雅可能会说："整天待在家里看着屏幕，我感到很沮丧。我长时间坐在屏幕前时又疲倦又抓狂，我就要崩溃了，我的工作让我连中午都不能休息一下，太恼火了。"

在反思自己的时候，你的话要以"我"开头，而不是以"你"开头；这些话之所以有效，是因为在思考他人观点之前，它们能帮助你先进行自我反思（或自我心智化）。争论通常是一个人对另一个人的指责，如果他们从自我反思开始，反思和修复就会很顺利，例如，"我这样做的原因是我有这样的感觉"。当我们说出诸如"你没把我的工作当回事！你只顾着自己的工作"的指责时，我们往往会对对方进行不准确的心智化。这些话暗指你认为你比对方自己更了解他的想法，所以这些话往往使对方觉得刺耳。当然，在我们的生活中，我们大多数人都会对别人做出判断，有时是出于幽默，有时是出于愤怒或沮丧。然而，当这种情况发生在父母和家庭关系中的时候，它传递出的信息是"家庭成员缺乏对其他家庭成员的观点和经历感到好奇"。这通常以争吵、叫嚷、逃避和退缩告终，它加速了关系的破坏和破裂，而不是联结和修复。这并不是说，你必须接受别人的立场，但如果你想给青少年示范良好的人际关系，你至少要想去了解并认可别人的观点。另一方面，在你的人际关系中，如果你在出现分歧时采取一种成熟、反思和理解的方式（最后以修复或折中的方案解决），那么，你的孩子将学到一些管理社交关系的有效方式。

为什么友谊对青少年来说如此重要

　　青少年最常提到的是友谊问题。无论关注点是他们很难建立友谊、感到被朋友冷落、与好友发生冲突、为融入群体而感到焦虑，还是缺乏归属感，青少年的担忧都是明确而又真实的。在最糟糕的情况下，青少年可能会因为发色、身材、个性、特殊爱好、种族或性与性别认同而受到严重的欺凌。当然，有些青少年本身就是有潜在问题的施暴者。所有这些问题都引发了父母对青少年友谊的担忧，这是可以理解的。不过，重要的一点是父母要明白在人生的这一阶段中，孩子让父母靠边站，而朋友占据了中心位置。尽管你从理性上能理解这一点，但当你的孩子需要联系朋友而不是联系你的时候，你难免会感到伤心。但是，你接受这一点，对维持长期的亲子关系来说是至关重要的。

　　当你采取反思性养育模式的时候，你可以培养对青少年朋友圈的好奇心，支持他的同伴关系成为他们发展的重要部分。有趣的是，大量研究表明，同伴关系预示着孩子未来的复原力，而孩子与父母太亲近实际上会降低孩子的复原力，使青少年太过依赖父母，发展停滞不前。同伴关系的重要功能之一是使青少年更适应生活，父母适当的放手有助于培养孩子的复原力。

同伴对青少年的生存是至关重要的。如果没有一群朋友，你的孩子在离开家之后还能依靠谁呢？怪不得大多数青少年会如此看重自己的同伴。

我的一个儿子在17岁时申请大学，要去一堆学校参观。说到他要去利兹大学，我忙着订火车票。我的儿子突然说："妈妈，我不想去利兹大学参观了。乔什要举办一场派对，他准备弄一辆豪车，在派对开始前拉着我们喝酒兜风……"我向他强调了这次大学参观的重要性，但最后还是让步了。他坐了豪车，给我发了一段他坐在豪车后座上笑容满面的手机视频，他的女朋友就在他的身边。当他们开着车、放着音乐穿过小镇的时候，我似乎都能听到他和朋友们笑闹的声音。利兹大学还是豪车？对他来说，这个选择完全不需要犹豫！当然，豪车更有趣，他和朋友在一起很重要，不能错过增进友情的机会。如果我在这种情境下进行自我心智化，我将意识到我的幻想是如果他参观了利兹大学，他将开始疯狂学习，最后考上这所大学。我幻想着这将左右他的决策。他因为我花钱订火车票、他使我失望而感到抱歉，因此，他不觉得羞愧，只觉得内疚。羞愧和内疚是两种不同的感受：羞愧是认为自己不好，内疚是认为自己的行为不好。内疚是一种更健康的情绪。羞愧对青少年来说是有害的，而程度较低的内疚实际上是有益的，所以，父母不要让孩子感到羞愧。你可以这样说："我能理解你想这么做，但这让我有点伤心。"

青少年的早期依恋关系仍然是有意义的。依恋研究者John Allen[1]的研究表明，早期的安全依恋关系可以从婴儿期延续下来，所以，早期良好的亲子关系可以为青少年带来一定程度的安全感。心理学家Dante Ciccetti[2]及其同事的研究表明，即便青少年拥有足够好的早期依恋关系，他们依然可能做出冒险行为，之后，他们会回到曾经提供过安全依恋的关系之中，因此，你和青少年的关系并不一定会降低他们做出冒险行为的可能性，我们将在第6章谈到这一点。不过，这确实意味着依恋关系对他们的安全和长期幸福感是非常重要的。简而言之，你和青少年之间的早期安全依恋关系不一定预示着好结果，但确实预示着复原力。这本身就可以改善结果，意味着你的孩子将能更好地应对生活中的逆境。

促进孩子建立友谊的因素有哪些

在青少年建立友谊的过程中，许多因素都在起作用。首先，他们大脑中与其他青少年建立友谊的神经网络以及相关的脑区（主要是前额叶皮质）一直到25~29岁才发育完全。考虑到这一限制条件，你需要对孩子与同伴建立友谊的能力更有信心。在孩子将所有的心智化技能都用于建立社交圈时，他们没办法顾及你。这意味着在日常生活中，你应该重视孩子对自己朋友圈的担心，以及孩子的交友细节。例如，如果他在家里无聊地溜达，你尽量不要对他不屑一顾。相反，你可以问他："你们对什么视频或影片感兴趣？或者你们想吃什么？"如果你认可孩子的朋友圈以及他们共同的兴趣，那么，你的孩子将会感到自己被理解，感到和你更亲近。

　　与父母相比，孩子更喜欢和同伴在一起，这被看作是在孩子发展自我认同的过程中的重要部分（个体化的过程），父母的作用就是推动这一过程的发展，同时也要保持亲密的依恋，成为他们生活中的依靠。这不是"选父母"还是"选同伴"的非此即彼的过程，而是你要成为反思型家长，既促进孩子发展家庭之外的健康的同伴关系，又与孩子保持联结。怎样才能做到呢？首先，作为权威的反思型家长，你可以提供建议和帮助，同时试着深入了解孩子的观点。例如，如果他们担心朋友之间的交往，或者不确定他们是否受欢迎，你可以带着关注与好奇去了解他们特别担心的问题是什么，通过共情的方式帮助孩子管理一些困难的情绪。之后，他们可能想问一问你有怎样的建议。也就是说，当你对孩子进行心智化的时候，他会处于更清晰、更可控的心理状态，这使他能倾听你或他人对这种情况的看法。他还会感到更安全。在20世纪90年代中期我所进行的一项研究中，我发现那些与父母有更安全的依恋、更善于对他人进行心智化的孩子（我测试了他们的心理技能理论）在同伴群体中更受欢迎[3]。

　　在针对女孩的焦点小组中，我们谈到了朋友圈的经历。一个名叫米歇尔的17岁女孩说道："我以前在一个每周都聚会的朋友圈里，女孩们参加聚会好像就是为了在社交媒体上晒照片，还得跟最潮的人交朋友。我在那个群体里有点尴尬。我一开始和其中一个有点自来熟的女孩很要好。后来我开始留意到一些小事，比如女孩们背着别人说对方'狗屎'，甚至说的是她们共同的朋友，我都惊呆了。我觉得待在这样的群体里真的很艰难，你必须百分百投入，如果你不投入就会被抛弃，突然就没有朋友了。在这样的朋友圈里，还会对外表等事情感到焦虑。"

我想知道米歇尔是怎么脱离这个群体的。她回答说："我突然意识到我不想待在这么肤浅的群体里。我在学校里有一群更好的朋友，他们更热情、更包容，我在他们那里从来没感受过我在那个群体里感受到的消极互动。他们给予别人，而不是向别人索取。我们更像家人一样互相支持——一直与这样的群体在一起让我感到很舒服。"

第一个朋友圈里的几个朋友的私密照片被泄露了，照片在学校里传来传去，其中一个女孩的男友还把她的私密照片放在聊天群里，好多人都看见了。她表现出"我不在乎"的态度，所以照片的热度很快降了下来。尽管如此，她的照片还是在社交媒体上挂了一段时间。

在这个例子中，假设你是米歇尔的父母，你会有怎样的反应？米歇尔很了解自己，能从一个社交群体转到另一个社交群体，你会感到高兴吗？你想知道手机里流传的私密照片吗？这引发你对孩子的担忧了吗？你会担心他们如何使用社交媒体吗？孩子会和你倾诉他朋友圈里发生的事情，还是瞒着你呢？

在与米歇尔的交谈中，令我印象深刻的不仅是她清楚地知道自己想得到怎样的友谊，还有她谈到另一个女孩的照片被传阅时的冷静。米歇尔告诉我，她觉得她可以和父母坦诚交谈，他们不会评判她。她告诉过他们有关私密照片的事。她说，随着年龄的增长，她越来越感激父母支持她以及接受她需要和朋友多交往。

男孩和女孩对社交的不同看法

在我对男孩和女孩分别进行的焦点小组中，两组之间的差异让我感到震惊，女孩组的互动很复杂，而男孩组的互动更直接、更不擅长交际。在讨论了父母对青少年误入歧途、太晚回家或者前往陌生地方的担忧之后，我们接着讨论了父母是否也会担心青少年不经常出门。

男孩们承认，待在家里也是一种安全。这使他们摆脱了举止有度、衣着得体、与合适的人交流的压力，而且待在家里"太放松了"。在他们看来，不像女孩一样渴望当面交往并不是问题，也不代表他们缺乏友谊，因为他们的很多社交活动都是在游戏论坛上进行的。我问男孩们，与当面交流相比，在线游戏会不会缺少点什么。一个叫阿蒂的男孩说，他觉得两者没有可比性。他说："我们一群人去市中心，大家玩得很开心。不过，我和一个朋友一起玩游戏机，我依然很快乐。我的社交方式就是和一群朋友一起在家里玩，对我来说，这和参加派对一样让人满足。"当被问到与朋友在线打游戏和一起出去玩的区别时，另一个叫乔的男孩说："从情感上讲没有那么充实，但同样有趣。"小组中的另一个男孩说："当我玩电子游戏的时候，并不是说我得到的乐趣少了，只是完全不同的乐趣。当你和朋友闲逛、运动或者锻炼的时候，你的整个心情是不一样的。（心情）更好了，你知道，运动释放出积极的能量或其他东西，不是吗？多巴胺。这种感觉和你坐在房间里不动是不一样的。"

虽然这群十几岁的男孩意识不到长期宅在家里的问题，但我有时看到由于社交焦虑的增加，会带来逃避与朋友当面接触的风险。在疫情期间这个问题尤为严重，虽然你待在家里也能和别人交往，但是，这也可能带来由社交焦虑引起的退缩行为。接下来看一看扎克的例子，他在2020年疫情封控期间和他的亲友变得疏远。

乔吉和扎克的故事

扎克今年13岁，和妈妈乔吉、姐姐洛伦（17岁）住在一起。在2020年3月疫情暴发之前，扎克在学校里遇到了一些问题。他发现很难应对同伴开的玩笑，经常觉得朋友们取笑他，而不是互相开玩笑。他有时会跟妈妈说自己早上不舒服，宁愿躺在床上，也不愿上学。他的学习成绩不错，但发现自己最近对功课提不起兴趣，更喜欢玩他最喜欢的网络游戏。

3月23日，当学校把他和其他孩子送回家，并告诉他将要上一段时间的网课时，扎克感到如释重负。他的姐姐洛伦正在准备期末考试，她一开始很焦虑，后来想到她可能会得到预估成绩后松了口气。不过，她参加不了毕业舞会，她参与的期末表演可能也要取消了，这令她感到沮丧。她花了很多时间和朋友聊天，在聊天群里给他们发信息。与此同时，扎克待在他的房间里，看似开心地和别人一起打游戏，直到一天晚上，乔吉要去洗手间，经过他的卧室，探头看了看，发现扎克躺在床上盯着天花板发呆。

乔吉："一切都好吧，亲爱的？"

扎克："是的。放心吧，妈妈。"

乔吉："这周我没怎么见到你，我一直在线工作，忙疯了。会议一个接一个。我敢打赌你的作业也这样，对吧？"

扎克："差不多。"

乔吉："你一个人可以吗？你一直待在你的房间里开心吗？我想现在每个人都是这样的，对吧？"

扎克："是的，我想是这样。没事的，妈妈。我只是放松一下。"

乔吉突然想起她还没有回复邮件，于是迅速对扎克说了句"爱你"，就回到楼下的笔记本电脑前。直到她回复了邮件，她才意识到自从疫情封控的第一天以来，扎克根本就没有见过任何人，甚至远距离的社交都没有。现在已经快6月了。

反思乔吉

扎克的妈妈似乎满脑子都是工作，但我们想象得到她和其他人一样，正在努力适应从线下工作到在线工作的转变。她似乎很想知道扎克遇到了什么事，但这只发生在她碰巧经过他的房间的那一刻，我们可能想知道为什么她不多想一想扎克。大女儿马上要毕业了，她可能一直担心大女儿的考试。我们还可以想到扎克告诉她他很好，而她只看到了扎克的表面现象。当她问扎克待在房间里开不开心的时候，没等扎克回答，她就接着说："我想现在每个人都是这样的。"扎克就很难把真实的感受说出来。只有在乔吉回完邮件之后，她才有空想到"从扎克被送回家到现在已经快3个月了"。我们可以想到这一刻她可能开始感到非常焦虑，她没像往常一样关注扎克。也许疫情的影响和冲击使乔吉很难对自己或他人进行心智化。毕竟，很多人都说在这段时间里，对身体健康的担心占据了他们的心神，失去了专注的能力。

反思扎克

如果我们采取扎克的视角，我们就会想到他同时体验到了由全球疫情带来的松弛感和焦虑感。一方面，疫情让他从学校和日常的社交焦虑中解脱出来；另一方面，没有了社交圈中的日常挑战，他退回到自己的房间里，几乎不与任何人建立联结。他或许通过网络游戏发现了社交圈，但"他躺在床上盯着天花板发呆"的事实应该让我们怀疑在他"放松"的外表下究竟发生了什么。

一起思考

如果乔吉采取心智化的方法，她可能会意识到她的脑海中充斥着关于疫情的焦虑"言论"，以及她将如何在线办公，再加上她担心洛伦的期末考试，以至于她暂时顾及不到扎克。如果她能关注自己当前的想法和感受，她就可能意识到她越来越难控制自己的情绪温度，而且，她在很多时候都处于情绪温度最高的状态。在感到不堪重负的时候，她尽量不关注每日的疫情新闻。这也意味着她无法进行心智化。如果她快速地进行思维核查，意识到自己思虑过度，她可能会回到扎克的房间说："我看到你经常待在你的房间里，我想知道，是因为你喜欢待在房间里，还是因为你太焦虑了不敢出来呢？"或者"我知道有时候你不想上学，在家里能让你放松一点吗？"或者"我很担心封闭会持续很久，担心我们不适应和现实生活中的人见面了，你呢？"她可能只是坐在他的床边，聊一聊天，打算以后经常露一露面，邀请扎克和她、洛伦共度时光，而不是假设他没事，让他一个人待着。

青春期女孩的友谊

在过去的十年中，最令人担忧的趋势之一是青春期女孩患焦虑症与抑郁症的人数明显增加，这与同伴群体之间以及与他人的比较有关。根据英国国家医疗服务系统 2021 年的数据，儿童中精神障碍的比例是 1/6，17~19 岁青春期女孩中的发病率上升至 1/4，年龄更小的青春期女孩中的发病率更高。而在 18 岁以下的儿童中，男孩精神障碍的发病率比女孩高得多。最近的数据表明，自疫情发生以来，这一趋势进一步恶化，青春期女孩精神障碍的增速更快，尤其是焦虑症呈上升趋势。在下一章中，在探讨冒险行为时，我们将更深入地研究这个问题。

女性的朋友圈比较复杂，与包容性更强的男性朋友圈相比，女性朋友圈中的排斥现象时有发生。女孩比男孩更能理解他人的情绪，所以，排斥现象甚至出现于青春期之前。我还记得我的儿子们上小学时谈论生日派对，当时他们大约 9 岁或 10 岁。我的朋友告诉我，她的女儿在决定生日派对的名单时左右为难。而我问我的儿子他会邀请谁参加他的派对，他的回答是"妈妈，我们班所有的男孩"。他压根没想过他不邀请某些孩子。

社交媒体和网络世界在青少年生活中的作用

当今时代，人人都依赖自己的手机，成年人和青少年几乎都离不开手机。对青少年来说，手机几乎是形影不离的伙伴：无论他们身在何处，你都会看到他们手里拿着手机、兜里揣着手机，或者桌上放着手机，手机就在他们旁边。你自己可能也一样，或者你可能已经开始限制自己使用手机和社交媒体的行为了。在英国，2020年有95%的人使用互联网，手机注册用户达到7900万名，鉴于英国人口当时刚超过6800万，这真是一个惊人的数据。英国青少年平均每天使用手机的时间是6.5小时，这还不包括用手机做作业、听音乐或看书的时间，如果算上这些时间，手机使用的时间还要再加几小时。当你想到青少年每天有6小时待在学校里的时候，这意味着在一天中除了这6小时之外，他们几乎都在使用手机。手机已经成为他们形影不离的伙伴，但当他们遇到困难的时候，尤其是与朋友相处遇到困难时，手机也可能是他们的敌人。

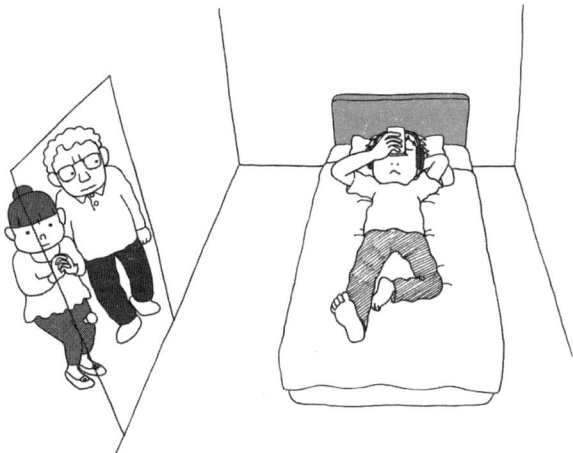

关于社交媒体使用的讨论很容易陷入两极化：青少年认为这对他们有益，而父母和照顾者认为这对他们有害。一个更明智的做法是你对孩子关于社交媒体的看法感到好奇——以开放的心态探索并倾听他们对于社交媒体的看法，与他们一起思考社交媒体的好处与坏处，以及哪种类型的边界可能是有效的。显然，这不一定适用于所有人，但是，它可能引起不同类型的讨论。

令我惊讶的是，在我让青少年计划使用社交媒体的合理时间，并问他们是否想在睡觉前交手机时，其中一些孩子认为这是他们正在做的积极选择，而不是父母强加给他们的规则。调查显示，大多数青少年使用手机看视频和节目，就像我们看电视一样，因此，作为父母，我们需要调整我们对青少年使用手机的心态。如果你们家一直是睡觉前才关电视，那么，你们批评孩子玩手机可能有点虚伪。青少年认为这两者没什么区别，在他们看来，手机上的视频更吸引人。

社交媒体对青少年社交的影响

如果你想减少孩子使用手机的时间，你需要思考社交媒体和游戏对他们来说意味着什么，以及他们会因为减少使用手机而出现怎样的社交损失。例如，你应该承认这是他们与朋友圈以及世界保持联系的主要方式。在你和孩子谈论社交媒体之前，你需要接受它的存在，社交媒体平台是他们生活中非常重要的一部分。

当然，这不是说你不应该担心。实际上手机的确会使人上瘾，许多青少年发现自己几乎离不开手机。在互联网出现之前，青少年有大量的时间，而现在我们的青少年在生活中很少感到无聊。他们总能找到乐趣：随时可以与朋友聊天、看视频，他们的手机上有源源不断的资讯和视频。这些应用程序通过设计新颖有趣的短视频来吸引青少年的注意力。我们将在下一章有关风险的内容中更详细地探讨网络世界的风险。

我们不能忽视社交媒体和屏幕在青少年生活中的重要意义；如果我们忽视它的作用，就太幼稚了。不过，你可以限制青少年使用屏幕的时间，虽然这又回到了父母权威和塑造行为上。

如何与孩子协商社交媒体使用

- 接受它成为我们生活的一部分，它将变得越来越普遍。

- 你不知道孩子使用手机的具体行为以及上网时间，如果你想监控他的日常网络行为，他可能会拒绝你。你可以鼓励他减少上网的时间。

- 和年龄较小的青少年探讨他们的网络行为。他们可能更愿意和你说他们喜欢观看的内容，所以你可以提出一些开放式的问题，表现出兴趣，孩子就不会排斥你。

- 提前和孩子就社交媒体的使用、限制和边界进行交流，而不是在你想让他离开社交媒体、双方剑拔弩张的时候（这只会使他们对你有所隐瞒）。

- 想一想你使用社交媒体的行为。如果你的孩子看到你总在用电脑，你会说"是的，但我用电脑是为了工作"，并继续在他们身边一直用电脑，你怎么能希望他们不使用电脑呢？

- 让你的孩子少花点时间使用手机是值得的。对你的孩子来说，社交媒体可能是诱人的、令人兴奋的、上瘾的。如果你想让孩子戒掉社交媒体，那么你必须使你们的关系也变得有趣与有益，这样他才愿意和你（或他的朋友）在一起。如果他放下手机，却发现你在盯着手机，这对他有什么意义呢？

游戏与青少年的社交的关系

游戏已经以各种形式存在了几十年。我在 20 世纪 70 年代长大，那时我们去游戏厅打游戏。我到了十几岁的时候，已经有了游戏掌机、游戏主机以及电脑。21 世纪初，当我的第一个孩子出生的时候，出现了移动设备，现在出现了电子竞技以及许多电子游戏。这些游戏的流行在全球范围内引发了关于游戏如何影响儿童和青少年的争论。

统计数据显示，14 岁以上的男孩玩电子游戏的次数是女孩的 5 倍，而女孩使用社交媒体的次数远比男孩更多。2021 年的一项研究[4]表明，对男孩来说，游戏的社交属性比社交媒体更重要。电子游戏的性别差异本身不一定是问题，它们可能反映了不同性别特有的动机和兴趣。然而，这项研究还发现，男孩与女孩的电子游戏体验不同，所以，女孩玩电子游戏的意愿比男孩小。尽管它仍然是男孩的领地，但是，越来越多的女孩开始对电子游戏感兴趣。

鉴于游戏受欢迎的程度，几乎本书的每一个读者都可能认识一个喜欢打游戏的青少年。在思考游戏与青少年社交的关系时，我们要认识到这是他们与同伴互动的重要方式。许多玩游戏的青少年表示，他们发现这是一种令人愉快的娱乐活动，许多十几岁的男孩说这是他们能想到的最有趣的事情，即使他们长大后不再玩游戏了。青少年把游戏当作是社交圈的一部分存在以下一些原因：

- 在打游戏时，大脑会分泌多巴胺——大脑奖励系统分泌的激素，它在我们获得某些东西时就会被释放出来。

- 许多网络游戏都是组队进行的，所以，你的孩子经常会和朋友组队，一起对抗另一支队伍。青少年报告说，他们觉得和朋友一起组队与其他人竞争是非常有趣的。

- 当线上一起打游戏的朋友们线下见面的时候，游戏是他们谈论的一个主题。青少年需要融入群体，在讨论游戏细节时，共同的兴趣把他们联系在一起。

- 由于很多原因，比如空间、距离以及天气不适合旅行，线下活动可能会受到限制，青少年们很难聚在一起。和朋友一起上网，这给青少年提供了一个更好的交流机会。

- 网络游戏所使用的社交技巧与线下聚会所使用的社交技巧是相似的。一群青少年一起踢足球或打台球，有时比网络游戏玩得更开心，但在其他时候，网络游戏也有同样多的乐趣。

- 有点害羞或难以应付面对面聚会的青少年在打网络游戏时，更容易融入群体。同样，一些青少年报告他们感觉在游戏群聊中比当面聊天时更放松，更能表现出真实的自己。

- 打游戏是打发无聊、容易上手的消遣活动。

- 一些不太受同伴欢迎的青少年玩家在网上有更多结识新朋友的机会，而这些网友经常会在游戏结束后相约一起参加其他活动。

如果青少年社交媒体的使用不受控制，或者青少年在玩网络游戏时无法控制自己的反应，这就可能会对一些青少年的心理健康造成有害的影响；而对另一些青少年来说，可能会出现上瘾的问题。第6章探讨了社交媒体带来的相关风险。让我们听听一位青少年游戏玩家的看法，看一看他是如何看待自己使用社交媒体和玩网络游戏的。

桑迪是一个14岁的男孩，他喜欢玩手机，用手机约朋友一起出去玩，经常浏览各种应用程序上他喜欢的内容——从小猫的视频到足球集锦。他意识到手机也有一些缺点，并从他的角度谈论了社交媒体的利弊。

"社交媒体有上瘾的风险，所以我每天限制自己玩Xbox的时间不超过一个半小时，我不一定每天都玩，尤其是在夏天的时候。我玩手机的时间更长——我会不知不觉中一连几个小时都在玩手机，刷各种应用程序，浪费了我本可以做其他事情的时间。我有时候想'我要是与朋友见面，花时间和家人在一起多好啊'，你会有一种空虚的感觉。"

桑迪监控了他最喜欢的一些应用程序的使用情况（主要是TikTok），记录了他每次使用大约20分钟，每天1.5~2小时。他说："我的大多数朋友每天都要用4小时。"当他说这些的时候，我想知道他是否意识到了成年人认为青少年在手机上花了太多的时间，所以他试图淡化他的使用问题。我问桑迪，他在手机的社交媒体应用程序上观看视频和节目对他来说有多有趣。他说："如果我在YouTube上看连续剧或节目，它有一定的意义，但在TikTok上，你看完很快就忘了，不会产生持久的影响。"我想知道社交媒体应用程序是否还有其他的弊端，他说他知道一些大型聊天群里可能会出现网络欺凌，但他没有经历过这种情况。他非常清楚这些应用程序还会导致自己与他人过度比较，他说："这很消极，它让你对自己的生活有不切实际的期望，比较自己的身体，看着其他朋友的群。"他还认为"如果把手机放在床边，就很容易一直待在房间里或床上。当你和别人在网上发生了争执时，你会觉得没有手机会更开心，但你很快又会想玩手机"。桑迪提到当他参加学校组织的旅行、朋友在他身边的时候，他觉得没有手机更快乐，因为他不需要手机，所以想不起来用手机。我感兴趣的是，自从天气变好以及他开始与同龄人谈恋爱后，他说自己不太喜欢刷屏了。

毫无疑问，我们都使用手机获取信息，青少年也是如此。我们以前需要在图书中查找信息，而现在立刻就能获得大量有用的信息。桑迪说："你可以找到音乐和服装之类的东西，知道你喜欢什么，知道外面有什么，这太棒了。"桑迪觉得不使用手机的主要缺点是"如果我有时不带手机，我就会失去与朋友圈的联系。如果我没有其他事情要做，我就会看手机"。桑迪的手机是他约朋友以及与朋友交流的主要方式。他主要和朋友一起玩网络游戏，他说："父母非常担心我们打游戏浪费时间，但网络游戏可以让你认识更多的人，交到更多的朋友，和他们有固定的交流时间。"

桑迪提到的另一个好处是通过手机与各种应用程序学习新技能。他开始跟着几个厨师学烹饪，还说他会用手机应用程序帮他复习。他说："你可以了解世界上正在发生的事件，比如网上发布了你可能不知道的服装展。"对桑迪和数百万名青少年来说，使用在线应用程序可以让他获得各地的信息，并与他人建立联系。

我们可以从青少年的角度看到网络世界对他们的社交生活有多么重要，那么，哪些因素使很多家长难以接受青少年的网络生活呢？

反思自己与青少年社交媒体使用的关系

你希望孩子使用手机的时间和你希望孩子做其他事情的时间一定存在脱节。你对他们网络安全的担忧和他们在网络上遇到的人之间也一定会有差异。使用反思性养育模式，首先要进行自我心智化，意识到自己对青少年网络生活的看法和感受。你了解他们使用的应用程序及其安全性或危险性吗？你不赞成孩子上网的原因是你认为线下活动本质上比任何网络活动都好？例如，如果你坚信和朋友在一起（运动或只是闲逛）更好，那么，你在和孩子就社交媒体和游戏所进行的任何交流中都会带有这种强烈的信念。在你和孩子因为他的网络行为陷入冲突之前，检查一下你自己的心智化能力。一旦你调节好自己，并采取孩子的视角，就能对孩子遇到的事情进行心智化，包括孩子与他人建立联结的好处以及他从网络上可获得的、帮助他们探索并形成自我认同的全部资源。然后再对你自己以及你对一些负面影响的担忧进行心智化。与其陷入惩罚性的禁止手机策略，不如问一问自己如何才能让孩子意识到这些危险，并让他们为自己的网络行为负责。拿走他们的手机，只会增加孩子再次获得手机的渴望，增加他们对手机的依赖，最重要的是，疏远你与他们的距离。任何时候都要记住：保持联结，而不是纠正行为。

反思你的孩子

在谈到权衡社交媒体的利弊时，桑迪的反思能力令人印象深刻。他意识到社交媒体的局限性和上瘾风险，同时，根据他的社交生活和信息获取情况，他也看到了它有极大的好处。他对在线交往与线下交往进行了比较，发现他有时更喜欢线下的体验。他提出了一个值得深思的观点：比较的问题。

社会比较与社交媒体

自2004年Facebook问世以来，社交媒体的逐步兴起意味着青少年的同伴比较加剧了。把自己和别人比较是人类的天性，青少年尤其如此。1954年，心理学家Leon Festinger提出了社会比较理论[5]。该理论认为青少年需要将自己与他人进行比较，这是形成自我认同过程的一部分。这一过程使青少年在生活中形成自己的信仰、态度和偏好。因此，社会比较有助于激发和激励青少年，具有健康的一面。然而，随着社交媒体的出现，比较已经发生了变化。在网络时代来临之前，当朋友不在身边的时候，我们不太清楚他们在做什么，只能根据他们度假时的明信片或者学校休息时间关于当地聚会的对话中来了解朋友的近况。为了获取朋友圈的信息，我们需要当面联系，偶尔也要用一用家里的固定电话。除了从音乐杂志获知的信息之外（音乐杂志会提到我们喜欢的演员歌星的一些情况），我们不了解名人的生活。因此，我们比较的对象非常少。现今，儿童和青少年不仅将自己与他们的社交圈进行比较，还将自己与全世界的名人和网络博主进行比较。除了大量的比较对象之外，青少年还不断接触到他人生活中的完美形象。这些形象经过精心的包装，只展示某个人生活中的积极方面。无休止的网络比较会对青少年的心理健康产生怎样的影响呢？

Festinger提出，人类天生有评估自己的驱动力，他们对自身社会价值与个人价值的认识建立在与别人的比较上。在进行这些比较时，青少年往往关注的是个人魅力与社交魅力，还可能关注体育或学业成绩。这种比较一般与那些对青少年自我认同最重要的事物有关。当青少年不断进行社会比较时，从好的方面说，这会使安全感较高的青少年感到不足；从坏的方面说，这会使他们感到沮丧和自我厌恶。在青少年发展过程中这个特别脆弱的阶段，他们正在追寻自己是谁，因此，他们很难对自我认同有安全感。不过，你值得花时间来支持青少年不和他人比较，帮助他们弄清楚他们对周遭事件的看法以及对自己外表的看法。在这一阶段，最重要的是他们在家中以及亲子关系中体验到安全感，因为这是他们形成自我认同的基石，使他们从容应对这个过程所涉及的痛苦比较。

当孩子难以建立友谊的时候：社交焦虑和孤独症

和成年人一样，青少年的社交技巧和社交场合中的自信程度都是因人而异的。一些青少年很容易融入群体，在参加聚会和活动时表现得相对自信。另一些青少年则相反，他们非常害羞，对自己给别人留下的印象感到焦虑，害怕群体不接受自己。然而，几乎每个人都会在某一刻体验到社交焦虑；在青春期，青少年是更加自我中心的，当意识到别人对他们的看法时，他们的社交焦虑往往会加剧。

孤独症青少年的社交焦虑与自我怀疑可能更普遍。就孤独症的本质而言，他们本身就存在社交沟通困难或发育差距，更难理解社交场合的细微差别。这类青少年最常见的困难之一是理解并调节自己的情绪，特别是当他们处于社交群体中的时候。患有孤独症的青少年很难充分表达自己的感受，这使他们更容易受到伤害。他们要了解自己的不同之处（当然也包括他们的优势）以及知道自己在社交场合中特定的诱发因素是什么，这对他们的自我认同来说是很重要的。社交环境是复杂的，青少年理解社交环境的能力也会发生变化。正如我们所知，当情绪温度升高时（我们感到焦虑的时候），我们都失去了思考或反思的能力。患有孤独症的青少年在理解复杂的社交环境时本就存在一些困难，此时，他们会更加焦虑，更不可能对自己和他人进行心智化。如果你是他们的父母或照顾者，你可以通过心智化的方法支持他们，心智化方法能教给他们一种理解自己情感世界和社会关系世界的方式。换句话说，你越反思自己的想法和感受，并把它们以清晰易懂的方式传递给孩子，并让孩子理解它们，那么，你就越能帮助他们发展自己的情感语言来表达并理解自己的感受。

青春期女孩与孤独症

近年来，越来越多的青春期女孩（通常在15~18岁）因为情绪问题与同伴关系问题被转介到精神卫生服务机构。她们经常表达的情绪是她们感到与同伴群体疏远，很难以一种对她们来说感觉真实、能融入群体的方式与群体中的他人建立联系。通过进一步的评估发现，其中相当一部分女孩部分或完全符合孤独症的特征。在小学期间，她们已经学会了掩饰自己的孤独症，但是，一旦进入中学，同伴群体的互动更复杂、更符合某种标准，这就进一步要求她们展现出复杂的社交技能。

孤独症女孩的社交行为和友谊往往与其他孩子不同。孤独症女孩的社交行为既不同于孤独症男孩，也不同于非孤独症女孩。例如，孤独症女孩可能模仿朋友的行为、兴趣甚至说话方式，试图融入群体并被群体所接纳。她们可能会记住朋友的兴趣或学习"脚本"，这样她们就可以和新朋友交谈。

另外，孤独症女孩可能会特别关注一个人，并坚持让对方成为自己最好的也是唯一的朋友。这种过度的情感投入有时会导致关系破裂。当遇到冲突时，患有孤独症的十几岁女孩可能发现自己很难识别并处理冲突（与非孤独症女孩相比），这将影响她们修复和维持友谊的能力。一些女孩有许多普通朋友，但不会属于某个群体，也没有特别亲密的朋友。如果女孩只有一两个亲密的朋友，那么，她需要父母的帮助来拓展自己的社交圈以及理解这样做的原因。

奈拉的故事

奈拉是一名17岁的女孩，她在疫情封控期间开始在线学习。她的妈妈担心她缺乏学习动力和专注力，把她送到青少年心理健康服务机构。她的妈妈想知道在疫情期间奈拉的自我观念是否变得更消极了。奈拉谈到她很不满意自己的外貌，觉得自己太胖了。在这一学年结束时，她不仅要参加毕业舞会，还要和家人去法国度假，她对身边朋友感到越来越焦虑。奈拉的妈妈回想起她们一起买衣服的经历。从奈拉开始试衣服的那一刻起，情况变得越来越糟。在试衣间里，她穿不上平时的尺码，看到镜子里的自己，使她爆发了压抑已久的情绪。在她的治疗会谈中，奈拉谈到了她过去很难交朋友，她形容自己总是"努力成为别人希望我成为的样子"，有时感觉自己"看不起自己，从外部观察自己，并没有接纳自己"。她告诉她的心理医生，"当我一个人进城玩的时候，真的很开心。我知道这听起来很奇怪，但我觉得自己一个人很安全、很舒服"。后来，当奈拉接受孤独症评估时，她符合高功能孤独症的诊断标准。

　　一个月后，奈拉参加了学校舞会，她打算在那里和朋友们见面。当她到场的时候，她看到她的朋友们都在和另一群她不认识的人聊天，她觉得太尴尬了，不敢走过去。她想不出该说什么，于是，走到摆满食物的桌子前开始吃东西，她感觉自己选的裙子不舒服。她拉了拉裙子的领口，看一看四周有没有人正看着她。她盯着大门，开始感到非常焦虑；她想知道如果她跑出去的话，别人会不会注意到她。

反思奈拉的妈妈

　　奈拉的妈妈似乎主要担心女儿的饮食与体重问题。我们完全可以理解她的担心，奈拉经常说她"讨厌"自己的样子，总是遮住她的腿，甚至在炎热的夏天也总穿着好几层衣服。奈拉的妈妈因为自己在青春期患有进食障碍，她对自己的饮食非常严格，总是对别人的身材指指点点。显然，奈拉的妈妈因为自己在青春期遇到了问题而极度担心女儿，但她忽略了奈拉和朋友之间的问题。对奈拉的妈妈来说，她首先要进行自我心智化，这可以帮助她理清自己的心理状态，接着关注奈拉所说的问题。她对食物的在意可能意味着她努力不想让女儿和她生同样的病，而这反过来又使她们不恰当地将注意力放在饮食上。她对饮食的过度关注，也掩盖了她女儿遇到的一些非常重要的事情，这些事情包括她的自我认同、她和朋友在一起的安全感以及她需要调整自己和朋友之间的距离，这样，她在独处时能调节自己的情绪。

反思奈拉

奈拉和朋友的相处很糟糕。她对自己的外表和社交能力都没有信心，我们能想到她在考试结束后准备参加舞会的感受。接下来是她在学校舞会上的经历。她当时很难理解社交礼仪，我们能理解并共情她的焦虑感和窘迫感。奈拉似乎把吃自助餐当作是一种应对社交情境的策略。一旦到了自助餐台，她的裙子让她感到尴尬和不适。她更不自在了，拉了拉领口，我们似乎能想象到她的思维又回到了她的体重上。当她的朋友和她不认识的人聊天的时候，她不敢走过去。

一起思考

通过心智化的方法，奈拉的妈妈可以开始对女儿的事情更加好奇，并鼓励她意识到诱发自身焦虑的因素，从而更好地管理焦虑。心智化系统在她们之前的母女关系中崩溃了，主要原因是奈拉妈妈的焦虑阻碍了她在不被情绪淹没的情况下思考女儿的能力。当她的妈妈开始好奇地询问她与别人相处的经历时，奈拉逐渐开始谈论她在理解他人方面的困难，而她的困难与她后来被诊断出来的孤独症有关。在心理专业人员的帮助下，奈拉被转介到专业机构，她能够思考什么样的人际距离或亲密度对她来说是最舒适的。奈拉的妈妈共情她在舞会上的感受，这使奈拉能进行自我心智化，并且意识到当她不得不在不熟悉的人面前"装样子"的时候，她有多么焦虑。

如何支持患孤独症的女孩的社交行为

如果你的女儿遇到社交困难，你可以通过反思性养育模式支持她，使她感到自己被理解，最重要的是，使她开始更好地了解自己。

第一步：好奇你女儿的社交舒适度。她想拓展自己的朋友圈，还是更愿意只和一个朋友交往，这样她能控制自己与对方的亲密度？她真的因为社交困难而感到痛苦，还是你更担心她不像你希望的那样拥有许多朋友？最重要的一点是你要让女儿明白，即使她和一些同伴不同，悦纳自己的肤色、找到适合自己的人际亲密度，这比"为了融入群体而变得不像自己"更加重要。

第二步：只有一两个亲密好友的女孩可能需要你帮助她拓展社交圈，并帮助她理解这很重要的原因。

第三步：意识到你的女儿有大量看不见的焦虑，这是她在日常的学校生活中累积而成的。你也需要检查一下自己的焦虑。在花时间反思自身感受之后，你要共情她的焦虑。你要认识到她日常的担心占据了她的大部分心神，剩余的心力都用来掩饰这一切了。当所有心力都被耗尽的时候，她就无法准确地倾听，也无法有效地学习。她不知道应该如何与一群人相处，很多时候都会感到困惑。

第四步：意识到那些加剧焦虑的事情，比如家庭作业或被留堂的威胁。孤独症女孩讨厌犯错——她们希望别人认为她们是聪明的和受欢迎的。你可以说"你很想把事情做好。在你做作业之前，我帮你平静下来；如果你休息一会儿再回来做作业，你就会发现自己更容易集中注意力，能做得更好"。她对自己聪不聪明的在意使她想不到这会引起一些同伴的反感。你要帮助她更加意识到她在群体中的表现——通过支持她对自己进行心智化。

第五步：和你的女儿谈一谈她和朋友的互动。你的女儿很可能和她的朋友在化妆打扮方面有很多相同的兴趣，也和她们一样对社交媒体感兴趣……只不过，她常常听不懂女孩们谈话中的隐含意思。和女儿坐下来，让她说一说同伴们讨论的事情，帮助她理解那些她难懂的部分。

如何提升患孤独症男孩的社交技能

根据目前的数据，青春期男孩与青春期女孩患孤独症的比例大约是3：1，男孩的发病率高于女孩。其原因是男孩从小就明显表现出社交困难与行为问题，而且，心理健康和儿科/综合健康医生更了解男性的孤独症。

说到患有孤独症的青春期男孩，他们最显著的困难是社交关系，尤其是同伴关系。患有孤独症的青春期男孩经常说，他们很难理解同伴之间的玩笑，包括他们在日常谈话中的互相讽刺。讽刺和玩笑涉及相对高级的"心智理论"技能——持有一种观点但表达另一种观点的技能，因此，孤独症青少年自然更难理解讽刺和玩笑。例如，詹姆斯想考好，但他不想在朋友面前显得爱炫耀，因此他在考试结束后可能说："我有一门考得不好，不想复习了。"而孤独症患者可能只理解字面的意思，考虑不到别人怎么理解他的话，所以，他可能会说："我复习了好长时间，我一定会考好的。"听到这样的话，同伴可能认为他过于自信或傲慢，因此疏远他。

患有孤独症的青春期男孩很难理解玩笑，也很难理解其他社交技能。例如，他很难考虑别人的观点，因此，他只是执着地谈论自己的特殊兴趣，引起别人的反感。在这类情况下，如果你和孩子谈论他如何用另一种方式与同伴交流，即在交流时对他人的观点表达出兴趣，这将对他有所帮助。如果你帮助孩子对他人进行心智化——对他人的观点表现出好奇、共情和兴趣，他将学会建立和维持友谊所需的技能。以下是帮助孩子与同伴相处的一些步骤。

1. 第一步：自我心智化（注意自己的感受和想法）

在帮助孩子处理情绪之前，你要确保自己的心态是平和的。孤独症青少年强烈的情绪往往会使你的心理状态失衡，在他身边有时你很难控制自己的情绪。

2. 第二步：帮助孩子注意到他的感受

孤独症青少年的情感词汇量是有限的，所以，如果你帮助他扩大自己的词汇量，会对他有所帮助。你可以提出适合不同情况的不同感受，确保你解释烦恼、嫉妒、沮丧、困惑等更细微的感受，而不是愤怒和悲伤等极端的感受。孤独症青少年经常直接陷入极端的情绪，错过了导致极端感受的感情积累。

3. 第三步：帮助孩子管理他的情绪

你可以使用引言中提到的情绪温度计帮助孩子注意到他处于温度计的两端，并解释情绪温度太高或太低之间的联系，在情绪温度过高或过低的情况下，孩子更难进行心智化，更难留意到自己和他人的想法和感受。你要和孩子一起思考那些有助于管理情绪温度的策略，例如，听音乐，边走边听播客（以减少焦虑），或者坐在安静的地方，没有感官上的侵扰。你要让孩子看到他在心态平静时的感受有多么不同，以及一旦平静下来，他能够更多地反思自己和他人。

4. 第四步：帮助孩子理解他人

一旦孩子进入了更平静、更心智化的心理状态，你就可以帮助他开始对别人产生好奇了。你可以建议他可以提一些问题，帮助他提前应对社交情境。例如，假设孩子要和一群朋友去学校旅行，他往往只谈论自己的兴趣，你可以建议他准备一系列问题，在旅途中问他的朋友们，比如："昨晚有人看比赛了吗？你们觉得怎么样？"

　　最后，帮助孤独症青少年更了解自己，这对他们来说是有益的。当孤独症青少年更了解自己的时候，他们通常能更好地管理自己的情绪，理解他们对社交情境或困惑情境的反应，使用你们一起讨论过的策略来恢复他们在这些情境下的心智化能力。当他们设法做到这一点时，他们甚至可能从容自信地告诉别人他们有孤独症或类似孤独症的问题，以及他们会对一些情境感到困惑。令人惊讶的是，青少年通常能接受神经多样性，了解自我的状态对他们的幸福感和心理健康来说是非常重要的。

停下来想一想：青少年的社交圈

主要内容

　　同伴对孩子的生存来说至关重要，因此，你要帮助孩子学会理解并管理他们的友谊和人际关系。父母的关系会对孩子如何处理自己的人际关系产生很大的影响。反思性养育法提醒我们，帮助孩子理解和管理他们的感受有多么重要。

自我反思对你的帮助

　　了解青少年同伴关系的重要性，这可以使你退后一步，支持孩子与同伴的关系，这是他们发展的重要组成部分。

反思你的孩子对孩子的帮助

与你们的关系太亲密的时候相比，当你退后一步、允许孩子通过友谊和人际关系发展他们的社交网络时，你的孩子会发展出更强的复原力。你要认真对待他们在亲子关系之外的人际关系；有时，你退居二线，让孩子建立起朋友支持系统，这是他们发展以及最终过渡到独立非常需要的系统。

反思你的孩子（使用父母APP）对亲子关系的帮助

在某些情况下，关注孩子对友谊的感受，并帮助他们感到自己被理解（使用关注和好奇、换位思考、共情和认可的原则），从而帮助他们解决与朋友之间的困境。了解孩子的社交困难，帮助他们建立起心智化能力，提升他们对复杂社交互动的理解。这对所有青少年都有帮助，尤其是能帮助那些有社交沟通问题和/或孤独症的青少年。

注意事项

- 使用双管齐下法，帮助孩子管理他们对社交媒体的使用。这意味着一方面，你要理解他们通过社交媒体建立同伴关系以及被同伴接纳的需求；另一方面，你要设定界限，规定他们使用社交媒体的时间。

- 帮助孩子监控他们使用社交媒体的行为，并留意它对孩子情绪的影响（可能使他们更加焦虑或抑郁），这将帮助他们学会自我调节。

- 进行自我心智化，当注意到孩子需要与朋友联系，而不是与你联系的时候，你难免会感到伤心。然而，你的接纳对维持你们的长期联结来说是至关重要的。

- 先别着急下定论，以为你"知道"孩子的想法。停下来反思一下你自己的想法（使用父母MAP），然后，以不确定和好奇的方式对孩子的想法进行心智化。

参考文献

[1] Allen, J. P. (2008). The attachment system in adolescence. In J. Cassidy, & P. R. Shave (Eds.), *Handbook of attachment: Theory, research, and clinical applications* (pp. 419–435), 2nd ed. New York, NY: Guilford Press.

[2] Ciccetti, D, & Toth, S. L. (2005). Child maltreatment. *Annual Review of Clinical Psychology*, 1, 409–438.

[3] Fonagy, P., Redfern, S., & Charman, T. (1997). The relationship between belief-desire reasoning and a projective measure of attachment security (SAD). *British Journal of Developmental Psychology*, 15, 51–61.

[4] Leonardt, M., & Overa, S. (2021). Are there differences in video gaming and use of social media among boys and girls?—A mixed methods approach. *International Journal of Research in Public Health*, June, 18(11), 6085. Published online 2021 Jun 4. Doi: 10.3390/ijerph1 8116085.

[5] Festinger, L. (1954). A theory of social comparison processes. *Human Relations*, 7, 117–140. Doi: 10.1177/001872675400700202.

How Do You Hug a Cactus?

Reflective
Parenting
with
Teenagers
in
Mind

如何拥抱仙人掌：
青少年反思性养育指南

第6章
应对青少年的冒险行为

"这对别人来说是冒险的,对我来说不是,我会没事的。"

"她一开始怎么去那里的? 她为什么不告诉我们?"

到目前为止，我们已经探讨了青少年发展中可能面临的常见的具有普遍性的问题，比如自主性的需求以及很难承认他人的观点。在接下来的两章中，我们将探讨青少年爱冒险的原因，青春期如何增加了冒险的机会，以及这些因素对你以及亲子关系造成的影响。

青少年爱冒险的原因

青少年有一种强烈的冒险冲动，尤其是身在鼓励尝试、不太考虑冒险的后果的同伴群体中时。青春期的冒险行为表现出多种形式，从酗酒、吸毒和无保护的性行为等行为，到自伤行为（自伤是青少年试图处理崩溃或无法忍受的感受的一种日益普遍的应对策略）。

作为正常发展的一部分，青少年确实要在生活中冒一些风险。例如，参加工作面试就需要冒一点风险：他们可能被拒绝；如果他们说话支支吾吾，他们会感到困窘；如果问题很难，他们会感到自己能力不足。这无疑会带来一些压力。作为父母，你不会建议孩子永远不要承担这类风险。

青少年可能面临的风险在一定程度上是你和他无法控制的，原因是他对风险的反应在某种程度上是由你在他小时候对他的感受的反应塑造的，尽管你可以通过反思的方式增加你们的联结，从而改变他的反应。例如，在孩子6岁时，你鼓励他谈论他所有的感受，这些感受不仅包括快乐，还包括痛苦、孤独和不适；你可以坐在孩子身边，真正体会这些感受，那么，它的影响将持续到他的青春期甚至更久。

事实上，当代的青少年比前几代更少冒险。他们出生于1996~2010

年，有时也被称为Z世代。根据研究统计，现在11~26岁的年轻人是现代历史上最不可能冒险的一代人。事实上，从20世纪90年代中期以来，抽烟、喝酒、吸毒、过早发生性行为或参与犯罪行为等的发生率都大幅下降，这一代可能是历史上最明智（谨慎或焦虑）的年轻人。因此，我们需要谨慎思考的首要风险是心理健康的风险；虽然其他冒险行为的发生率正在下降，但在过去的十年里，心理健康的风险急剧上升。"传统"冒险行为减少而心理健康问题增加的原因有很多，其中包括：

- 父母通常更多参与青少年的生活，尤其是父亲花在这一代青少年身上的时间要比上一代更多。研究发现，父亲与孩子的互动与青少年情绪行为问题的减少高度相关。父母更在意孩子，温和地与孩子讨论冒险，因此，这意味着青少年更了解冒险行为，从而采取更明智的态度。

- 当代的青少年更频繁地出现"延迟独立"。他们学车晚，离家晚，生孩子晚，往往性生活也晚。这可能意味着他们的复原力较差，从而影响他们的心理健康。

- 现在的青少年比前几代人更焦虑。他们对气候危机和经济独立感到焦虑，对自己的未来普遍感到更焦虑和悲观。

重要的是，我们要区分青春期正常的冒险行为与严重的自伤行为。虽然后者让父母更加痛苦，但任何冒险行为都可以被视为一种沟通方式，这对青少年来说是很重要的，父母和青少年身边重要的成年人绝不能忽视这一点。接下来的第7章将特别关注高风险和自伤行为。

让我们思考一下孩子冒险的范围，包括一些青春期"传统"的风险以及一些新风险。这些新风险包括与社交媒体和网络世界有关的风险、焦虑感与社交孤立的增加以及人际活动减少。了解孩子冒险的原因是父母应对青少年冒险行为的第一要务。

青春期大脑的变化使青少年更容易冒险。

正如第1章所述，青少年做出好或坏的决策、是否冒险以及冒险的程度都是以他们尚不成熟的前额叶皮质为基础的。作为成年人，我们经常想做某件事，但是，随后大脑中的前瞻性计划部分（前额叶皮质）就会启动，我们会想"嗯，我明天早有个会，不能再喝酒了"。研究表明，青少年往往基于他们当时的感受（因为前额叶皮质还没发育成熟来决定是否冒险），而不是事先思考周全，因此，他们更可能做出冲动的行为。即使明天早晨要考试，他们的反应可能是"嗯，我在派对上玩得很开心，我想再喝一杯"。而你对此做出的回应可能是"你昨晚出去的时候，为什么不想一想你的考试？"或者"你明明知道不好还要做，真是错上加错！"在这种情况下，你借助成熟的大脑通过逻辑思考青少年，而青少年的大脑是更加冲动的。他们认为你的问题毫无意义，也不接受你的问题。

青少年通过冒险获得快乐。

我们在做出冒险行为（比如在游乐场坐过山车）之后立刻会感到快乐，而青少年的快乐感可能更强烈。过山车结束时的兴奋感与青少年结束冒险时的兴奋感相似，这与多巴胺的释放有关。这种神经递质向你的大脑发送信号，产生强烈的愉悦感，反过来又产生兴奋感。当然，我们都想在生活中获得快乐，但有些人的大脑似乎比其他人更想寻求快乐。一个有趣的发现[1]表明，青少年大脑的奖励系统可能会忽略小奖励，而在适度的兴奋体验之后会产生夸张的兴奋反应。换句话说，如果你的孩子是一个寻求刺激的人，他需要承担适度或更大的风险来产生他想要的感觉。

青少年冒险的原因是这能使他们在同伴中获得人气或受到尊重。

即使是那些不太喜欢冒险的孩子也可能因为这个原因突然冒一次险。

青少年冒险的原因是他们"只是想冒险"。

父母不要低估这类想法，而要认识到这是青少年的合理反应，他们凭感觉行事。

研究[2]表明，与成年人相比，青少年需要更长的时间来判断危险行为和非危险行为。

成年人的前额叶皮质会抑制冒险行为，阻止我们冲动行事，而青少年的前额叶皮质尚未成熟，因此他们更有可能不假思索地做出冒险行为。

如何评估青少年冒险行为的等级

一些冒险行为是青春期正常探索与发展的一部分，父母对此的反应以及调节自己情绪的能力（使用父母MAP）就变得至关重要。通过情绪温度计，你首先进行自我心智化，继而对孩子进行心智化。接下来，你将和孩子一起反思他的经历，不要惩罚或评判他，这会把孩子推得更远。说到风险，如果你与孩子的交流把他推得更远，或者使他退回到他自己的世界里，他面临的风险很可能就会增加，你要记住这一点。当孩子的冒险行为使你的情绪温度升高，你该如何与他保持联结呢？在我们更详细地探讨你所关心的冒险行为类型之前，你可以遵循以下快速方法。

风险"等级"

　　建立风险等级有助于把风险看作一个连续体，并接受冒险是青少年正常发展的一部分。风险等级的最底端是那些根本不冒险的青少年。父母担心他们不知道如何探索，而且在未来面对生活的挑战时，他们容易出现心理健康问题。风险等级的中间部分是那些会冒险的青少年，他们往往认为，"这对别人来说是冒险的，对我来说不是，我会没事的"。这就解释了青少年虽然知道自己在冒险，但大多数孩子缺乏风险意识，他们喜欢那些有潜在危险的活动，比如攀岩、跳伞、在聚会上和朋友喝酒。最后，风险等级的最顶端是那些不在乎生死的青少年；他们觉得"没关系，我死就死了，谁在乎呢？"这类青少年有严重的风险，需要专业人士的支持，帮助他们解决不在乎风险的深层原因。虽然我们觉得这种做法很反常，但是，有时青少年做出冒险行为的原因是这对他们来说是一种奖励，比如，"这么做会让我在同伴中获得地位，或者可能会带来以前没有过的体验"。

　　对父母来说，反思孩子冒险行为背后的不同含义是很重要的。

　　与人生其他阶段相比，抑郁症等心理健康问题更有可能从青春期开始，高达75%的心理健康问题是在这一时期出现的。根据已有的统计数据，心理健康很可能是当今青少年面临的最大风险，而父母的主要责任是支持他们的心理健康和幸福感。

　　与身体健康问题一样，我们都会遇到心理健康问题，所以第一步是要让心理健康话题成为你和孩子日常交流的一部分。如果你想让孩子谈论心理健康话题，那么他们需要知道，他们有时感到悲伤、愤怒、孤独和沮丧是正常的。如果这些问题持续很长的时间并指向其他问题，你要能识别早期的预警信号，这样，孩子才能得到帮助。

心理健康统计数据

- 2021 年 7 月，1/6 的 5~16 岁孩子可能存在心理健康问题，这一比例比 2017 年（1/9）大幅增加。也就是说，每个教室有 5 个这样的孩子。

- 从 2010 年到 2018~2019 年，18 岁及以下有精神疾病诊断记录的青少年中的急诊人数增加了两倍多。

- 83% 有心理健康需求的青少年认为，疫情使他们的心理健康状况恶化。

- 在 2018~2019 年，24% 的 17 岁青少年报告在过去的一年里出现过自伤行为，7% 的青少年报告自己曾经做过企图自杀的自伤行为。16% 的人报告有严重的心理困扰。

- 在被诊断有心理疾病的 17~19 岁青少年中，近一半的人曾经自伤或试图自杀，女孩中的这一比例上升至 52.7%。

这些统计数据令人震惊，但父母需要关注的问题是明确的：我们需要把青少年的心理健康问题放在首位，思考我们如何帮助他们成为心理健康的成年人。抑郁症、焦虑症等心理健康问题往往是青春期其他冒险行为的根源。例如，聚会上头一次喝酒，在风险等级上是相对正常的低风险。如果孩子为了排解抑郁、焦虑、孤独和社交孤立的感受而过量饮酒，那么，它的风险等级要高得多。在阅读这一章时，你要想一想你的孩子在风险等级上的位置，想一想他的行为在多大程度上可能与他的心理健康有关。

如何应对孩子的冒险行为

你可能知道你的孩子会尝试一些你认为有风险的事情，但是，在管理自己心理状态的同时保证他们的安全，是一个相当复杂的过程。你的关注点应该放在他们的幸福感和对他们生活方向的引导上。极端的惩罚措施会引发孩子做出同样极端的反应，因此，我建议你选择相对平衡的方式。

青少年做出冒险行为的原因并不完全取决于他们大脑的成熟度，他们还容易受到包括社交媒体、同伴关系以及身体上发生的生理变化等因素的影响。回想一下本章开头所说的这一代不爱冒险的青少年，他们面临的风险之一可能是他们不想参加派对以及社交活动。近年来，青少年冒险行为减少的一个主要原因是他们当面的社交活动减少了，青少年不像他们的父辈那样热衷于参加聚会。情况很复杂，但研究表明，聚会并没有被网络活动所取代。此外，参加聚会的人数减少并没有导致吸毒或饮酒行为的减少。青少年仍然会做这些事情，事实上，沉迷游戏和社交媒体的青少年更有可能抽烟、喝酒以及吸毒。青少年冒险行为的场景也发生了转变。以前，青少年在家门以外的地方做出冒险行为，现在，他们在离家较近的地方瞒着父母和家人做出冒险行为。沉迷网络游戏和使用社交媒体的风险比青少年怀孕、酒驾和不安全性行为等风险更普遍。

风险不局限于传统上父母所担忧的药物、酒精、性和驾驶，而是更多集中在青少年心理健康上。我们首先看一看康纳和母亲的场景，以及父母和孩子在社交媒体和聚会方面的一些焦虑。

利亚的故事

利亚一家住在郊区，在孩子还小的时候，他们就从伦敦搬到了这里。他们有两个孩子：大儿子康纳17岁，小儿子杰米10岁。

他们一家人周末去了休闲乐园，杰米玩水上滑梯玩得很开心，但康纳却觉得没意思，他想念他的朋友们了。第二天晚上，利亚夫妇再三考虑，决定给大儿子康纳一些独立的空间，让他早点回家，与朋友聚一聚，而他们在休闲乐园再待一晚上。他们不知道的是，与朋友的见面实际上是康纳做东，在自己家里举办派对。

他们在开车回家的路上接到了康纳打来的电话"我真的很抱歉，"他说，"乔什在厨房里绕着桌子玩滑板，结果打碎了花瓶。"利亚夫妇惊恐地发现，康纳不仅瞒着他们在家里举办派对，更糟糕的是，在社交媒体的催化下，原本20人的聚会演变成了大约200人的聚会。

他们回到家，迎接他们的是破损的地毯散发出来的臭味，浴室的门锁坏了，马桶圈坏了，利亚最喜欢的扶手椅上留有烟头烫过的痕迹。他们没看到家里养的猫，康纳说他已经24小时没见过它了。他很沮丧，看起来非常焦虑。

利亚夫妇立即没收了他的手机，并在一段时间内禁止他外出。他们都对康纳瞒着他们所做的事情感到愤怒和难过。除了欺骗之外，他们最担心的是如果没有大人在场，会出怎样的乱子。他们脑海中闪过一系列恐怖场景，从"万一有人用香烟和蜡烛把房子点着了怎么办"到"万一有人要去急诊室，没有大人开车送他去医院怎么办"。

反思利亚夫妇

当你读到这一场景的时候，你有怎样的想法和感受？这可能是你熟悉的场景，也可能不符合你的经历。如果你是利亚，你回到家会怎么做？想一想你对这一场景的情绪反应，试着反思一下它的来源——你可以使用父母MAP，比如你的成长经历或者当前状况是否会影响到你此刻的反应。如果你通过父母MAP反思自己，你可能会想到你的父母允许你做什么，他们会有怎样的反应，以及你目前遇到的一些事情。如果你对你的孩子和你生活中的其他事情感到紧张担心，这一场景会引发你怎样的反应？你的青春期经历也会影响到你的反应。

听完利亚的述说，我感到震惊与同情。接下来，我开始思考她的愤怒难过不仅是因为家里糟糕的状况，还因为大儿子瞒着她开派对。这也引起了我对我家庭的疑虑，我家里是否也开过我从来不知道的秘密派对！

反思康纳

读到这一场景的时候，你会对康纳有怎样的看法呢？我想知道，对于瞒着父母举办一场失控的聚会，康纳是一种怎样的感受。他本来就想举办这么大规模的聚会，还是只想找点刺激，却搞成了现在的样子？尽管发生了这一切，但是，当我们听到他给父母打电话的时候，我们可能很同情他。同时，我们可能会想："你怎么会把派对的信息放在社交媒体上呢？"正如我们在许多不同的场景中看到的那样，当你的情绪唤醒水平或焦虑水平开始上升的时候，你很难调节自己，也就更难理解康纳发出邀请时的想法了。

一起思考

他们发现康纳很烦躁。派对失控了，他一整晚在房子里跑来跑去，阻止别人进入不该进去的房间，那天晚上他烦透了；一大堆陌生人吵吵嚷嚷，使他的焦虑和愤怒交织在一起，他感到非常崩溃。

虽然康纳的父母禁止他使用手机，但他们知道不可能永远不让他用手机，而且惩罚本身并没有用。事实上，他们怀疑如果禁止他外出，他只会越陷越深。或许他们本可以让儿子把社交媒体设置为隐私状态。不过，随着时间的推移，当他们听到儿子和朋友谈论下一场派对在哪里举办时，他们就知道不可能永远把他关起来。他们意识到首先要弄清楚这件事是怎么发生的，以及下一次是否能有所改变。他们和康纳进行沟通，听一听他的想法。他们开始理解他最初只是想离开父母，想要一点独立性。他觉得休闲乐园太幼稚了，渴望朋友的陪伴。他不想像小孩一样玩水滑梯，而是想在没有大人的房子里感受自由和独立。他的父母开始试着理解他的动机（想要受欢迎）、他对派对的期待、他不告诉父母的原因（他误认为父母会拒绝他），以及在派对一片混乱时他的心理状态（害怕、焦虑、内疚）。利亚原本可以让康纳为自己的行为感到羞愧。不过，听了康纳的话，利亚夫妇避免让康纳产生羞愧感，而是让康纳对他的行为感到内疚。例如，他们原本会说"我们没想到你这么不负责任"（引发康纳的羞愧感），现在他们会说"我们感到非常难过，东西被弄坏了"（引发康纳的内疚感）。重要的是，不仅康纳和父母之间恢复了信任的关系，康纳还可以与朋友愉快相处，无需在父母面前感到羞愧。

立足实际，未雨绸缪。在一个新年的前夜，我们离开了家，家里只留下十几岁的大儿子（他通常是非常可靠的）。我们告诉邻居我们要离开，请他们留意家里有没有开派对。我们知道我儿子讨厌社交媒体，所以，他不会发布任何消息。尽管如此，这是有风险的。不过，我们坚持要他与我们保持联系，让他在新年夜给我们打电话。他确实约了几个人，当我们回来的时候，9岁的小儿子在钢琴后面发现了一瓶苦艾酒（它是满的），但是，在我们离开之前，我们和他谈了很多次我们关于派对能接受的事情和不能接受的事情。我们从谈话中得到的一个关键点是我们和他都不喜欢在家里举办大型聚会。就像康纳一样，在你的家里举办一场你控制不了的派对，没有人会觉得这很有趣。几年后，大儿子十八九岁了，他反思自己开派对的原因并不是他害怕我们拒绝，更多的是出于他对社交、喧闹、饮酒等方面独立的渴望。我认为这是来自青少年视角的有益反思，我们可能在意权威、尊重以及遵守规则，而青少年想争取更多的独立和自主权，不一定是想完全违反我们的规则。

让我们看一看另一个场景：一个十几岁的女孩面临着派对和药物的风险。

维姬的故事

维姬和大女儿杰西的关系一直很好。在学校，杰西聪明，很受欢迎；在家里，杰西一直是维姬信任与在意的孩子，维姬从女儿身上看到了很多自己的影子。所以，当杰西问她可不可以参加周六晚上的朋友聚会时，维姬问了几个"举办派对的人是谁"之类的基本问题，得知聚会的地点离她家只隔了三条街，女儿和一个她认识多年的朋友一起去，于是，她就欣然同意了。到了星期六的晚上，维姬夫妇坐在家里喝着葡萄酒，享受着轻松的夜晚。快到凌晨了，维姬开始有点担心，她没有收到杰西的任何消息，于是，她给杰西发了一条短信，问她是否一切顺利。她没有收到任何回复。半小时后，维姬紧张了起来，想知道杰西需不需要他们接她回家；毕竟派对就在离家不远的街角处。电话响了，一个含糊不清的声音传来："妈妈，你能来接我们吗？"维姬说："亲爱的，你在哪里？""呃，我想我在斯劳附近。"维姬有点混乱："斯劳？"斯劳离他们家至少有一个小时的路程，更重要的是，父母都不知道杰西去了离家如此远的地方参加派对。这是谁的派对？她怎么认识那里的人？和谁在一起？她一开始怎么去的？她为什么不告诉我们？

　　维姬打算让丈夫开车去接杰西和她的朋友，她突然意识到丈夫喝了不止两杯酒，不能开车了，于是她自己深夜开车前往，心中充满千头万绪。回家的路上并不容易。杰西醉得说不出话来，一路上，维姬不停地看后视镜，确认自己是否能看到杰西的眼睛，以捕捉到她的瞳孔状态。聚会上有毒品吗？她为什么要骗我们？到底发生了什么事？她把车停在房子前，杰西摇摇晃晃地从后座出来，踩在前院花园里的花上，伴随着维姬的惊呼"不！不要碰到我的郁金香！"，杰西在她面前吐了一地。

　　我想知道你读到这一场景时想到了什么，它引起你怎样的想法和感受。我们首先对维姬进行心智化，接着我们对杰西进行心智化，看一看杰西行为背后的动机可能是什么。

反思维姬

　　我们从这一场景中得知，维姬和她十几岁的女儿杰西非常亲密，她觉得女儿很像她。杰西这样瞒着她，这让她感到很吃惊，她开始质疑她们之间的亲密感。我们可以想象，她在得知杰西的去向时既感到震惊（她受骗了），又对她在派对上的行为感到焦虑，担心聚会上是否发生了可怕的事情。她为事先没有问女儿要去哪里而感到内疚，也为她的丈夫喝了酒没法接女儿而感到内疚。不过，她认为女儿就在附近，我们可以想象到她对当天晚上发生的事情感到困惑。

反思杰西

杰西在聚会上喝醉了，没办法回答妈妈的问题。她不仅感到身体不舒服，还会担心父母的惩罚，因为她的聚会地点离家很远，她还和父母撒谎了。在杰西看来，她被邀请参加一个离家很远的大型聚会，这使她既兴奋又深感荣幸。成为另一个群体中的一员，使她感到自由与独立，她和一位可靠的朋友一起去，她认为自己会没事的。到了那里，她远比自己预想得更焦虑；为了应对社交焦虑，她喝了很多酒，吃了别人给她的药，因为别人都这么做。她突然觉得她控制不住自己的焦虑，她要回家，她只有回到家才觉得安全，于是，她给妈妈打了电话。她不知道她应该告诉父母多少事情；她要不要说自己吃药了，或者隐瞒这一点来减少伤害。

一起思考

当我们读到这一场景的时候，我们可以看到两种视角，我认为这个故事的核心是父母和青少年之间的关系。显然在这一刻，维姬和杰西都难以进行心智化。维姬非常担心，感到有点内疚，杰西同样有些内疚，还感到很羞愧，她背叛了父母，还把聚会搞砸了，她本打算在聚会上结识一些新朋友。从某些方面来说，维姬当下的任务是确保她的女儿没事，弄清楚聚会上发生的事情。尽管如此，她也必须保持与女儿的沟通渠道畅通，如果她立刻惩罚并评判杰西，杰西可能就不愿和她交流了。

杰西的感受更加复杂。她不得不尴尬地给妈妈打电话接她，然后醉到连话都说不清楚。最糟的是，她在前院的花园里吐了，并且不知道有没有人看到她跌跌撞撞地回了家。当她第二天醒来时，她觉得身体很不舒服，开始回想前一天晚上发生的事情。她甚至可能不记得发生过的一切，可能因为不记得自己在派对上做了什么而感到非常害怕。

有关成瘾物质的使用

父母总担心青少年使用影响他们身心健康的物质。许多青少年被诱惑去试一试，无论是第一次喝酒但没养成习惯，还是聚会上吸食大麻，物质的诱惑（特别是他们和同伴在一起的时候）是强烈的。青少年吸烟的人数急剧减少，但遗憾的是，自2016年以来，电子烟开始流行了，这表明青少年仍然对新奇的冒险方式感兴趣，特别是当各种营销手段向青少年暗示电子烟很"酷"的时候。

如何应对青少年的喝酒问题

在青少年的聚会上，很少有不喝酒的。和毒品一样，青少年也容易受到同伴喝酒行为的影响，这与青少年的冒险行为有关。烈酒更容易被伪装成水，所以现在青少年聚会上的饮料通常是烈酒。然而，与葡萄酒或啤酒相比，青少年喝烈酒更容易醉（与软饮料一起喝，很难知道喝了多少），因此，他们更可能做出冒险行为。遗憾的是，与成年人的大脑相比，青少年的大脑更容易受到酒精和其他药物的影响。我们知道酒精会降低自制力，降低我们做出正确判断的能力，而这些问题对青少年来说更加严重。喝酒后会遇到的风险（比如误吸呕吐物、醉酒开车、独自走夜路回家、随意与他人发生性关系、搭乘陌生人的车）在青少年身上都被放大了，原因是酒精对他们的影响更大，从发育的角度来看，他们更容易做出草率的决定。

为了帮助孩子做出明智的选择，你可以采取以下做法：

- 接受他们有时可能喝酒的事实，鼓励他们选择酒精度数低的饮料，比如啤酒。
- 给他们买酒。有时，他和朋友一起逛超市，会做出更糟糕的选择。
- 你的喝酒行为要适度。孩子会模仿我们的行为，因此，如果你经常在孩子面前和朋友喝酒，或者你在孩子还小的时候经常带他们去酒吧吃午餐，与其他家庭进行社交，而在场的大人喝了很多酒，你要考虑这样做的后果。

无论你给出怎样的限制和建议，你的孩子都可能会在青春期的某个时候想办法打破你的限制，喝了过量的酒，这与我们讨论过的青春期冒险倾向有关。你和孩子谈论酗酒的危险时不要用高傲的语气，不要引起孩子的羞愧感。举个例子，你可以说"如果你不喝太多的酒，你会玩得更开心"，不要说"你不想吐在地毯上"。你可以和孩子谈一谈适度饮酒的方式，讨论酗酒的危险，包括胃痉挛和早期肝损伤等非常严重的后果，同时要考虑到他们可能会对极其可怕的情况产生抵触，认为"我不会这样"。

如何与青少年谈论吸毒的危害

在阅读并思考这一问题时，你可能已经开始焦虑。如果是这样，在你和孩子讨论这个棘手而有争议的问题之前，希望你能了解自我心智化的重要性。

- 如果你想和孩子谈一谈吸毒的危险和风险，你要在他的青春期时尽早开始，这样，他们就会考虑你的观点，考虑同伴形成的压力。这可能不足以让他们放弃尝试，但是，你们的交流是有益的，这样他就意识到你愿意和他谈论这件事。如果任何话题变成了禁忌，他们更可能私下做出这种行为，并与你保持距离。

- 提供准确的信息。你的孩子可能有一些朋友，可能对你的孩子说毒品的风险很小。你可以和孩子就吸毒的风险进行诚实开放的交流，向他们摆出证据，不要让他们感到羞愧。如果你的孩子已经开始吸毒，如果他愿意告诉你，你要做好心理准备，控制好自己的情绪反应。以冷静克制的语气谈论危险，给出事实，例如可卡因对心脏的破坏性影响。

- 你要做好心理准备，孩子可能对你的观点不感兴趣。在同伴群体中行为冲动和冒险的倾向使他们不太可能关心任何长期的后果。如果你的孩子要去参加聚会，你知道聚会上可能有毒品，告诉他们如果他们开始感到不舒服，要告诉朋友或者给你打电话。你要表明你不建议吸毒，但是，如果出现问题，你愿意帮助他，如果有风险，你要使孩子感受到你们之间的联结。

- 使孩子了解到他们使用的任何毒品都会损害判断力，因此，他们更可能发现自己处于有潜在危险的情境，比如酒后驾车或发生不情愿或危险的性行为。

- 你希望别人怎么对你说话，你就这样对孩子说话。如果你在说话时态度比较高傲或带着优越感，孩子会对此非常敏感。你希望他成为怎样的成年人，你就要以这样的方式对待他，这样，他就会看到你对他的倾听与尊重。

- 要让孩子有说话的机会；你可以借助父母 APP 的帮助，表现出积极倾听的态度。允许孩子提问题，表明你愿意分享你的知识，不害怕毒品和酒精的话题。

- 意识到你自己的想法和感受（自我心智化）。通过心智化的过程，你开始了解你的想法和感受来自哪里，这样，你就能管理这些想法和感受，这将使你可以和孩子对他的经历进行冷静理智的交流，而不是直接设定那些他们随后会打破的条框和规则。

性相关问题

对许多家庭来说，父母和青少年在谈论性的时候都会感到尴尬。尽管如此，研究告诉我们，性接触最早发生在 10 岁左右的孩子之间，这通常涉及女孩为满足男孩需求而做出的性行为，男孩很少考虑女孩的社交或情感需求。女孩很难拒绝，尤其是当她们想和男孩交往的时候。这是普遍的趋势，并不是说同性关系不存在压力，但关系中更普遍的强迫风险主要是男孩对女孩的强迫。孩子长大一些再饮酒，有助于降低发生性胁迫和不安全性行为的风险，原因是男孩喝酒往往会增加他们强迫女孩发生性行为的可能性，而女孩喝酒则会降低她们的意志力，降低她们的情绪调节能力。

父母害怕青少年的抵触情绪，往往不愿意表达自己对性的看法和建议，但是，有证据表明这些讨论最好尽早进行——在孩子的青春期到来之前。重要的一点是你要坚持权威型养育风格，十二三岁的孩子不需要你成为他们的朋友，而是需要你从父母的角度看待他们的经历，否则，他们会迷失方向。在年幼的时候，他们可以内化你的一些观点，并用它指导自己，否则，他们可能会产生被遗弃和被压垮的感觉。当你采取反思性养育视角、通过心智化能力反思你和孩子的观点时，你将会发现在你平静而尊重地提供信息时，你的孩子想和你交谈，而你也想倾听。

你和孩子之间有关性的讨论应该包括你和孩子一起思考他的性别认同。父母通常会默认他们的孩子是异性恋者，尤其当他们自己是异性恋者的时候。你们的谈话要与性有关，这样你们总会谈到另一个人以及你孩子的感受。你要给孩子留出一些反思自身性取向的时间和空间，可以说"如果你真的喜欢男孩或女孩"，而不是自动对一个女孩说"如果你喜欢男孩"，如果她更喜欢同性或者觉得自己是双性恋，或者性取向不稳定，"如果你喜欢男孩"的话语会让她更难敞开心扉。

性同意和性胁迫

性同意发生在性行为中的各方都同意自愿参与的时候。他们还需要有做出选择的自由和能力。性行为不仅是指实质的性行为，还可以是指性触摸或者任何性亲密的接触或非接触。你和孩子的任何交流都应该包括关于性同意的讨论，在理想的情况下，这些谈话应该开始于青春期之前或者青春早期。

我记得我大约七岁时，从拐角处的朋友家走回自己的家。那是阳光明媚的一天。朋友的妈妈给了我一根冰棍，让我在回家的五分钟路程中降降温。我沿着道路往前走，一名中年男人拦住我，说道："你的冰棍看上去很好吃，我能舔一口吗？"我呆住了，不知道该怎么办，但还是把冰棍递

给他了，心想"这是出于礼貌"。我现在明白了他吮吸冰棍的动作暗示着
口交。回家之后，我感到不安，但不明白我为什么对此感到不安，于是，
我决定不告诉妈妈了。那天下午晚些时候，妈妈注意到我比平时安静，就
问我怎么了。我把这件事告诉她，她和我坐在一起，一开始只是听着，
然后问我有什么感受以及为什么有这样的感受。她倾听并认可了我的感
受——我不认识他，他把我嘴里吃的冰棍要走了，放进了他的嘴里，这确
实很"古怪"。这让我觉得自己的感受得到了认可：这是一件奇怪的事情。
它告诉我所有的感受都很重要——不仅仅是快乐的感受——当我觉得不对
劲的时候，妈妈能理解我。后来有一次，一个陌生人向我暴露身体，我知
道他可能有危险，我容易受伤害，于是我就快速离开了。尽管如此，我一
直记得这件事，我感到自己受到侵犯，尽管是非接触的方式。当时我只有
二十多岁，这段可怕的经历影响了我很长的时间。

　　英国慈善机构强暴危机中心报道，学校中90%的女孩和年轻女性声称
自己遭受了"性别歧视的辱骂"，还被迫收到了"男性器官图片"或其他与
性有关的图片。尽管父母试图控制孩子使用手机，包括在孩子手机上设置
家长监督模式，但这些统计数据反映了"女孩尤其容易受到性侵犯或性虐
待"的事实。许多女孩太年轻、太害怕、太害羞，不敢把自己的遭遇告诉
别人，所以我们并不知道性虐待的确切数据。成年人也并不一定能识别这
些迹象。因此，重要的是，父母要倾听十几岁女孩的担忧和经历，也要与
十几岁男孩探讨适当尊重的行为，特别是讨论性同意。改变行为不应该是
受害者的责任，而应该教育那些潜在的施暴者，让他们了解其行为的后果。

　　不久以前，人们依然认为只有禁锢身体或武力威胁的性行为是强制
的，但是，现在我们明白，情况远比这复杂得多。有人会使用压力或影

响力使你的孩子发生性行为，这可能是通过有意的操纵技巧进行的，也可能是无意识的，即假定对方是同意的。有时，毒品或酒精可以消除对方反对或抵制性行为的能力。有时，人们会用更微妙的方式强迫对方发生性行为，比如利用关系状态或性别地位，比如"你和我做爱，才能证明你爱我""你不和我做爱，我就找别人"或者"我是男人，我需要性生活"。

性同意是你与青少年讨论的话题之一。当你向他们解释反思自己感受与考虑他人感受的重要性时，你正在为他们以后选择合适的性行为奠定了基础。你还要教他们如何反思他人，所以，如果你和十几岁的儿子谈论性，你要把重点放在尊重他人上，尽量使他们记住别人的意愿和感受。

色情内容

同样重要的是要认识到你的孩子会接触到色情内容并对其感到好奇，这种好奇心是正常的。不过，你还是要与他们进行交流，告诉他们大多数色情内容不是真实生活中的人和事，所表现的也不是真实、健康的性关系，它们通常会歪曲现实。青少年很难区分真实的性与幻想的性，很多色情内容致力于给年轻人（和成年人）提供了蛊惑特定的性行为的信息，例如，女性经常被物化，她们的性快感往往不是关注的重点。此外，许多色情作品不会提到性同意，往往还会提倡粗暴的性行为等危险行为。对于许多家长和照顾者来说，色情片和网络性爱所涉及的风险似乎是他们无法控制的领域。这时，你需要面对自己的尴尬或认知盲区，进行一下研究，并尽早和孩子谈论潜在的风险。当你和孩子讨论的时候，就像对待所有的话题一样，不要使你的孩子感到羞愧。例如，你可以这样开头："我知道每个人都对色情片很好奇，一开始会觉得很兴奋。如果你看过，我也不会怪你。我只是想让你认识到色情内容所表现的大都不是健康的性关系或真实生活中的人。"在你进一步谈论之前，你要让孩子知道你想听他们的观点，准备好面对他的尴尬，甚至承认你自己也很尴尬，这对孩子来说是很有用的。谈论色情内容的方式与谈论酒精或毒品的方式并没有区别——保持开放平衡的态度，对孩子的想法和感受感兴趣。

如何与孩子谈论性

与青少年进行关于性的心智化交流是很重要的，尤其是在青春早期的时候。此时他们还处于形成性观念、性别与性取向以及区分性真实与性幻想的阶段。

以下是你在与孩子讨论性与性同意时的一些建议：

- 在孩子年纪还小的时候，你要和他们谈论性与恋爱关系，最好是在他们进入青春期之前或刚进入青春期的时候。

- 把注意力放在感受上，并认可你孩子的感受。告诉孩子当他们觉得性行为不适的时候，不要试图取悦别人。如果他们担心自己会被拒绝或被讨厌，你要向他们强调相信自己直觉的重要性。

- 年轻女孩和女性要有决定自己性行为的能力。告诉她们要相信自己的直觉，以及对方在性行为中征询自己喜好的重要性。学校的性教育很少提及性快感。

- 向他们解释电视节目和色情网站上的性幻想对象与现实生活中的恋爱关系之间的差异。强调安全感和被尊重的必要性。

- 倾听孩子的担忧，密切关注孩子的心理健康。如果他对性感兴趣的原因是性会取悦别人，那么，你要问他什么样的事物能使他感到快乐/平静/满足/安全，并试着反思他们的心理状态。
- 不管一开始这会让他（也可能让你）多么尴尬，你都要营造一种孩子能畅所欲言的氛围。保持镇静，关心他们的安全、愉悦和幸福感。把这些原则放在首位，并管理这些感受。

另一个经常被忽视的风险行为就是网络性爱。虽然对自愿的成年人来说，这可能是他们关系的一部分；但对青少年来说，这有内在的风险。对青少年来说，他们最初通过社交媒体渠道与人聊天，后来可能直接私信。从此，青少年可能被诱导/胁迫发裸照和/或与陌生人见面等，这就带来极大的风险。如果青少年确实发送了自己的裸照，即使他们是在得到对方同意的情况下给他人发照片，也可能涉嫌性犯罪。

我们看一看下面的场景，卡思正在试图帮助她的女儿米莉管理她对性的复杂感受。在阅读这一场景时，请记住卡思试图降低的风险是什么。

　　卡思14岁的女儿米莉开始与一名男孩交往，并把他带回了家，卡思开始因为自己没有和女儿谈过性的问题而感到担忧。一天放学后，卡思正在她的办公室工作，米莉带着男孩上楼进了自己的卧室。当她叫米莉下来吃晚饭的时候，米莉和男孩一起下楼了，她有点吃惊。后来，男孩走了，她才和女儿说："咱们家的规定是'卧室里不许有男孩'。"米莉问："为什么？"卡思说："这就是家规，好吗？"米莉喃喃地说："好吧。"

　　紧接着，卡思开始告诉米莉青少年怀孕的风险，并谈到她还没有发育成熟和性同意的重要性。最后，卡思告诉她如果她非要发生性行为，那么她一定要确定对方有安全套。听了妈妈的话，米莉显得很害怕，她说："妈妈，我才14岁啊。"卡思意识到她的想法远远超出了女儿目前的想法，她之前的判断是错的。同时，她已经与女儿聊过了性的问题，感觉松了一口气。之后，米莉径直上楼回到了她的卧室，在房间里待了一会儿。稍后，卡思决定采取不同的养育方式，她不再制定太多的规则，不再对米莉说教，而是好奇米莉怎么看待她正在交往的男孩。米莉说她刚"开始了解"那个男孩，喜欢他，但他还不是男朋友。米莉告诉卡思，她还不想做爱，但是，她喜欢像朋友一样和他一起出去玩。

反思卡思

　　我们可以看到，在这一场景中，卡思看到女儿带着一个她不认识的男孩去了卧室，感到非常吃惊，她立刻想到了最坏的情况。在她看来，女儿想要做爱（或者男孩想和她做爱），女儿的生活就要被毁了。她的情绪温度飙升，还没来得及弄清楚米莉的想法和感受，就给米莉制定了一套行为准则。当她们给彼此留出一点空间和时间的时候，卡思能更好地调节自己，也开始对米莉的想法感到好奇。从她的反应来看，我们可以想象到她或许还没有与米莉谈过性和恋爱关系。当她突然碰见女儿和男孩在一起时，她惊呆了。

反思米莉

　　令卡思惊讶的是，米莉对发生在她朋友身上的事情感到"害怕"。她根本不认同她朋友的做法，反而非常担心她。一开始，她无法把这种感觉告诉妈妈，原因是她觉得自己受到了指责，好像她就是那个12岁就发生性行为的女孩一样。米莉生气的原因是妈妈总认为她的朋友做了什么，她也一定会做同样的事。妈妈对她做出这样的假设，她可能觉得受到了侮辱。

一起思考

在这一场景中，你很容易看出父母的情绪温度阻碍了父母对孩子的想法感兴趣或好奇，许多父母都能理解这一点。正如我们在乔什开派对的场景中看到的那样，如果父母无法调节自己的情绪（尽管这是可以理解的），就理解不了青少年的苦恼。你可以从两个场景中看到当父母能管理自身情绪的时候，他们就能对孩子进行心智化以及使用父母APP（对他们的观点表达好奇和兴趣）。这时，青少年才能说出自己的感受，这些感受往往与父母的看法相去甚远。

社交媒体与游戏相关问题

青少年使用社交媒体面临的风险

在与我同龄甚至比我更年轻的人们看来，讨论社交媒体存在一个固有的问题，那就是社交媒体技术及其应用的发展意味着它的发展速度比我们了解的速度更快。因此，要想了解社交媒体的影响与潜在风险（包括利弊），你就需要与青少年、年轻人进行交流，了解不同的社交媒体平台对他们的影响。

你的孩子如何使用社交媒体呢？我想知道你能否回答这一问题。事实上，当被问到这一问题的时候，大多数青少年会说，就像老一辈人看电视一样，他们刷手机只是为了"消遣"，观看电影、喜欢的节目或体育赛事。

我们实际上无法控制青少年收发的信息、图像和视频、他们帖子的点赞数量以及当他们悠闲地看视频或刷短视频时收到的不合适的弹窗。我们要和他们保持交流，聊一聊他们的网络生活，以及他们对朋友或伴侣人选的感受，使他们理解网络信息一旦发布就无法撤回，因此，最好不要在网络上发布不当的言行。

社交媒体显然加剧了那些想在网络上博得关注的孩子们的不安全感。我们都会数自己的帖子得到多少个"赞"，青少年更是如此，这也会刺激多巴胺的分泌。对许多孩子来说，青春期想受到欢迎以及吸引注意是一种巨大的、耗费心神的压力，要想不受它的影响，孩子需要有强大的性格能量。青少年迫于压力追随潮流，因此，他们会接触到那些夸张的言论，感觉不得不发布自己的"精彩"生活。许多青少年对社交媒体的态度远比主流话语的观点更矛盾。一些青少年发现定期停用社交媒体可以改善他们的心理健康、缓解他们的焦虑，而另一些青少年为了保持心理健康与幸福感，很少使用或根本不使用社交媒体。

考虑到与手机相关的风险，咱们看一看亚米娜的情况。亚米娜遭到朋友的恶意对待，这影响到她的心理健康，她形成了糟糕的自我评价。

　　亚米娜在12年级的时候加入一个朋友圈，她们建了一个聊天群来沟通社交活动。这个群里每天都有消息，大多是关于派对或小集会的消息。在一次期中休假期间，亚米娜在群里看到一张照片，发现她所有的朋友都在一个她不认识的地方参加派对。下面写着一行文字："多希望一直留在伊维萨岛……"过了一会儿，她才意识到朋友们瞒着她一起去度假了。她哭了起来，但她不想告诉父母，父母不太喜欢这群朋友，而且他们的烦心事也不少：亚米娜的姐姐出现严重的学习困难，在家里经常发脾气。日复一日，亚米娜看着群里的合影和信息，没有人提到她不在场。她感到进退两难：离开聊天群，她就和她们断交了；留在群里，她每天都要受折磨。她说这就像是"折磨"，她一直在想"我到底怎么了？"她认为朋友们不喜欢她，一定是她自己有问题。她整整半个学期都待在自己的房间里，在父母面前假装学习，但是，她一看到手机就感到极度低落，越来越焦虑。手机提示音一响，她就会感到胃部不舒服。她开始失眠，从期中休假之后就害怕上学。她开始控制饮食，认为她穿泳衣显得太胖了，所以她们不带他玩。

在咨询室听到这样的故事时，我必须进行心智化和自我调节。我的第一感觉是难过，如果这件事发生在我女儿身上，我会感到愤怒，想要保护她。在这一场景中，我们可以看到亚米娜的朋友们非常糟糕，不仅没有邀请她参加她们的假期旅行，还让她看到了旅行和聚会的照片。只有性格非常坚强和自信的人，才不会被这种行为深深伤害，而亚米娜父母的关注点不在她身上，这使她的处境更加恶化。听到她归咎于自己，我并不感到惊讶，但在这一情境下，关键的一点是帮助亚米娜恢复心智化的能力（反思自己和他人），理解朋友的行为反映的是她们自己，而不是她的特质。她的父母需要与她共情，认可她受伤的感受，承认这对任何人来说都是一件可怕的事情，任何人都会感到伤心和受排挤。之后，我们还要帮助亚米娜不要把这件事归咎于自己，认为是自己的缺点，而是支持她选择不同的朋友。这都不是容易做到的，亚米娜可能还需要一点时间调节自己的情绪，然后进行心智化，以平衡的视角看待这种情况。

当社交媒体的使用不受控制或青少年无法调整自己的反应时，不仅可能损害一些青少年的心理健康，还可能使另一些青少年出现成瘾问题。青少年难以理解自己与他人，很容易受到网络评论和轻微冒犯的伤害。英国国家医疗服务系统关于儿童和青少年心理健康的调查（2022）发现，在11~16岁的社交媒体用户中，1/8的孩子报告他们受到过网络欺凌。在出现心理健康问题的人群中，这一比例超过 1/4。

父母的养育要认可所有类型的感受，不只是积极快乐的感受，这对帮助青少年管理风险来说是至关重要的，这样，他们就能保护自己，本能地知道什么时候事情不对劲。尽早使你的孩子感受到你对他感受的认可。如果他打算举办一场社交聚会，但没有收到其他人的回复，感觉自己是个"失败者"，那么，你要通过共情和理解来认可他的感受。如果你的孩子说"我发布了我穿着舞裙的照片，才得到几个赞"，你不要说"至少有几个人喜欢你的样子啊"，而是倾听她的心声，认可她的感受。一旦你与他们共情，试着引入另一种观点，例如，你可以说："我猜其他朋友可能喜欢你的样子，但他们并不经常浏览帖子点赞，他们可能更愿意当面告诉你。"与他人比较也是心理健康的风险因素。

游戏的风险

游戏是青少年生活的重要组成部分，尤其是青春前期的男孩。游戏的风险包括在线赌博、游戏成瘾以及游戏输赢带来的情绪波动。如果青少年过于沉迷游戏，由于游戏中频繁地出现"胜利"，他们的身体系统就充斥着多巴胺。你会听到孩子在游戏中兴奋地大喊大叫。遗憾的是，虽然释放多巴胺是一种愉悦的体验，但是，如果它经常出现，大脑就开始降低对多巴胺的敏感性。这意味着青少年以前喜欢的日常活动（比如踢足球，随着音乐跳舞，或者和你一起玩游戏），现在突然觉得没意思了。大脑被训练得只对网络游戏的快感有所反应，而其他事物都逊色多了。

这意味着除非你给孩子提供另一些体验，或者和他们谈一谈他们对游戏和网络活动的感受，否则随着时间的推移，他们越来越难以参与其他活动。

如何指导孩子管理风险

有时，你与孩子保持联结，可以帮助他管理某些风险。

许多父母在孩子的手机上安装追踪软件，关注孩子的社交媒体，与孩子通过短信进行了在现实生活中从未有过的深入交流。一位孤独症青少年的家长说，她的女儿在有时间思考并想表达的时候就会通过短信进行情感交流和反思，而在面对面的时候更难进行这样的交流。一些父母表示，孩子在回家的路上和他们视频通话，他们会觉得孩子更安全。

一个17岁的孩子染上了大麻。他说出去走走，就和他的朋友去外面散步，回来时身上散发着大麻的气味。他出门的时候他的爸爸就有些抓狂，不知道他会不会被当地的混混袭击、被人抢劫或者抽大麻兴奋得失去了意识，不知道自己身在何处，不知道自己可能陷入怎样的危险。他的爸爸决定让儿子和他的朋友待在他的阁楼里，还在阁楼上装了一张台球桌。他的想法是他可以给儿子提供一个安全、风险可控的空间，而不是完全支持他抽大麻。

如果你禁止你的孩子抽大麻，他和朋友出去玩的时候是否就能永远不会受到诱惑？如果你把他们关在家里，不许他们参加聚会，不能见"有风险"的朋友，他们会按照你说的做吗？一些青少年会这样做。他们尊重自己的家庭价值观和文化规范，由于坚持自己的信仰和价值观，所以，他们可能永远不会受到烟草或酒精的诱惑。另一些青少年则不同。他们在父母采取专制手段的情况下会有不同的看法，为了逃避权威而被迫承担更严重的风险。我们之前讨论过不冒风险本身会带来风险，每当你思考孩子行为的时候，你都要考虑到这一点。试想一下风险等级以及你和孩子在风险等级中的位置。

　　放任型的父母可能会让青少年自行设定风险行为的规则，忽视型的父母在孩子可能有风险时不在他们的身边，专制型的父母在孩子做出风险行为之后可能采取严厉的惩罚措施。这些养育风格都极有可能使孩子面临更大的风险。在放任型的养育风格下，你想和孩子成为朋友，这使孩子不清楚自己与他人行为的边界和期望。例如，如果你不指导孩子了解恰当的行为是什么，孩子就没有办法区分低、中、高风险的行为。一些家长这样做的原因是他们认为轻松看待风险的方式能帮助孩子，但实际上这会使他们感到更不安全，不确定如何应对有风险的情况。应对风险最有效的养育方法是采取权威型的方式——反思性养育法，即你在倾听孩子观点的同时设定明确的期望，他们愿意倾听并内化你的观点，这使你能为他们未来的风险决策提供信息。通过反思性养育法，你可以保持温暖、友爱和安全的亲子关系。

　　在你指导青少年了解并管理风险的时候，你可以参考以下原则：

1. 聚焦于获得青少年的信任

　　这些场景片段的一个共同主题是你们需要建立彼此信任的亲子关系，这样，在孩子愿意分享的时候，你们可以一起探索一系列的想法和感受。其中关键的一点是你们的交流不要使青少年感到羞愧。

2. 帮助孩子提升解决问题能力

　　当你的情绪温度降低、冷静地与孩子进行理性的交流的时候，你可以帮助孩子弄清楚他们本可以选择另一种不同的行为方式。如果他们看到你在倾听他们的看法，认真对待他们为找到问题及其原因所做的努力，那么，你就有机会与他们保持联结，继续获得他们的尊重。

3. 不要害怕设定边界

知道行为的边界对青少年来说是有意义的，也是有帮助的。在考虑设定界限的时候，平衡是关键。如果只是简单地制定规则（通常是伴随着父母的高声叫嚷以及附加了多种条件和专制条款），这只会让你的孩子感到羞愧，产生自己很糟糕的感觉。相反，你要用双管齐下法设定合理的限制和边界，在对孩子行为的意义好奇与设定界限之间找到平衡。与此同时，你要和孩子进行深入交流，帮助孩子了解他们所冒的风险类型以及他们下次如何采取不同的行为方式。保持权威的父母角色，不要试图成为孩子最好的朋友。

4. 支持孩子进行自我调节

成为反思型家长，采取心智化模式，可以提高孩子的情绪调节能力。当你对他们进行心智化、表明你理解他们时，他们就可以更多反思自己的想法和感受。这可以帮助孩子提升自我意识，以不同的方式处理危险情况，或者更有意识地规范他们对社交媒体和游戏的使用。

5. 永远不要使孩子感到羞愧

青少年必然会冒险，你的责任是不要使他们感到羞愧。这一点很重要，因为羞愧使大脑产生消极的认知偏差，使孩子觉得"一切都是他的错"。当大脑感到羞愧时，你的孩子就会感到痛苦。在孩子感到羞愧时，大脑的两个特定区域被激活。首先被激活的是默认模式网络。大脑的这一区域（位于后扣带回皮质和腹内侧前额叶皮质）与反刍思维、自我意识有关。当这个脑区被激活时，个体倾向于思考自己哪里出了问题，别人怎么看待自己以及别人哪里出了问题。其次，羞愧感会激活前扣带回和前岛叶中感知疼痛的部分。这意味着一些青少年在感到羞愧的同时，身体感到疼痛。这反过来又会导致拒绝交流和解离（与自己的感受脱节），从而使青少年出现消极的想法并无法解决问题，这样，青少年就更容易受到风险的影响。

　　一些父母或许在无意识的情况下使他们的孩子感到羞愧。父母有时坚信自己知道孩子做某件事的原因。例如，他们可能会指责孩子瞒着他们开派对，因为孩子是个不尊重别人的骗子。这会使青少年感到羞愧，并有可能破坏亲子关系。

停下来想一想：爱冒险的青少年

主要内容

　　基于青少年大脑的变化，他们比幼儿和成年人更容易冒险。他们的前额叶皮质不成熟，意味着他们的行为会更加冲动，在短期内他们对奖励的反应比他们对惩罚的反应更强烈，当他们和同伴在一起时，他们的冒险行为会增加。一些冒险行为对青少年日益增长的独立性和自主性来说是很重要的。

反思自己对你的帮助

如果你了解了风险的等级，认识到冒险是青少年日常生活中的一部分以及冒险关系到他们的发展和生存，你就会转变自己的观点，管理自己的强烈感受。你要意识到青少年的日常冒险行为是正常的，这有助于避免你的过度反应和过度保护。在你想和他们谈论更严重的风险时，通过自我心智化以及所知的知识，你将能更清晰地表达你的观点。

反思你的孩子对他们的帮助

当你对孩子进行心智化的时候，你可以开始看到他们的冒险行为来自哪里。反思他们行为背后的内在世界，你就会了解到他们的大脑发生了一些变化，这些变化既增加了他们冒险的可能性，也抑制了他们理解自己行为带来的中长期后果。当你对他们进行心智化时，你会让他们认识到他们的观点与你的观点是截然不同但同样有效的。

反思你的青少年对亲子关系的帮助

了解孩子的经历和观点，会给他们传递出"即使他们在冒险，你也想理解他们"的信息。这可以使你不评判或羞辱孩子，并保持你们之间的联结。这反过来又在你们之间建立起信任，使青少年更有可能倾诉他们的烦恼，无论是友谊的问题还是看待自己的问题。

注意事项

● 把自己想象成青少年可以随时返回的安全港。当他们在生活遇到困难时，提醒他们你总在那里，可以帮助他们。

- 首先进行自我心智化，不管你以前是否经常冒险，请你想一想青春期影响你的事件。这些经历如何影响着你对自己青春期的看法？

- 思考一下你的孩子在网络世界中面临的"潜在"风险。帮助孩子进行自我调节，并注意他们在不使用社交媒体时的感受。

- 检查你是否有足够的事实来指导孩子了解各种物质的安全水平，并对他们接触这些物质保持现实的态度。

- 设法使自己的心态平静下来，对青少年表现出好奇和共情。或许他们承担了超出自己能力范围的风险，他们不想承认自己为错误感到难过。如果你努力培养双方的信任，他们就会知道他们可以说出自己的感受，并且你不会使他们感到羞愧。

- 你要教育孩子关于酗酒和吸毒的风险，树立健康有趣的生活方式。

- 依恋是成瘾的对立面。你要与孩子保持亲密安全的依恋关系，避免他们使用物质应对复杂或困惑的感受。

参考文献

[1] Galvan, A., Hare, T. A., Parra, C. E., Penn, J., Voss, H., Glover, G., & Casey, B. J. (2006). Earlier development of the accumbens relative to orbitofrontal cortex might underlie risk-taking behavior in adolescents. *Journal of Neuroscience*, 21 June 2006, 26(25), 6885–6892. Doi: 10.1523/JNEUROSCI.1062-06.2006.

[2] Casey, J., Getz, S., & Galvan, A. (2008). The adolescent brain. *Developmental Review*, March, 28(1), 62–77.

How Do You Hug a Cactus?

Reflective Parenting with Teenagers in Mind

如何拥抱仙人掌：
青少年反思性养育指南

第7章
了解青少年的自伤行为

"我怎么没发现呢？征兆在哪里？"

在前几章中，我们探讨了影响心智化能力的各种因素，例如，我们的价值观和信仰、背景、有影响的人或事物以及当下我们感受到的压力都会影响我们对自己和他人的想法与感受进行反思的能力。自伤是心智化能力严重缺失的一种表现，青少年使用自伤手段来处理崩溃的、难以忍受的心理状态，他们觉得无法通过其他方式管理或表达这种状态[1]。在治疗过程中，我们的目的是帮助这类青少年把非心智化的自伤状态转变为更加心智化的状态——他们无法忍受的想法和感受可以得到治疗师的理解、消化与共情，最终，在不需要伤害自己的情况下，他们就能接受这些想法与感受。在这一章中，我们将探讨如果你担心孩子出现自伤行为，你可以如何使用心智化的方法。即使你的孩子没有出现这类行为，你也要了解青少年用自伤应对困难情绪的原因，并学习如何降低青少年自伤风险的方法。

当自伤作为一种应对无法处理的感受、获得支持和关注的方式时，一些临床医生称之为"浅表性自伤"。自伤通常是一种重复行为，但也可能是针对某种情况的一过性反应。它标志着他们在学校中的同伴关系以及他们在家庭环境中与父母的关系从青春期到成年的艰难过渡。在某些情况下，自伤意味着青少年把对自己身体的攻击当作是对父母的有意攻击，代表着另一种攻击他人的"安全"选择。更严重的自伤往往出现在患有"突发性人格障碍"的青少年身上，其中许多女孩都经历过童年性虐待。

青少年的任何自伤经历都表明他们需要得到倾听与认可。我19岁时与当时的男友意外分手了。我当时极度沮丧，在他的家里冲动地拿起面包刀划伤了自己的手臂。我认为他看不到也听不到我的感受，所以这似乎是一种能直接获得他关注的方式。在当时的情况下，这是一过性的自伤行为。在觉得没有其他应对办法的时候，许多情绪激动的青少年会做出同样的行为。幸运的是，对很多人来说这种状态并不会频繁或持续发生。

　　在过去的几十年中，关于自伤的观点已经发生了变化。从传统的观点来看，自伤被认为是一种对家庭早期创伤的反应，自伤的诱因包括性虐待、忽视、虐待以及主要照顾者的情绪调节能力比较差。最近，许多出现自伤行为的年轻人来自那些拥有安全依恋的、充满关爱的家庭。他们在青春期所经历的挑战与10~15年前的人在青春期所经历的挑战是一样的，而他们现在应对这些问题的方式已经变得更加正常化了。

什么是自伤行为

　　自伤是指没有自杀意图而故意伤害自己的行为。它可以是轻微的自伤行为，也可以是更严重的、反复的自伤行为。重要的一点是我们要区分自伤和自杀未遂（本章稍后会讨论），尽管自伤可能伴随着自杀的想法或者尝试，但通常不会导致自杀。自伤的意图往往是用更容易忍受的感受（伤害）代替难以忍受的感受，也可能是试图得到别人的照顾和关注（别人清理并关心他们的伤口是青少年经常想要的重要部分），也可能是对父母以及周围其他重要的人的攻击。自伤有多种形式，包括割伤、烧伤、挠伤、打伤或咬伤自己。青春期女孩发生自伤行为的风险越来越高。英国华威大学的研究人员声称，14岁女孩是新的风险人群。自伤与童年的贫穷、被忽视与被虐待、考试压力、社交媒体欺凌等因素有关，所有这些因素都加剧了女孩自伤的比例。同年（2020年）发表在《柳叶刀精神病学》杂志上的另一项研究表明，女孩比男孩更容易自伤的原因是"女性和女孩的心理健康问题往往与暴力、虐待密切相关，比如遭受过伴侣的身体虐待、童年性虐待或成年性虐待"。华威大学的研究人员采访了1.1万名学生，15%的人被发现有自伤倾向，其中73%是女孩，27%是男孩。与男孩相比，更多的青春期女孩表示自己有消极的情绪。25%的青少年报告自己不快乐，其中女孩的比例高于男孩。青少年还感到自我形象不佳，其中女孩的数量是男孩的三倍。

研究人员还发现，无论男孩还是女孩，如果他们与父母的关系密切，那么他们自伤和形成消极自我形象的可能性更低。

重要的是，研究还表明年轻人的自伤行为越频繁，自我憎恶就越严重，产生自杀想法的概率就越高[1]。因此，我们要高度重视自伤行为，如果你的孩子正在伤害自己，尤其是他们的自伤行为很频繁，你要想办法帮助他们。

英国青少年心理健康的数据如下：

- 2018~2019年，18岁及以下有精神障碍的青少年到急诊室就诊的人数与2010年相比增加了两倍多[2]。

- 83%有心理健康需求的青少年认为肺炎疫情使他们的心理健康状况恶化[3]。

- 2018~2019年，24%的17岁孩子报告他们在过去的一年里有过自伤行为，7%的孩子报告他们有过自伤行为和自杀意图，16%的孩子报告他们有严重的心理困扰[4]。

- 自杀是2019年5~34岁人群的主要死亡原因[5]。

- 在被诊断患有精神障碍的17~19岁青少年中，近一半的人曾经自伤或企图自杀，女孩的比例升至 52.7%[6]。

最后一个统计数据来自2017年的英国国家医疗服务系统数据，自从疫情发生以来，我们所知的变化趋势是这一数据持续上升，心理健康中心目前的数据模型显示，由于疫情，英国有150万儿童与青少年将需要新的或额外的心理健康支持。相关服务机构报告，由于这一原因，到急诊室就诊的青少年有所增加。

艾莉的故事

在接下来的场景中，我们思考一下一位曾经发生轻微的自伤的青少年的行为以及她父亲对她的反应，继而看一看心智化方法如何帮助艾莉和她的父亲理解她的自伤。

艾莉今年14岁，大多数科目都在班内名列前茅。她和父母贝克、尼尔森住在一起，他们对她关爱有加，同时对她的学业成绩寄予期望。他们一直认为艾莉是他们的"完美女孩"，并且很看重她在学校的魅力和地位。她很受同伴的欢迎，还因为拥有一头"完美"的浓密长发而受到一些人的崇拜。期末考试结束之后，她的数学成绩比平时低，她的班级排名靠后，艾莉感到非常失望。她的分数仍然高达89%，她把分数告诉了父母。她的爸爸问："剩下的11%呢？"这让艾莉感到心烦。

第二天吃晚饭时，艾莉穿着校服坐在桌子旁边。她的短袖衬衫露出了她左胳膊上的几道伤疤，尼尔森立即注意到了。

尼克森看到小女孩胳膊上的伤痕，吓了一跳，说道："你到

底对自己做了什么？你这样做会毁了你自己的！"贝克靠近艾
莉，想轻轻拉住她的手，但艾莉把她的手推开了。贝克对尼尔森
说："嘘，你会使她感觉更糟糕。"

艾莉的怒火涌起，她很难进行思考，把椅子往桌子底下一
推，冲着爸爸喊道："闭嘴！闭嘴！好吗？我讨厌我的样子！"
她把盘子向爸爸那边一推，跑上楼，砰的一声关上门。

反思尼尔森和贝克

在这一紧张时刻，当尼尔森看到他"完美女孩"的胳膊上有自己划
的伤痕时，他根本无法进行心智化，愤怒和沮丧充斥着他的脑海。他突
然感到必须解决问题的压力，希望女儿立即停止他认为的自毁行为。在
他看来，女儿是美丽完美的，他无法理解女儿为什么这样攻击自己，"损
害"自己的外表。另一方面，贝克可以看出艾莉很痛苦，她不知道该如何
回应，也很难理解她的行为，但她还是向艾莉伸出手，想抚慰她的痛苦，
正是艾莉的痛苦导致她做出这样的行为。丈夫对艾莉的反应使贝克感到不
安，看得出他此时对情况的改善没有任何帮助。

反思艾莉

我们可以想象艾莉拿到考试成绩时的心情，这个成绩没有达到所有人
对她的期望。在拿到成绩时，我们可以想象到她的情绪非常复杂：她没有
像往常一样获得高分，感到很失望；父母不断给她施压要求她做到完美，
她感到很愤怒；她希望毁掉父母和同伴强加给她的完美形象。这一切在她
的内心积累成"一切追求完美"的巨大压力，她无法忍受这些情绪，也不

想伤害她的父母，于是转而攻击自己，因为她知道这将会让她的爸爸特别难过。此外，这是艾莉最需要同伴认可的时期，也是最容易被同伴排斥的时期[7]，因此，艾莉不能进行心智化，把她的考试成绩看作是一次对她在学校的受欢迎程度的毁灭性打击。

一起思考

当艾莉拿到她的成绩时，她不能对自己和他人进行心智化。爸爸说"剩下的11%错哪了"，使她觉得自己不够好，因此，她认为父母会排斥她。这也让她冲着父母发火，由于她情绪激动得说不出自己的感受，为了使父母能看到她的感受，她轻轻划伤了自己的胳膊。当爸爸训斥她而不是安慰她的时候，她变得非常愤怒，不想和爸爸待在同一个房间里。她需要在父母眼中永远完美，而她却使父母和自己失望，她一想到这些就感到太痛苦了，于是，她通过割伤自己的行为表达出来。艾莉的父母可能会感到帮她解决问题的压力，但他们越想解决这个问题，艾莉就越有可能把他们推开，因为实现目标的压力对她来说已经太大了。相反，尼尔森和贝克应该侧重于学习如何忍受不确定性，让青春期的女儿做自己，并且只需要尽她所能，而不是迫使她达到尼尔森的期望。

进食障碍与自伤行为的关系

说到青少年的自伤行为，我们会提及进食障碍。神经性厌食症、暴食症、神经性贪食症或厌食症（极度沉迷于健康饮食）等进食障碍通常伴随着其他的心理健康问题与行为，进食障碍患者往往会割伤自己或者做出其他形式的自伤行为。青春期女孩比男孩更容易患有进食障碍，其根本原因往往与其他形式的自伤相似。Anna Motz[8]写道："自伤率的性别差异可能反映出社会氛围的作用，社会要求女性不要表达愤怒，最看重自己的外表和社会接受度。"我们可以把神经性厌食症（包括控制和限制饮食）看作是一种施加控制的手段。Motz进一步指出，女性把她们的身体作为一种表达潜在伤害、施加某种控制的手段。青春期女孩通常会把她们的身体作为一种自我认同的手段，社交媒体对身材的强调显然加剧了这一情况。因此，限制饮食和损害身体是一种自伤方式，象征着她们内心的感受。在过去的十年中，患有进食障碍的青少年数量显著增加，这通常与青少年的控制欲有关。意料之中的是，由于青少年的失控感越来越强烈，进食障碍与其他一些心理健康问题一样，在疫情期间进一步加剧。

为什么青少年会出现自伤行为

- 自伤行为可以提供控制感。青少年可能觉得自己无法控制生活的其他方面，比如人际关系、学习成绩或家庭互动；对一些青少年来说，自伤似乎为他们提供了一种控制自己身体和情绪的方式。

- 与男孩相比，女孩的自伤行为更加普遍。如上所述（在"进食障碍与自伤行为的关系"中），社会氛围要求女性不要表达愤怒，攻击自我可能是女性为数不多的、能合法表达愤怒的方式之一。这也是对包括父母在内的他人给她们设定的理想化形象的一种外显攻击。

- 青春期伴随着许多变化和压力，增加了自伤的可能性。如果我们站在青少年的角度，就会发现在我们的世界中最重要的事情之一就是朋友对我们的看法和反应。如果我们觉得他们排斥我们或者对我们不感兴趣，我们更有可能把这种消极的感受归咎于自己，而不是责怪别人。这使我们很容易挑剔自己，非常在意同伴的想法。

- 研究表明，青少年自伤行为最常见的原因是为了摆脱痛苦的想法和感受。

- 自伤是青少年心理健康出现问题的征兆，而不是他们只想得到关注的信号。

- Anna Motz 认为，我们可以把没有自杀念头的自伤行为理解为一种保护生命而非结束生命的选择。Motz 认为自伤的主要目的是逃避不堪忍受的痛苦。一方面，它是对自我的攻击；另一方面，它是尝试在混乱无序的世界中创造一些意义和秩序。

如果你能记住青少年的想法，那么，你将能更好地对青少年进行心智化。自伤还可能有助于减轻情绪的痛苦，即便它的缓解作用是暂时的。这些痛苦可能是由社会排斥或者学业挫败感等因素引起的。如果青少年觉得自己无法向他人表达自己的情绪或痛苦，自伤就成为他们向别人发出的信号，表明他们正在苦苦挣扎。

发现青少年自伤时，家长应避免做什么

当青少年做出自伤行为时，父母或照顾者可能迫切地想要改变青少年

的感受。许多父母会想办法使孩子快乐起来，他们认为如果他们能转移孩子注意力（让孩子拥有快乐的想法和所期待的事件），就能使孩子摆脱这种支配性的沮丧心态。如果你的孩子情绪非常低落，觉得自己一无是处，你会想尽一切办法让他感到快乐，这完全是合乎情理的。遗憾的是，这种做法是行不通的。以下是一些应对孩子自伤行为的无效方式：

- 把每一天都当作特别的一天，这样，生活更有意义。
- 拿"生活更糟糕"的人作比较。
- 一直忽视消极的情绪。
- 不谈论自伤，忽视情况的严重性。
- 告诉自己，自伤是"青少年的一部分"，他们会"长大了就不会这么做了"。
- 对他们的低落情绪以及"毁了其他家人的一切"而感到生气。
- 假设你知道他们的感受以及处境。你不能读懂孩子的想法，也不了解他们的一切（即使你可能认为你应该了解）。

- 把他们的经历和你自己的青春期经历作比较。他们的经历不同于你的经历。

- 告诉他们，你会因为他们的难过而感到伤心，而你承受不了伤心的感受。

心智化疗法如何帮助自伤的青少年

有证据表明心智化疗法可以减少青少年的自伤和抑郁，是少数经证实有效的方法之一[9]。如果青少年出现自伤行为和非常低落的情绪，父母了解如何对孩子采取心智化方法是有帮助的，并且是非常有价值的。引言提及的青少年大脑变化意味着青少年特别容易失去心智化能力。我们知道，青少年对社交中的触发因素极度敏感，比如，他们经常会误解/误读他人（尤其是其他青少年）的面部表情。这意味着，如果他们已经难以处理自己的心理健康状况，他们将更容易在社会环境中误解他人的面部表情。由此，青少年可能把某些表情（或行为）解读成排斥，正如本章随后提到的克洛伊所处的情况一样。排斥是青少年可能遇到的最困难和最紧张的感受之一，他们会体验到自己失控的情绪。一些青少年有时觉得控制这些糟糕感受的唯一方法就是自伤。心智化疗法可以帮助青少年调节情绪和控制冲动，这两者是相辅相成的。提升心智化程度所带来的积极变化可以带来更好的人际关系，而这对于减少青少年的自伤和抑郁起到了重要的作用[9]。因此，如果你的孩子难以处理崩溃的情绪并做出冲动的自伤行为，那么，这本书中的反思性养育法可以成为你处理亲子关系的法宝。

克洛伊的故事

以下是一个有严重自伤行为的青少年的实例。在你阅读的时候，请留意她所表现的敏感性，以及她在对他人进行心智化时遇到的困难。

克洛伊今年17岁，长久以来她和妈妈的关系很僵，母亲一直很难理解克洛伊的感受和遭遇，于是，她被送去寄养。她妈妈的男友很多，克洛伊与他们发生过冲突。目前，她和一名寄养照顾者生活在一起。

在她的成长过程中，她曾经多次企图自杀，并且经常自伤。她多次被送往医院，每次都没有进行后续治疗就出院了。克洛伊参加了一个针对自伤青少年的心智化项目。

一天晚饭之后，克洛伊向她的寄养照顾者吐露了她在大学里遇到的一件事。她说，一天吃午饭的时候，她的同学都起身离开了食堂，没有叫她，她感觉自己"被抛弃了"。她的照顾者专心听着这件事，以为自己表示的是共情和理解，突然克洛伊暴怒："你他妈的，竟敢这样？！"她摔了椅子，愤怒地冲出了房间。她的照顾者六周以来一直试图和克洛伊说话，发短信问她发生了什么事，建议她从房间出来，并且和她说"请和我或者你的治疗师谈一谈"。克洛伊最后告诉她的照顾者："我走开的原因是你冲我挑了挑眉毛。"

反思照顾者

克洛伊的寄养照顾者花了六周的时间想和她谈一谈她愤怒离开的原因。她鼓励克洛伊在治疗过程中讨论这件事，表示自己想道歉，并且不明白克洛伊为何如此生气，她说："请告诉我，我想知道为什么。"之后克洛伊同意回来见我。当克洛伊最终告诉她挑眉毛的事情时，我们可能想知道这到底是什么意思，以及她的照顾者是否理解。她的照顾者本以为她在倾听，并且她们之间的关系很好，所以，她不知道自己的哪些言行使克洛伊如此生气。我们可以想象她的照顾者在听克洛伊讲述她在食堂里的感受时，对她产生了极大的共鸣，还可能对她当时的被排斥感表示好奇。我们或许还可以推测她挑眉的行为是一种对克洛伊的话表示好奇和感兴趣的方式。

反思克洛伊

在克洛伊倾诉了自己和朋友相处的糟糕经历之后，她看到照顾者挑了挑眉毛，可能感到非常窘迫，非常怀疑她的朋友是否喜欢她。此刻，我们可以想象她对任何不共情、不理解她感受的反应都很敏感。随着情绪温度的上升，克洛伊很难进行心智化，很容易陷入无法准确解读照顾者的表情的模式，她可能开始认为她挑眉的行为是恶意的。此刻，我们可以想象到克洛伊觉得她的照顾者不相信她，或者觉得她很傻或夸大了她的感受和发生的事情。

一起思考

克洛伊看到她的照顾者反复尝试和她沟通持续了六周，她开始感到她的寄养照顾者想修复他们的裂痕，并没有漠视她的反应。她的照顾者一直对克洛伊所说的话表示感兴趣，表现出她正在倾听。最后，克洛伊说："我告诉你我的朋友抛弃了我，而你怀疑我。"克洛伊认为她的照顾者挑眉，而她的照顾者想知道克洛伊在想什么。"你不相信我……你认为我很愚蠢或夸大其词，我在他们抛下我的时候感觉多么糟糕，你的不理解让我感到非常生气。你好像认为这一切都是我瞎编的。"

克洛伊的寄养照顾者竭力向克洛伊表达了她为引起克洛伊的误会感到抱歉，她能理解如果她不相信克洛伊或者不认真对待克洛伊的感受，克洛伊会多么生气。对克洛伊来说，她的照顾者从不同的视角看待问题，这对克洛伊很有帮助。她强调这不是她当时的想法，还说她甚至意识不到她当时做出挑眉的动作。最后，她的照顾者试探地问，克洛伊觉得她挑眉的行为是否还有其他原因——通过父母APP的原则，帮助克洛伊从不同的角度思考问题。克洛伊很生气，表示自己想不出她会这样做会有别的原因，难道她不明白"别人这样看着你，你会觉得自己很糟"吗？她的照顾者需要通过共情来回应她（再次使用父母APP），表示她完全可以想象到如果她认为她要倾诉的对象似乎不相信她、轻视她，她也会有同样的感受。

父母APP可以帮助你的孩子开始更多反思自己以及他人的想法和感受；通过这一方法，她的照顾者花时间共情并认可她，克洛伊由此变得更平静。克洛伊对她的照顾者说："或许你只是不太理解我。"然后她说："或者你只是想多了解一点。"随着克洛伊的情绪温度下降，她能对她的照顾者更好地进行心智化，并看到她的照顾者的行为可能有其他的解释。

作为父母，你能做什么

正如本书所探讨的那样，心智化（反思你和孩子的心理状态）是非常有用的，比如，它能帮助你的孩子以更平衡、更反思的方式看待自己和人际关系，把自己看作是会遇到困难的人，但同时也是可爱的、受尊重与值得重视的人。对克洛伊来说，她对被排斥与抛弃的感受非常敏感，她认为寄养照顾者的行为是在继续排斥并羞辱她，这导致她极为恼火。如果你不重视孩子的感受（即使你不同意他们的看法，或者觉得他们小题大做），你会让他们感到羞愧；这可能会导致他们勃然大怒，他们的怒火要么针对你，要么针对他们自己（导致进一步的自伤行为）。

洞悉你的心理状态

如果你的孩子做出自伤行为，你该如何帮助他呢？你首要的任务是确定每个人现在都是安全的。然后，想一想你的想法和孩子的想法之间的差距。问一问自己："我是过度担心，还是不够重视呢？"重要的是，你不要对孩子的心理状态反应过度或反应不足，而是要努力控制自己的情绪——如果觉得困难，你可以回想一下第 2 章和父母 MAP 的内容。留意你的想法及其来源，试着做一些能帮你冷静下来的事情，从而控制你的情绪温度，思考你孩子的想法。

识别你的支持网络

当然，当你的孩子正在伤害自己，而你感到极度害怕的时候，这并不容易。有时，你觉得自己几乎不可能做到反思性养育方式。第 8 章探讨了在面对爱冒险的青少年，而你难以控制自己的情绪反应时，如何利用你现有的人际网络。在极度恐慌的状态下，你很难想到谁能帮助你，而你感到很困难的原因是你要暴露出你作为父母的弱点。正如第 8 章所讨论的那样，尽管父母之间的竞争往往非常激烈，但是，你要放下竞争意识，认识到暴露你的弱点会拉近你和别人之间，尤其是和那些理解你经历的人的距离，你将会有极大的收获。

成为值得信赖（随时可用）的父母

你的目标应该是使你的孩子认为你是一个可以依恋的家长；也就是说，作为父母，你要以一种让孩子感受到倾听、尊重、联结、关爱的方式积极接纳他们。重要的是，当你的孩子陷入心理健康问题的时候，你要使他们觉得他们可以信任你，因为当他们在低谷时（情绪让他们不堪忍受的时刻）最不可能对周围的人进行心智化。换句话说，他们认为周遭的人们都不值得信任，甚至会伤害他们。重要的是，你要确保你的孩子接收到这样的信息：他们可以信任你，甚至你可以提供有价值的建议或经验，以保证他们的安全，减少他们情绪低落或自伤的风险。正如前几章所讨论的，我们在放手的同时随时为孩子提供帮助，这是一种很微妙的平衡。你需要转变你对亲子关系的看法，使你的孩子以不同的视角看待亲子关系。正如儿童和青少年精神病医生迪肯·贝文顿所说的，在青春期，"父母应该是避风港，而不是救生艇"。如果你能这样定位自己，你就不再成为孩子的救生艇（提供救援、力求完美的人），而是变成孩子随时可以返航的港湾。如果你的孩子认为生命毫无意义，这可能会让你觉得极具挑战性，甚至是有危险的。你会想尽量靠近他，觉得你必须看护他，而退后一步的做法似乎太冒险了。不过，你并不是与他疏远，而是对亲子关系进行心智化，这意味着你要非常了解你的情绪以及情绪管理方式，并一直为你的孩子提供安全港。

保持交流

有时，你不知道该说什么，特别是当孩子告诉你一些让你非常不安的事情，而你几乎控制不了自己的情绪时。这时，你可以简单地说："我现在不知道该说什么，但我真的很高兴你能告诉我。"最重要的任务是保持亲子联结。当你的孩子体验到失范感时，他们会被人生毫无意义的感受所压垮，感到全然无助和绝望。失范感是一种与社会或周遭世界疏远或脱离的感受，让人感到无依无靠，还会带来绝望感。经历过失范感的人需要向朋友或家人求助，在必要时向心理健康专业人员求助。如果你觉得你无法提供足够的支持，治疗和咨询有助于减少孩子的无助感与绝望感，并培养他们的生活目标和意义感。

定期出现

不要低估依恋在亲子关系中的重要性。尽管孩子可能对你说他想独处，但是，你不能让孩子长时间独处。你时不时看一看房间里的孩子，这表明"即使你现在不需要我，我仍然在这里。我哪里也不去，我会一直陪着你"。即使孩子的门是关着的，你也要敞开你的门。如果你的孩子正在经历着他们无法控制与忍受的感受，保持联结与依恋感是很重要的。

心理等价理论

如果你的孩子感到极度低落，出现自伤的冲动，你不要进入心智化理论中的"心理等价模式"，即你认为自己的感受就是现实。比如，小孩子害怕床底下有怪物，认为这是现实，只有他长大了，才能理解恐惧和现实的区别。心理等价模式是我们在引言中提到的一种前心智化模式，青少年在情绪温度过高或过低的时候（即无法进行心智化的时候）就会进入这种模式。当我们无法进行心智化的时候，比如当我们对青少年的幸福感到极度焦虑时，作为父母，我们就会认为我们的焦虑就是现实。比如，父母可能会认为"我知道我的孩子不喜欢我"是一种感受，但是，当我们无法进行心智化的时候，就会认为这是现实。如果我们进行心智化，可能就会看到这是我们的恐惧（我们的孩子不喜欢我们），恐惧的背后是一种潜在的、想与孩子亲近的渴望。同样，那些感到无助和绝望的孩子认为他们是毫无希望的。他们无法对自己进行充分心智化，认识不到这种感受将会消失，感觉糟糕不一定是自己真的糟糕，更可能是一些生活事件让他们产生这样的感受。如果你能进入心智化状态，你将不会过度焦虑，而是反思他们的经历和感受以及你支持他们的方式，这对孩子的幸福来说是很重要的。

提供关键性的支持

心智化工具作为反思性养育模式的一部分，可以帮助你为青少年提供关键性的支持。

- 首先，你要了解并调节自己的情绪。如果你控制不了你的想法和感受，你就不能帮助你的孩子。

- 多一些好奇心。问一问使孩子出现自伤行为的感受是什么，自伤之后有怎样的感受。如果他不清楚，就不要勉强他回答。

- 让你的孩子知道他可以信任你，你是可靠稳定的。然后确保你表达的信息是你会一直试着理解并认可他的感受。

- 尽量触及问题，让你的孩子知道你愿意倾听他所感受到的任何困难想法和感受。

- 即使你不赞同，也要认可孩子的感受。比如，如果他说"生活糟糕透了"，你不要说事实并非如此，而是应该说："有时确实如此。这太难了。"

- 坐在孩子的身边，承认他感受到的是一种他控制不了的可怕感受。

- 表达共情。

- 告诉孩子，你愿意一直听他说话。

- 表示你可以处理他告诉你的事情，你会帮助他制定计划来渡过难关。

- 树立真诚、解决问题和灵活应对的榜样。你的孩子可能会学习并使用这些技能。

当出现自杀风险的时候

虽然自杀与心理健康问题（特别是抑郁症和酗酒）存在密切的关联，但是，许多自杀行为是在无法处理生活压力的危急时刻一时冲动发生的，比如关系破裂或失去亲人。自杀行为还会出现在心智化能力完全崩溃的时刻，不幸的是，青少年看不到任何解决问题的其他办法。

受歧视的弱势群体中的自杀率也很高，比如难民、移民以及性少数群体。到目前为止，自杀的最大风险因素是曾经有过自杀企图。毫无疑问，如果你的孩子表达过自杀的想法或者曾经试图结束自己的生命，你应该把它当作一个非常重要的信号，表明他们需要额外的支持。我们在第8章中讨论了从人际网络中获得支持的重要性。

有充足的证据表明，如果青少年打算自杀，他们会发出一些预警信号；例如，他们会说自己一直感到"绝望"、感到孤独，或者他们会提到自杀，甚至开玩笑地说出来。然而，对父母来说，自杀风险最可怕的一点是青少年自杀并没有明显的迹象。有时，青少年在自杀之前可能一直表现得完全正常。这让他的朋友和家人感到非常害怕，他们难以理解他的自杀行为，疑惑道："我怎么没发现呢？征兆在哪里？"父母当然希望他们的孩子永远不会做出如此可怕的事情，或者至少他们事先和父母谈一谈。遗憾的是，无论父母采取何种办法，都无法确保孩子一定不会有自杀的念头或者企图自杀。然而，我们确实理解当青少年试图结束自己的生命时，他们会感到非常孤独和绝望，他们的生命中似乎没有其他选择。在第8章中，我们将探讨人际网络如何为青少年提供支持，但这里关注的重点是父母可以做什么。

青少年和年轻人产生自杀念头和情绪有很多潜在的原因。对大多数人来说，这些感受很快就过去了。如果你的孩子经常想到自杀，你不一定知道他的想法，因为他很难在不感到羞愧或失败的情况下谈论这些想法。如果你的孩子患有抑郁症、焦虑症或双相情感障碍，这些问题会使他很难控制情绪和应对压力。当你的孩子感到无法应对时，通常会产生无法胜任、绝望的感觉，这时，一些人就会产生自杀的念头。青少年和年轻人产生自杀念头的另一个原因是他们经历了创伤性事件，比如虐待、忽视或失去亲人。创伤会导致无助感、负罪感和羞愧感。正如我们所讨论的那样，同伴关系对青少年来说是至关重要的，如果这些关系最终是困难的或混乱的，你的孩子会感到被排斥或孤立，这两种感受都会增加自杀的风险。虽然一些青少年只是通过自伤来应对这些感受，但是，对另一些青少年来说，这些感受的反复出现会导致自杀的想法。最后，酗酒或吸毒会增加冲动性、干扰清晰地思考和降低问题解决能力，因此，它会对心理健康产生严重的影响，并增加自杀行为的风险。

父母可以做些什么

所有这些对父母来说可能难以承受，也很难知道从哪里开始帮助孩子。不过，如果你的孩子出现自伤行为和/或产生自杀的念头，以下是你可以做的事：

- 无论孩子的感受多么强烈、多么可怕，你都要让孩子知道你理解并愿意倾听他的感受，从而使他产生羞愧感的风险最小化。
- 多问一次孩子感觉好不好。"今日心理健康"慈善组织在 2018 年发起了一项备受赞誉的英国"两次询问"活动，鼓励父母和孩子的朋友们多问一次孩子感觉好不好。涉及严重的风险时，你不要担心孩子会被打扰或窥探——最好多问一次。
- 孩子做出自伤行为，是为了逃避他难以忍受的感觉以及摆脱难以承受的痛苦。你可以利用亲子关系中的安全感来帮助孩子，始终清晰地表达自己的意图，倾听并好奇你孩子的想法和感受。亲子关系中的安全感可以代替割伤或自伤。
- 谈论自伤行为，可能会使你的孩子感到羞愧，所以，你可以选择其他方式，比如让他通过手机短信与你交流他的想法和感受。
- 关注那些导致他自伤或有自杀倾向的原因，而不是自伤行为本身。
- 鼓励你的孩子如果可能的话，在他做出自伤行为时告诉你。当他自伤的时候，你要尽量保持冷静。清理伤口，如果伤势严重，你要带他去医院接受治疗。

- 当你的孩子有自伤的冲动时，你可以和他谈一谈其他可以帮到他的事情。比如，他可以用红墨水画画；手里拿着一块冰块，直到它融化；听音乐；对着枕头尖叫或捶打；和朋友、家人、导师聊聊；锻炼，以及其他分散注意力的类似技巧。

- 帮助你的孩子重建自信，提醒孩子他所擅长的事情，尽量关注他的性格，而不是学业成绩等因素。

高风险人群需要特别关注

虽然这一章描述了大多数青少年所面临的一些常见风险，但还有一些青少年群体更容易遇到更高的心理健康风险。如前所述，性少数群体中的青少年容易受到歧视与偏见，与同龄人相比，他们的心理健康问题和自杀率更高。同样，有早期创伤的青少年也会面临更高的风险。

提到心理健康，孤独症青少年是一个风险特别高的群体。研究表明，与非孤独症患者相比，孤独症患者产生自杀念头和意图的风险更高。尽管目前还没有确切的数据，但据估计，孤独症青少年自杀的可能性比非孤独症青少年高出28倍。当然，我们永远不可能知道某个人自杀的全部原因，但我们确实非常了解接受心理健康或一般健康服务的孤独症青少年的心理健康需求。我们知道，对孤独症患者来说，日常生活的各个方面通常更具有挑战性，而对孤独症青少年来说，他们对同伴关系已经备感困惑，再加上他们在理解社会情境和人际关系上的差异性，他们的压力就更大。此外，如果他们不被非孤独症青少年所理解或接受，他们的焦虑感和压力也会增加,继而导致社会孤立、排斥和自卑。

孤独症患者可能会遇到其他使他们产生自杀念头的经历,包括:

- 反复思考,这可能导致对自杀的强烈关注。
- 支持需求得不到满足/难以得到医疗资源。
- 难以识别、管理和调节情绪(述情障碍)。

根据英国孤独症协会的说法,一些孤独症患者认为,如果他们能较早地确诊孤独症,可能就不会有自杀的想法或企图。他们认为如果得到诊断,他们能更好地了解自己并获得支持,从而改善他们的心理健康状况。对与疑似孤独症的青少年一起工作的治疗师而言,这是一种常见的经验。虽然诊断评估是个人的选择,但我的经验是当青少年开始理解自己的时候,它会给大多数孩子带来了解脱和自我认识。如果你正在养育一个疑似孤独症的青少年,你可以通过心智化的反思性养育法帮助他开始留意并表达自己的感受,并理解他们的情绪温度在某些情况下会因为一定程度的社交焦虑而升高,这对他们来说是非常有帮助的。其他一些能帮助孤独症青少年的干预措施包括:

- 社交故事。
- 针对那些想更了解他人的青少年的社交技巧培训。
- 支持他们学习识别并命名自己的情绪。
- 认可并共情孤独症青少年的自我认同,包括教育普通人需要意识到他们的敏感性和差异。

保罗的故事

青少年自伤与自杀的想法会影响到周围的人。在下面这个情景下,我们可以看到一位朋友的观点。

　　保罗今年20岁。他谈到了他上13年级（18岁）时的一段经历。他的同学威尔退出了他们的朋友群，并发消息说他的情绪太糟糕了，不能和他们出去了。疫情封控已经影响了这群朋友，他们只是周末在当地的公园里聚一聚，喝几罐啤酒，但对保罗来说，定期见面的感觉很好。威尔星期五晚上不来了，保罗给他发短信问他怎么样。他好几天没收到威尔的消息，他再次联系对方，而威尔和他的家人都没有回应。

　　保罗几次到威尔家找他，但没人应门，于是他去看威尔的歌单，想知道威尔听了哪些歌曲，当他发现这些歌曲的主题都是关于结束一切和自杀的时候，他惊呆了，这引起了他的警觉。保罗联系了其他几位朋友，问他们想不想和他一起再去一次威尔家。这一次，他敲了敲门，朝他卧室的窗户上扔小石子，一个小时以后威尔终于出来了。保罗提出和他一起散步聊天，最初威尔同意了。他们走到一半的时候，威尔说"我做不到"，然后就回家了。当时，保罗不知道怎么了，但他很清楚威尔真的很挣扎，所以保罗和朋友们给威尔发信息说，他们会在他身边，不会因为他遇到的事情而评判他，也不会对他有任何不同的看法。保罗说他不知道威尔怎么了，感到很困惑。他给威尔发短信，告诉他："你什么时候想聊一聊，你准备好了，我随时都可以。我就在这里，你可以打电话给我，我们可以一起散步。"一周后，威尔回了短信，说一起散步。在散步的时候，他崩溃了，开始说他感觉糟糕极了。他告诉保罗他一直想自杀，但是，当保罗问他"做过什么"（自杀未遂）时，他开始哭泣，几近崩溃，说他感觉糟透了。他的女朋友突然生病去世了，他不知道他该如何处理自己的感受。他一直找不到合适的语言和朋友说。威尔解释道，他的家人对他很严格，他没有和家人说过自己的情绪困惑，所以，这一次他觉得自己也没法和家人说。威尔说，他的爸爸绝对不会这样和他聊天，所以他没有任何表达情绪的出口。在这次谈话之后，保罗说他只是等着威尔来找他，但是，他现在回想起来，他认为应该更主动一点。保罗反思说，他担心威尔会反感，所以，没有太靠近。随着时间的推移，威尔开始越来越多地参加社交聚会，情况有所好转，但保罗一直给他发短信，确保他还好。

　　两年之后，保罗在回想起这件事时说道，他后来就不再担心威尔了，因为威尔不是他最亲密的朋友；如果是他在家庭里或大学里更亲密的朋友，他不知道是否会受到更大的影响，也不确定他是否更愿意提供帮助。他想，他可能曾经不想管这件事，一方面是因为害怕卷入其中，另一方面是因为他搬家上了大学。回想起来，他记得第一次担心威尔的时候，首先想到的是对结果的恐惧，担心如果他的朋友自杀了会发生什么。这让他感到焦虑不安，并反复思考他最好做什么。

反思父母

　　在这个场景中，我们对威尔父母的了解很有限。我们所知道的是他们很"严厉"，尤其是他爸爸。我们还了解到他们家通常不谈论情绪，因此，威尔的父母很可能不知道儿子目前的感受。这给威尔带来更大的风险。如果家庭没有表达情感的氛围，青少年将学会隐藏自己的感受，有时甚至为这些感受感到羞愧，无法表达自己的情感。在威尔的例子中，他在情绪处理方面无法获得家人的帮助，这在一定程度上使他产生自杀的念头。不过，我们不了解他父母的压力或生活，我们可能会想象他们正在努力理解儿子，他们或许把他的退缩和不想沟通看作是一个"他想独处"的信号。他们可能想了解怎样才能帮助威尔，因此，他们可能会向威尔的支持网络、其他亲戚或学校同学求助，以获得更多的支持。

反思朋友保罗

在这个场景中，我们可以理解保罗对朋友威尔的困惑和焦虑。一开始，保罗并没有看到威尔的恐惧，只看到他从朋友群里消失了，拒绝开门也不回信息。保罗知道威尔在这件事发生之前的样子，很容易注意到威尔发生了怎样的变化。重要的是，我们要对青春期的任何变化保持警觉；比如，他们不再做以前常做的事情吗？他们不愿参加活动了吗？他们和朋友相处的时间变少了吗？他们独处的时间变多了吗？在这个场景中，威尔遇到了亲友去世的创伤性事件，他的朋友是唯一一个关注他的人。在一段时间内，保罗能记挂着威尔，保持他们的关系，提供沟通、信任和关怀。不过，这对保罗来说负担太重了。

保罗越来越担心威尔的心理状态，我们可以看到威尔的自杀想法和行为对保罗的影响，以及保罗担心自己对威尔能有多少帮助。他意识到，威尔的家人，尤其是威尔的父亲，并不能进行情感方面的交流。这使保罗感到更无助，或许是因为他觉得帮助威尔、与威尔进行他父母无法给予的情感交流的责任太大了。在保罗的好奇和倾听意愿下，威尔愿意敞开心扉，说出自己情绪低落的原因以及他在家中很难交流的原因。这对保罗来说太沉重了，最终他为自己的退缩行为辩解，说威尔并不是他非常亲密的朋友。我们可以把它理解为保罗想把照顾威尔的责任交给别人。尽管如此，保罗仍与威尔保持联系，一直给他发信息。

反思威尔

青少年处于抑郁和自杀的心理状态，不仅会产生崩溃的情绪，同时也不知道自己要如何控制这些情绪。威尔的感受就是他认为生命毫无意义等同于他不值得活下去（他处于"心理等价"模式，我们在第 1 章中讨论过这一模式）。他在家里没有情绪宣泄的渠道，他的家人似乎不能陪伴他，也不能倾听他的心声，不能提供共情或另一种视角。他完全不知道该如何处理自己的感受。当保罗第一次与他一起散步的时候，他最初的感觉是他受不了这种亲密的互动，说不出自己的感受，所以他退缩并回到了家。当第二次散步的时候，威尔对保罗敞开了心扉。他随后可能会因为告诉朋友他想自杀而感到羞愧，但也会因为他分享女友去世的细节而感到放松并产生联结。他甚至说出了一些细节，使保罗理解他的感受，这似乎是非常积极的做法。

此外，威尔陷入困境的原因是他的家人无法进行有意义的沟通，以及他女友的离世给他带来的创伤。女友的突然离世改变了他看待事物的方式——他对世界上一切事物的看法，包括他的朋友，甚至他自己。

威尔的父母该怎么办

读到这一场景，你会产生怎样的感受呢？威尔在没有父母支持的情况下体验到了如此可怕的经历，你可能感到非常难过。你可能会想他们为什么在家里不谈论情绪，以及他所说的"严格"是什么意思。我们可能认为在这个家庭里，他们是专制型父母，而不是权威型父母。或许他的父母养育他，不是为了表达情感，而是为了施加权威和控制。在专制型养育风格中，规则多关心少，通常会导致父母和青少年之间的隔阂。相比之下，在权威型养育风格中，青少年知道家庭规则和边界，但父母通过温和的方式执行规定，父母的关注点是通过安全与爱的依恋关系来保持紧密的联结。第1章中讨论的"双管齐下"法反映了权威型养育风格，即权威型父母努力理解孩子行为的意义，同时为孩子创造出安全感。在这一场景中，如果在女友去世后威尔能把他想自杀的念头告诉父母（他们会给出温暖的回应），他们会认可并共情他的失落感与绝望感，使他感到爱和陪伴，这对威尔来说是更有帮助的。

　　总之，在你的孩子最脆弱、最低落的时候，你要换位思考，从孩子的角度看待问题。这会让他知道你能倾听他的心声，理解他的经历，虽然他感到绝望，但是他不会感到孤单，例如，他感到无望，他感到别人排斥或不接受他，而你始终支持他。这对任何父母来说都是一项艰巨的工作，但是，如果你努力使孩子感受到你的倾听、理解和认可，那么，你可以帮助他减少冲动，这样他就会停下来想一想其他的替代方案。通过这样做，你将帮助他进行心智化，让他可以从其他视角看待他的处境，这些视角给他的未来、他的幸福与快乐带来了希望。

停下来想一想：理解自伤

主要内容

自伤行为有多种形式，但青少年通常用自伤行为来处理他们无法忍受与控制的情绪。自伤行为既可以暂时缓解这些难以忍受的状态，也可以用来摆脱青少年不喜欢的个性，还可以用来攻击周围那些不理解接纳他们的人。了解青少年自伤的原因对你如何控制自身反应和支持孩子来说是很重要的。

反思性养育模式对你的帮助

首先，通过自我心智化，你能更加意识到你对青少年自伤行为的想法与感受。你会感到极度焦虑或者担心孩子的安全，但是，如果你被这些感受压垮了，你就很难帮助孩子控制他的感受。另一方面，如果你能自我调节，你就能想出帮助孩子的方法，比如提供支持或者寻求他人的支持。

心智化对青少年的帮助

通过塑造反思性思维（一种愿意从不同视角思考问题并能共情倾听的思维方式），你将教给孩子一些管理情绪的重要知识。这将帮助他在压力过后恢复心智化能力，并鼓励他谈论他无法忍受的感受，而不是做出自伤行为。你认可并共情"有时他感觉生活糟透了"的观点，这样，他将继续信任你们的关系，利用你的支持来解决问题。

反思性养育模式对亲子关系的帮助

当你有一个爱冒险的青少年时，因为你们的情绪温度都很高，所以你们很容易产生隔阂。你通过反思自己的想法，保持冷静并调节自己的情绪，接下来，反思青少年的状况，从而在你们的关系中建立起信任感和安全感。当他感到孤独或无尽绝望的时候，当冒险使他感到害怕的时候，你为他提供了一处可以返航的安全港。

注意事项

- 当你希望孩子找到替代性的方法并减少自伤行为的时候，你的首要任务是帮助他管理他的感受。

- 心智化有助于减少抑郁情绪与自伤冲动，但是，当情绪温度过高时，孩子很难做到这一点。告诉孩子他需要有一个情绪温度计，鼓励他们在情绪过热或过冷的时候记录下来。

- 你不要过多评价或揣测孩子的想法。这对小孩子来说是有用的，但是，青少年会觉得厌烦，可能让他更加痛苦。相反，你要表现出共情，倾听他们的心声。

- 当孩子有风险的时候，你要努力控制你的情绪反应。如果你发现你很难帮助孩子，你可能需要和伴侣或朋友谈一谈，或者咨询专业人员。这是极为有效的，并向孩子表明你正努力地帮助他们。

- 如果你的孩子感到极度痛苦，你要认可他的感受，从而帮助他管理情绪唤醒的水平。与你共情的状态相比，你在认可时的声音和表情更少情绪化，这有助于降低情绪温度。当你认可他的时候，你赞同他的观点（从他的角度来看，一切如此困难／困惑／不公平／可怕），但你的语气是清晰明确的。

- 你需要其他人的帮助，这是正常的。如果你的孩子处于高风险状态，你应该寻求专业帮助。为孩子树立寻求帮助的榜样，这样，他就会明白求助是可接受、恰当的做法。

参考文献

[1] Gillies, D., Christou, M. A., Dixon, A. C., Featherston, O. J., Rapti, I., Garcia-Anguita, A., & Christou, P. A. (2018). Prevalence and characteristicts of self-harm in adolescents: Meta-analyses of community-based studies 1990–2015. *Journal of the American Academy of Child and Adolescent Psychiatry, 57*(10), 733–741.

[2] NHS Digital/The Independent. (2020). 'Number of children admitted to A&E with mental health problems jumps 330 per cent over past decade'. Available at: https://www.independent.co.uk/news/ health/children-mental-health-hospital-suicide-nhs-ae-a9255626.html.

[3] Young Minds. (2020). 'Coronavirus: Impact on young people with mental health needs (survey two)'. Available at: https://www. youngminds. org.uk/media/355gyqcd/coronavirus-report-summer- 2020-final.pdf.

[4] NCB and UCL Research. (November 2020). 'One in six report severe mental health difficulties by age 17'. Available at: https://www.ncb. org.uk/ about-us/media-centre/news-opinion/one-six-report-severe- mental-health-difficulties-age-17.

[5] ONS: Deaths Registered in England and Wales. (2019). Section six: 'Leading causes of death'. Available at: https://www.ons.gov.uk/ peoplepopulationandcommunity/birthsdeathsandmarriages/deaths/bul- letins/dea thsregistrationsummarytables/2019#leading-causes-of-death.

[6] NHS Digital. (2018). 'Mental health of children and young people in England, 2017'. Available at: https://digital.nhs.uk/data-and- information/

publications/statistical/mental-health-of-children-and- young-people-in-england/2017/2017. Based on 46.8% of 17 to 19.

[7] Masten, C. L., Eisenberger, N. I., Borofsky, L. A., Pfiefer, J. H., McNealy, K., Mazziotta, J. C., & Dapretto, M. (2009). Neural correlates of social exclusion during adolescence: Understanding the distress of peer rejection. *Social Cognitive and Affective Neuroscience*, 4(2), 143–157.

[8] Motz, A. (2009). *Managing self-harm-Psychological perspectives.* London: Routledge.

[9] Rossouw, T. I., & Fonagy, P. (2012). Mentalization-based treatment for self-harm in adolescents: A randomized controlled trial. *Journal of the American Academy of Child and Adolescent Psychiatry*, 51(12), 1304–1313.

How Do You Hug a Cactus?

Reflective
Parenting
with
Teenagers
in
Mind

如何拥抱仙人掌：
青少年反思性养育指南

第8章
利用人际支持网络

"我不清楚我需要什么，所以我也不知道如何求助。"

当你发现你很难理解和帮助你的孩子时，亲子关系可能会受到极大的考验。例如，如果你担心你的孩子正在冒险或者非常担心他的心理健康状况，你可能会不知所措，难以进行清晰的思考与反思。这很正常。这时，如果你感到一个人应付不了，甚至在伴侣的支持下仍然无法处理，那么你需要更广泛的人际网络来帮助你管理自己的情绪，并为你和孩子寻求支持。在这一章中，临床心理学家兼我的同事劳拉·塔尔博特与专业人员一起为青少年提供心理健康支持，帮助大家了解支持网络对父母和家庭的重要性。我们将一起探讨如何反思你的支持网络，以及最好向谁寻求帮助，如何克服寻求支持的障碍。最后，我们强调当你遇到更严重的困难时，你需要拥有多个智囊团帮你解决问题。

与养育孩子要举"全村"之力、社区彼此关照的时代相比，社会对家庭的支持已经大大减少。如今，养育孩子往往是父母的责任，或者只是单亲家长的责任。而且，人们生活的流动性越来越强，父母经常远离他们的大家庭网络，在抚养孩子、养育青少年的过程中可能孤立无援。幸运的是，从本质上讲，所有的青少年都生活在一个由朋友、学校、俱乐部和家庭组成的系统或网络之中，而不单单地与父母或照顾者在一起。网络可以为父母提供帮助，尤其是在困难时期。

通过从支持网络中获得帮助，并真正认识到你需要支持，你就可以恢复思考能力，这样，你随时可以为孩子提供帮助，孩子就不会觉得他的困难把你压得喘不过气来。更重要的是，他会认为你是一位善于反思、足智多谋的家长，你能考虑到他的需求，为他提供最好的支持，这将使他更愿意接近你，更信任你。

为何寻求他人支持很重要

除了思考亲子关系之外，你还可以思考你周围的其他关系所起的作用，这样，你可以进一步补充父母MAP所涉及的观点和影响因素。父母MAP会使我们思考影响我们养育方式和心理状态的因素是什么，此外，我们的人际关系还会影响到养育的可控程度。例如，如果你目前在养育孩子的过程中承受着巨大的外部压力（工作压力、金钱压力、其他照顾责任），那么你更需要向别人寻求支持，从而帮助你提升心智化能力。此外，你家庭内部和周围的人际关系对你的养育方式产生极大的影响。比如，你和孩子生活中的其他成年人在养育模式上的意见不一致，或者你在养育时认为没有人能帮助你，感到孤立无援。在这一章中，我们将探讨如何思考你和孩子周围的重要他人，帮助你识别支持网络（如有需要，你可以向他们求助）；帮助你成为反思型家长；此外，我们还将探讨心智化方法如何帮助你解决你和孩子遇到的更广泛的人际困难。

父母在与青少年相处时会遇到各种情况，其中一些情况是更有挑战性的。虽然我们知道反思性养育法是一种很重要的方法，但是，养育过程和家庭生活中的情绪氛围是不断变化的，这意味着我们反思性养育的能力也是变化不定的。有时，挑战变得更加严峻，比如"我应该担心他总是一个人待在房间里吗？""她为什么回家这么晚？""为什么他总是这么不尊重我？"这些纠结会从很多方面影响着家庭生活。此时，无论我们周围的关系多么牢固，养育青少年都是一件非常有压力的事情。

你目前经历的事情很可能影响到你的情绪温度和心理状态。当你在一段困难时期里遇到特别有挑战性的情况或互动时，你可能体验到"温度过高"的感觉（例如处于情绪亢奋的状态），也会经历"温度飙升"的时刻。情绪温度飙升使我们无法反思自己的想法和感受。这是非常正常的现象。正如引言所提到的，我们可能只有30%左右的时间进行心智化。你在难以清晰思考的时候，最好能记得这一数据。如果你还要努力应对除养育之外的其他生活压力，你的感受和思考方式将进一步受到影响。

　　父母一直为孩子操心，应对各种引发情绪的情况，我们期待他们事事完美是不现实的。在情绪温度适度提升的情况下，我们通常可以让自己回到情绪比较稳定的状态；相反，在极具挑战性的情况下，我们就需要他人的帮助。因为当我们的情绪几近崩溃的时候，单靠自己的力量是很难改变自己的情绪与心态的。例如，孩子开始到新学校上学，我们感到有些焦虑，但我们无需别人的支持就能管理自己的焦虑，并且知道焦虑感将会消失。如果你的孩子在学校里经常受到欺凌，他变得越来越沮丧和孤僻，你克服焦虑感就变得非常困难，靠自己一个人很难处理这件事。

　　通过积极的人际关系，我们可以恢复自己的心智化能力，这视具体的情况而定。不过，从本质上讲，我们的人际关系可以给我们提供支持和时间，帮助我们弄清楚自己的想法。支持网络可以共情并认可我们当前的经历，帮助我们开始探索有关我们处境的不同视角和反应。例如，你担心孩子受欺负，你可能觉得你需要和那些有类似经历的父母谈一谈，或者和了解孩子和学校情况的老师聊一聊。因此，实际上，在你恢复心智化的能力之前，你可能需要让别人了解父母APP的原则（关注和好奇、换位思考、共情和认可），从而有效地利用你的父母MAP和父母APP。

当你阅读这部分内容的时候，你可能已经想到了在你的生活中有人这样支持你。支持来自我们生活中的很多人。在某些情况下，你会寻求专业帮助，不过，支持的来源还可以是伴侣或孩子的另一位家长、家庭成员、朋友、同事、邻居和社区中的人。你可以想一想你和他人之间的交流，这些交流曾经给你一定程度的帮助：有人曾经愿意倾听你的心声，给予宣泄的空间，与你分享他的养育经验或者给出一些建议。其中一些支持性的交流可能是在聊天的过程中自然发生的，你没有明确地寻求建议，也没有意识到你当时需要支持。我们可能都会回想起那些我们与另一位家长分享亲子关系中的艰难时刻。因此，你可能不认为这些交流是在"寻求帮助"。我们认识到现有的关系帮助和支持着我们，当我们遇到挑战时，我们就能更有意识地利用这一支持。

你如何看待求助

无论我们能否找到支持网络，求助是许多人最不愿承认的事情。虽然我们可能"知道"在青少年的养育中父母经常会经历一些挣扎，但是，我们真的想让别人看到我们的挣扎吗？

对我们很多人来说，提到"帮助"这个词以及暗示我们可能需要支持甚至都会让我们感到不舒服。"如果我的生活中有人能这样帮助我，那就好了"，或者"我绝不会向任何人透露我家的情况"。承认这两种体验都是很重要的，因为父母即使有人际网络，也经常感到孤立无援。此外，我们很容易陷入这样的想法：我是唯一一个管不好孩子的家长。我们有时感到养育的竞争很激烈，所以，我们很难承认自己的脆弱或失败感。当这种情况发生的时候，我们的羞耻感、脆弱感和失败感是如此强烈，以至于它们关闭了我们的求助本能，这往往使我们在困境中倍感孤独，得不到想要的帮助，或者我们想求助，但不知道该向谁求助。父母MAP上的各个要素（包括我们的依恋风格）将影响我们求助的意愿和接受度。

关于求助方式的研究分析了求助行为的促进因素和阻碍因素。2005年，心理学教授黛布拉·里克伍德及其同事发表了一项研究成果，概括了青少年寻求心理健康帮助的四个关键阶段。这一模型也可用于理解一系列情境（包括养育情境）下的求助行为。

第一阶段：意识（需求）。求助的过程是从我们意识到自己的需求开始的。

第二阶段：表达（需求）。然后，找到一种令我们感到舒服的方式表达这一需求。

第三阶段：（帮助资源的）可用性。接下来，意识到有人可以帮助我们。

第四阶段：（使用资源的）意愿。最后，我们愿意向他人求助。

下面的场景将说明这一点。

单亲妈妈克劳德特有一个13岁的儿子，杰登。杰登一直不喜欢上学，但是，在最近几个月里，克劳德特真的很难让他早晨起床出门，现在他每周都有几天缺课。克劳德特的受教育水平不高，不指望儿子的青春期一帆风顺，但是，她总希望杰登的学习成绩能比她好。她认为杰登浪费了接受良好教育的机会，对他越来越生气。因此，早晨的时光总是充斥着叫嚷与争吵。克劳德特的经理忍不了她经常迟到，学校下周约谈她和杰登，她对此非常焦虑。她担心她甚至没办法带杰登去学校，并且觉得她会因此受到指责和批评。这些年以来，她的妈妈和姐妹们一直批评她太纵容杰登，因此她担心如果她们知道了情况变得如此糟糕，她们会有怎样的反应。不过，她觉得事情已经到了她无法独自应付的地步，她需要求助。

　　当你想到克劳德特在这种情况下求助时的感受时，你会想到什么？克劳德特觉得自己需要一些支持，帮助她解决杰登上学的问题，这一点是可以理解的。我们可以想象，让杰登上学可能让她感到巨大压力，这既源于她对杰登受教育的期待（非常合理的），也源于她的工作和学校。我们也很容易看出，她的家庭经历使她预料到她会从家庭中得到批评，而不是支持性的反馈，这使她不太愿意向家人求助。结合之前提到的求助模式，克劳德特已经意识到她需要帮助，但不太确定如何向一些不太了解情况的人（她的家人）表达这种需求。可以提供帮助的有学校、她的妈妈和姐妹，但是，她过去的人际关系经历和她对求助后可能发生的情况的想象，强烈地影响到她的求助意愿。

　　这个例子说明了我们在考虑求助时可能出现的一些复杂情况，以及为什么我们觉得自己很难向他人求助。更详细地了解前面所说的这四个阶段，可以帮助你开始思考它们的适用性以及你向他人求助的想法和感受。

意识到求助需求

　　我们中很多人可能既要养育子女，又要承担家庭之外的责任，比如工作或更多的照顾责任。我们可能感到自己一直处于"劳作"模式，或者脑海里塞满了各种各样的事情。这可能意味着我们没有太多的时间或空间停下来，退后一步想一想我们的应对方式：我们怎么了，我们的孩子怎么了，他们的生活是怎样的以及他们身上发生的事情。或许我们只想着如何能在枯燥繁重的养育工作中撑下去。

　　另一种情况是我们可能意识到一些需求或困难，但我们可能觉得现在没时间妥善处理这个问题，或者想逃避一些在处理问题时会出现的困难想法和感受。有时，与积极面对困境相比，心存幻想、假装困难不存在的做法要容易得多。如果你只是偶尔这么做，这可能是一个有用的应对策略。然而，对长期困难来说，保持无意识的状态可能会使情况进一步恶化。

　　此时你可能会发现，有一些显著的因素影响到你意识到求助需求的难易程度，这反过来又会影响到你在使用父母MAP时自我心智化的难易程度。例如，无论是特殊情况还是一般情况，你是否很难意识到你当下的想法？在本章的后续部分中，我们将讨论一些提升自我意识的方法。

将求助需求表达出来

　　当意识到自己的需求，一些人可能很容易说出来，而另一些人可能很难表达出来。许多人可能遇到这样的情况："我甚至不知道从何说起"或者"我不了解自己的需求，也不知道如何求助"。此外，我们可能很难表达自己的需求——我们觉得当面交流更容易，还是更喜欢短信交流呢？我们表达需求时所处的环境也是很重要的，比如，别人直接问我们的境况如何，我们才愿意说出来，还是别人没提我们也愿意说呢？我们甚至会立刻想到在和别人谈论这件事时的情况。我们可能不断地想："我怎么想的就能怎么说吗？""我能说明白吗？我会不会激动得说不出话来？"

　　当然，你表达需求的感受在很大程度上取决于具体的情况以及你倾诉的对象。例如，你愿意告诉你最亲近的朋友或兄弟姐妹，但不想告诉你孩子的老师？如果你觉得很难开口求助，那么，了解一下求助阶段有哪些阻碍因素或许有助于问题解决。在克劳德特的例子中，她需要进行自我心智化以及思考她不敢或不愿求助的原因。这样，她将能更好地管理或调节自己的情绪。

确定谁可以提供帮助

　　是否有人确实可以帮助我们，是影响我们求助行为的另一个关键因素。我们可能遇到的情况有：我们没有现成的人际网络；我们是单亲家庭；我们和家人的关系不好；一些家人身处异国他乡；我们与朋友失去联系或搬到别的地区，很难建立新的友谊，等等。此外，还可能与我们目前的心理健康状况有关。即使别人在我们的身边，我们也会想出一些他们不能帮助我们的理由。我们通常会这样想："我知道他们还有很多事情要做，我不想增加他们的负担了""他们可能不想帮忙，我已经很长时间不和他们联系了"或者"我以前和他们谈过了，他们理解不了"。你觉得周围的人都知道你遇到亲子方面的困难，所以你会想："如果有人想帮助我，早就帮助我了。"你可能因为别人没帮助你而心存怨怼，或者因自己的资源不足而感到绝望或无力。尽管这些担忧是合理的，但是，如果你环顾你的社交圈，你能找到各种你无法向所有人求助的理由，这表明你应该停下来探索一下你会产生如此感受的潜在原因，这或许与你的父母 MAP 有关。

比如，在以前的人际关系中，你有过得不到别人帮助的经历吗？你一直很难获得别人的帮助吗？你曾经被解雇、否定或排斥吗？很多父母没有得到过自己父母和家庭的支持与帮助，因此，他们不期待别人会提供帮助，而且往往认为自己不值得别人帮助。或许这些没有帮助你的人仍然与你的生活有交集，你对他们的感受很复杂。因此，你知道即使向他们求助，结果也是一样的。

意识到我们对他人有一些期望，对自己抱有同情心，有时可以让我们有一些空间思考如果我们求助，他们或许能接纳并回应我们。这可能意味着你要改变以往的人际交往模式，这当然是有挑战性的。不过，我们可以降低自己的期待，逐步改变以往的交往模式。例如，你可以和你信任的人分享你的担忧，他们可能会提供支持，或者和你一起思考你还可以向谁求助。有时，透过别人的眼睛看问题，引入另一个视角，可以极大地帮助我们。这可以使我们变得更好奇，并放下我们对别人想法和反应的既定想法。

坚定你的求助意愿

如果我们确实找到了能帮助我们的人，那么，我们使用这些资源的意愿会影响我们实际的求助行为。

当你考虑自己的求助意愿时，你的父母MAP可能会揭示一些具体的困难。例如，你早期的家庭经历和关系中的哪些方面影响了你的求助意愿？你从周围的人那里直接或间接地获得了哪些关于求助的信息？这些信息可能深深扎根于我们的文化或社会认同的其他方面，比如我们的年龄、种族、宗教、性别或阶层。或许你从小在女性操持家务、养育子女的家庭中长大（她们似乎不需要别人的支持），那么，你会认为别人也期待你这么做。在你的文化认同中，承认家庭问题并求助或许是一种耻辱，这使你很难与周围的人分享你的经历，即使他们可能愿意在生活的其他实际问题上给予你帮助。

当前影响你父母APP的一些因素也可能阻碍你的求助意愿。比如，你周围的人喜欢报喜不报忧，让你觉得你必须假装"一切顺利"；你害怕别人认为你是"糟糕的父母"或者"不称职"的父母；你意识到你身边一些人的观点与你的观点完全不同，你觉得他们的看法对你没有价值；别人总向你求助，而你会因为承认自己的需求而感到羞愧；你不想让关心你的人惊慌、失望或痛苦，因此，想方设法地进行保密。

当这些担忧充斥我们的大脑，我们很容易忽略自己的需求，在求助过程的最后阶段裹足不前。我们发现自己左右为难：既意识到自己的需求，也意识到求助的利与弊。当我们犹豫不决的时候，提升自我心智化的一个有用的方法是利弊清单。这是"动机式访谈"中的一种治疗工具，适用于那些对改变感到犹豫的人。利弊清单可以帮助父母进行自我心智化，并探索他们对自己犹豫的事情（包括求助的决定）会有怎样的想法和感受。下面的实例探讨了如果克劳德特就杰登的事情向家人求助，她如何总结求助的好处与坏处。

求助的好处	求助的坏处
这可能意味着杰登去上学了。	我不知道她们会有怎样的反应。
我不再孤立无援了。	我担心她们会批评我。
我和杰登的关系可能会变好。	她们能帮助我，还是让我更有压力？

续表

求助的好处	求助的坏处
我的老板不会批评我了。	
不求助的好处	**不求助的坏处**
我不会冒着和家人闹翻的风险。	我担心情况变得更糟，他不去上学了。
杰登不会因为我告诉别人而冲我发火。	我不能再这样下去了。
这样，我就不会那么羞愧了。	这让我总是失眠，影响了我的健康。

　　虽然不求助的弊端似乎是最严重的，但是，如果我们帮助克劳德特思考这种情况，我们可能也会对她列出的一些不求助的好处特别感兴趣。她想找到解决办法，也许需要思考如何向家人求助，包括向他们清楚地说明她担心她们会闹僵，而这正是她极力避免的情况。她还需要一点帮助——要么她接受家人的帮助（如果她能够设法求助家人），要么获得他人的帮助（他人可以帮她想办法，让她和杰登谈一谈让别人帮忙的决定）——她既要承认杰登可能会对这件事有不同的看法，也要分享她需要支持的理由。她可以和杰登谈一谈，想办法让别人参与其中，帮助改善他俩的处境，希望能让生活中的压力变小，而不是压力变大。

如何提高你的求助能力

　　这个练习的目的是帮助你反思求助主题。观察并记录你的任何想法，看一看如何使你的求助过程变得更轻松。

反思性练习

- 作为父母，你有时可能需要帮助和支持，你怎么看待这种说法？

- 怎样才能让你在求助时感到更自在？为了提醒自己求助的重要性，你会对自己说些什么？

- 你很容易意识到自己的需求吗？

- 怎样才能让你在日常生活中更加意识到自己的需求？

- 你如何找到表达自己需求的途径？你很容易表达需求，还是会感到不舒服？

- 为了促使你求助，你需要（从你和别人那里）得到什么？

- 如有需要，你能在你现有的人际网络中找到帮助你的人吗？

- 当你想到别人能不能帮助你的时候，你的脑海里会响起反对的声音吗？影响你求助意愿的因素是什么？求助有哪些利弊？

- 你认为怎样才能提高你求助的意愿？

绘制你的人际支持网络

在探索了你在求助时的想法和感受（自我心智化）之后，你可以考虑一下如何将这些反思的内容应用到人际关系网络之中。你可以选择画一张图来找到重要的人是谁，以及你们之间的关系情况。这个练习没有严格的规则，规定谁应该出现在这张图上，它的目的是使你开始思考在你生活中经常出现的人。

在练习的过程中，你可能更清楚地意识到你周围的人已经给你提供了支持，还可能想到他们提供的其他帮助方式。你以前不一定有意识地探索你的人际关系，我们知道关注人际关系中发生的事情并不总是令人舒适。

它可能揭示了我们的关系不像我们期待的那样亲密，或者表明了我们的生活中存在一些冲突的、疏远的或紧张的关系。当然，人际关系中兼有支持与阻碍的因素，或者我们与一些人的关系时好时坏，是完全正常的。如果你决定绘制一张图，它反映的只是你当下的感受。它很可能无法完全捕捉到这些关系的丰富性和复杂性，并且它会随着时间的推移而继续发生变化。

以下的指导语可以帮助你绘制出你的人际网络。

探索人际网络

1.在不同的纸上写下你生命中重要的人的名字，他们在一定程度上像父母一样支持你。这取决于你会选择谁——每位家长的网络都是不同的，受到多种因素的影响。你可以选择家人、朋友、你认识的其他父母、邻居、当地社区的人、同事等任何你认为适合的人。把你的名字写在另一张纸上。

2.把写有你名字的纸放在中央，接下来，按照你目前对这些关系的感受，把其他名字排在你的周围。你觉得在养育过程中与你最紧密的人应该被排到离你最近的位置，再由内向外依次进行排列。在增添其他人的时候，你可以根据需要，调换他们的位置。

3.阅读下列问题，思考一下不同的关系在你的生活中扮演的角色。你对这些问题的回答可能帮助你在你的人际网络中增添一些细节，了解不同的人在你当前的生活中扮演着怎样的角色。一些问题可能与你的关联性更高，所以，你可以关注那些你认为最有用的问题。根据你的实际情况，在每个名字的旁边进行批注。

- 你和谁的联系最多？

- 谁会让你感到自己胜任养育工作？

- 谁和你有相同的养育观念？

- 你觉得你可以和谁坦诚交流？

- 在养育过程中，谁会鼓励你？谁会质疑你？

- 谁最了解你？

- 谁帮助你做到最好？

- 如果你遇到亲子问题，你会去找谁？

- 如果你遇到困难，谁会最先注意到？

- 你觉得你和谁在一起更自在？

- 你会找谁倾诉？

- 谁会给你提供情感支持？

- 如有需要，你会向谁求助？

- 谁会给你真实的反馈？

● 当你焦虑或担心的时候，你可以信任谁？

你是如何找到答案的呢？当你确定你的支持网络都有谁的时候，你有怎样的想法和感受呢？现在当你看到它的时候，你又有怎样的想法和感受呢？通过这种方式思考你的人际关系是否有用？为了说明这项练习的作用，你想到别人（在你支持网络列表上的人）曾经给予你养育方面的帮助的时候吗？或许你当时的态度不一样。促使你得到别人帮助的因素是什么？别人是怎么帮助的你，你感觉如何？有时，反思过去的经历会使我们想起以前我们如何向他人求助，有助于我们为目前的困境寻求帮助。

反思你的支持网络

现在想一想目前你与青少年的相处中困扰你的事。看一看你的支持网络列表，想一想是否有人曾经帮你解决这一问题，如果有的话，他是怎样做的。在你目前的情况下，还有其他人可以帮助你吗？思考一下你所需要的不同类型的支持，以及不同的人是否可以提供不同类型的支持，而不仅仅是依靠某个人的帮助。例如，你可能觉得这个人更擅长提供情感支持，而那个人拥有解决问题的能力。这可能意味着当你准备采取行动时会选择找后者，因为后者是更好的问题解决者。在你看来，有的人经历过类似的事情；有的人能"理解"你正在经历的事情，还知道怎样帮助你；还有的人能帮助你从不同的角度思考问题。与那些想要保护你、关注你需求的人相比，这些人表现得更"公正"。显然，对一些事情来说，与了解你孩子的人交流会更容易；而对另一些事情来说，向一个不了解你孩子的人倾诉会更轻松。以这种方式建立你的人际网络，可以提供相应的资源；每当你针对某个特定的困境或问题想要求助时，你可以找到这些资源。

改变你的人际支持网络

在思考你的人际网络时，如果你意识到自己缺乏支持，难免会感到孤立无援，你就很难继续下去。弄清谁在你的人际网络中可能会带来痛苦的失落感，例如，你因为死亡或分离而失去了重要的人。意识到这一点，不仅使你感到很崩溃，还会显露出你向他人倾诉失落感的需求，这样，他人可能会提供新的支持途径。你也许会惊讶地发现，你在别人面前展现出脆弱，本身就能使他们在你最需要的时候帮助你。如果你觉得这个练习很困难，因为它揭示出你目前的人际网络提供不了你所希望的支持方式，你可以考虑改变或调整你的人际网络模式。无论在数量上还是在质量上，你周围的人际关系可能都达不到你的预期。你可能已经意识到这一点，或者通过这一练习，你更加清楚这一点。虽然这个练习可能会帮助你理解其中的困难，但也有可能让你难以忍受。

无论你缺乏支持，抑或你的支持网络内部出现冲突，你的养育都将面临挑战。在这两种情况下，你都会感到孤独与紧张，感到养育任务变得异常艰巨。针对这两种情况，你可能没有办法一下子改变，尤其是它们需要别人以开放的态度做出改变，例如对方经得住批评或对抗。不过，你可以考虑调整或拓展你的人际网络。

如果你的人际网络有一些失效的人员，你可以进行人员调整，从而帮助你思考如何让人际关系变得更有效。不要担心这些变化的具体实现方式，只需要关注你的需求。你希望让谁离你更近一些？你身边一些重要的人互相冲突，对你产生了影响吗？例如，你的伴侣和你的父母意见不一致，他们对如何处理你与孩子当前的困难持有相反的观点。如果你让他们的关系拉近一些，或者各退一步减少参与，这将会发生什么？有时，从不同的视角观察别人是一种非常有用的方式，可以帮助我们思考如何能实现我们的目标。这可能只是迈出改变的第一步，而不是制定全面的改变计划。

如果你认为有帮助的人不多，很难建立你的人际网络，那么，你可以想一想有没有改进的办法。你缺少哪一类支持者？你想从哪里开始建立更多的人际网络？除了增加现实生活中的联系之外，一些人从网络社区中获得慰藉；在网络社区中，你可以选择匿名，还可以接触更多的人与观点。在网络环境中，你还可以了解别人的经历和困境，而不需要分享自己的经历和困境，你可以选择成为别人的支持者，这两种做法都能让我们更深入地了解自己的处境。思考这些变化并不一定容易，所以，如果你想不到如何调整或优化你的人际网络，你甚至可以向一个值得信任的人寻求帮助。

规划你的沟通方式

一旦你对人际网络和你的求助观念进行了反思，你可能更愿意向别人求助。你值得花一些时间思考这一问题，当我们求助的时候，一些因素有助于提高我们得到帮助的可能性。

一旦你确定了帮助者，无论是个体还是群体，你就要开始考虑如何使这个支持网络的作用最大化。你可能已经有了适合自己的方法，但是，如果你难以找到适合的沟通方式，下面的四步法可以帮助你规划你的沟通方式，使你的沟通不偏离主题。你可能不熟悉这种结构化的求助方式，但这可能是你解决问题并决定采取哪种行动的一个有用的起点。如果你能够在任何沟通之前把自己的情绪降至适合的温度，即使你要沟通的内容会引起强烈的情绪，你也可以通过这个结构化的方式指导你的沟通过程：

1. 确定任务（制定你的目标）

你要想清楚沟通的重点是什么，以及你想从沟通中获得什么。你一开始可能会觉得这很棘手，因为压力事件以及你对困境的想法和感受充斥着你的头脑。然而，明确的目标会提升沟通的有效性。你可能很难想清楚你需要怎样的帮助，但是，这是重要的第一步，使你恢复心智化的状态，采取反思性养育模式，更清晰地思考各种情况。

你需要的帮助包括：

- 理清你的想法和感受。处理孩子有挑战性的行为可能意味着你很难清楚地思考自己的感受/进行自我心智化。

- 了解青少年遇到的事情以及如何和他谈论这些事情。例如，你可能想让别人帮你弄清楚孩子不和你说话、难过或者不想上学的原因，或者你不知道怎么和青少年谈一谈你的担心，想得到别人的相关建议，你的担心涉及从在意他为什么对你发火到担心他的饮食失调等一系列问题。

2. 说明情况（分享关键细节）

一旦确定任务，你就要和你的帮助者分享关键的信息，以便他为你提供支持。你要抓住关键点，总结最近发生的事情。严格遵守这一原则，可以防止你陷入重温故事的泥潭；如果你陷入这样的困境，将会使你无法退后一步进行清晰的思考。处理"可控"的信息量也确保帮助者能够了解事情的全貌，而不会被细节淹没。

下面的沟通内容说明了你如何总结情况：

概述这一问题："我儿子很晚回家，有时凌晨两三点才回家。"

说明这一问题的持续时间："过去几个月里，他回来得越来越晚。他现在我行我素，不遵守我们约定的时间。他与我不喜欢的小团体混在一起，从此回家就晚了。"

举出最近的实例："上周末，我们吃完晚饭后，他突然说要和朋友出去。我来不及思考就同意了，我问他'你去哪里，什么时候回家？'他没理我，直接走了。我一直醒着，躺在床上等他回来，他凌晨两点半才到家。"

说明这一问题带来的影响："我们一直在为这件事争吵。他说我的规定是不合理的，他所有的朋友都可以随心所欲。这影响了他的学业以及周末的家庭时间——有一天，他晚上回来后一直睡，我们都在想他还起得了床吗？"

说出你试过的方法："我曾经严格要求他，告诉他如果他不能把该做的事情做好，不遵守晚归时间的约定，我就不会给他钱。但是，这没有用，他甚至回来得更晚。我还曾经淡然处之，想了解他在干什么，我估计这惹恼了他。我哥哥觉得他太过分了，提出要和他谈一谈，但我不知道孩子会有什么反应。"

避免过多细节，例如，叙述具体的对话或列出某件事发生的不同场合。这样，你可以聚焦于你想说的内容，而不是迷失于细节，并确定对方已经抓住了问题的关键。你可以核实一下对方是否理解当时的情况。

3. 反思你和孩子的感受

　　一旦你描述了当时的情况，你求助的重点内容是你和孩子的想法和感受——对你们进行心智化。为此，你和你的帮助者都要专注于这项任务。你们可以一起思考你所意识到的情绪，以及你为什么会有这样的情绪。帮助者会说出一些他认为你可能会有的想法，甚至帮助你深入了解你会有这种感受的原因。例如，在愤怒或沮丧的背后，可能隐藏着我们没有意识到的担心或伤心。你们一起进行心智化，这能使你感受到别人的理解，开始感到自己的情绪状态发生了变化，也许会经历茅塞顿开的那一刻。例如，"是的，确实如此"；"我其实一直觉得这是我的错，难怪我一直很沮丧"；"你说得太对了，我没意识到这一点，但是，当你说我一定很担心的时候，我想我一直都在担心，我只是没有想到这一点"。

　　接下来，想一想你孩子的想法和感受，并且思考一下孩子会接受谁的帮助：和你年龄相仿的家人，你孩子崇拜的人，老师、体育教练或其他可靠的成年人，还可以是心理健康专业人员（如果你的孩子愿意接受这样的建议）。当你开始探索谁可以支持你的孩子时，你要遵循父母APP的原则：

　　A—使用关注和好奇。问一问孩子和谁相处得最好——他信任谁，以及谁使他自我感觉良好，感到被理解。你的孩子会感激你有兴趣了解这些情况，特别是如果你不做任何假设，也不认为自己最了解或者最能猜中孩子心思的假设。

　　P—表明你理解孩子的观点与你的观点不同。你表现出愿意接受他想和你分离，并认可这一点（参见下文）。你要对他们眼中的事物表现出好奇心。如果他告诉你同伴或其他家人更理解他，你不要介意，支持他获得对方的帮助。

P—提供共情，并认可孩子对获得支持的感受。如果他在寻求外界帮助时显得和你一样脆弱，你应该与他沟通，并表示你理解这有多困难。不要评判或催促他从你认为有帮助的人那里获得支持；如果他同意寻求支持，你要在他向别人开口之前认可他的选择和他的需求。

你的孩子受益最多的是在自己的经历中感受到真正的理解和认可。

4. 回到沟通的目标

回到你在沟通开始时关注或确定的任务，并思考它对你下一步行动的意义。与其立刻一起解决问题，不如花点时间重新思考你最初的困境，这可以帮助你立即注意到你有怎样不同的感受；你可能对下一步行动有诸多设想，也可能猛然发现最初的关注点是错误的。例如，通过思考孩子另一位家长的观点，你可能认为下一步行动是与对方深入交流，而不是与孩子直接交流。此刻，你和帮助者在"对你最有帮助的是什么"上达成一致，以及帮助者能否帮助你找到具体的行动路线。或者还有其他人可以帮助你吗？如有需要，你可以花几天时间想一想接下来的行动。

当各方观点不一致的时候

你可能与伴侣或其他家人在养育方式上发生冲突；或者由于学校对孩子需求或行为的回应方式，你和学校发生了冲突。这些差异可能会使你很难解决孩子当前的问题。当人们持有不同的养育理念、以不同的方式回应孩子时，本身就会使一些挑战复杂化。例如，如果你的孩子不愿上学，你可能担心他的心理健康出现问题，而学校可能更重视提高他的出勤率，并认为他无故逃学。或者你正在尝试一种特定的养育模式，但是，你感觉别人的参与毁了你的努力。处理这些意见分歧与解决孩子的实际问题一样令你困惑或为难。

显然，当我们在人际关系中遇到这种压力时，我们的情绪温度和反思性养育能力都会受到挑战。即使我们熟悉其中一些冲突，当我们难以与生活中的其他人达成一致或合作的时候，我们的养育工作就会困难重重。

那么，我们如何理解这些情况，并积极有效地解决它们呢？

我们举一个大多数青少年父母都会产生共鸣的实例——"青少年在极度愤怒的情况下对父母说了伤害性的话，父母应该如何应对"。作为青少年的父母，你的方法可能是给孩子留一些空间，认识到此刻他太激动了，现在不是谈话的最佳时机，但是，你可能会在周末某个他情绪平和的时候与他继续沟通。然而，如果你的伴侣或孩子的继父／继母对孩子冲你发火的行为感到愤怒，他们可能认为你需要立即做出反应。此外，孩子的哥哥姐姐可能会说："我当年这么做，你就惩罚了我；他现在这么做，你却没有惩罚他。"他们说你的放纵造成了他不尊重你，你只能怪自己。你向你的妈妈倾诉，她会提醒你最近工作太忙了，孩子是想引起你的关注；她认为你的精力太分散了，特别是几年前你再婚了，你应该多花些时间和孩子在一起。

如果你是上述实例中的那一位家长，当听到各种试图理解孩子行为并提出应对建议的观点时，你会产生怎样的想法和感受呢？你可能会觉得自己受到了批评，从而对自己看待事物的方式以及可能有用的方法失去了信心；你可能会因为别人对这一情况的看法而感到伤心，觉得无论你怎么做，都会遭到别人的反对；你可能会感到有压力，不得不接受别人的意见，以免在这些关系中出现进一步的分歧或冲突，特别是这些关系在其他方面给你提供了支持或帮助，你不想失去它们，例如，在你工作繁忙的时候，你的父母经常帮助你；你可能会担心不同的声音和观点对你的孩子所产生的影响；你可能会担心他从听到别人猜测他的意图或他得到别人矛盾的反应中接收到关于自我的信息；你可能会觉得你和孩子在海量的意见中迷失了方向，双方感到越来越迷茫。

你了解你的伴侣吗？

- 你了解他与早期照顾者的关系吗？这对他个人和作为父母产生了怎样的影响？
- 他自我认同中的哪些方面在一定程度上影响了他的养育方式？
- 他目前的生活中发生了什么事？这些事情影响到他的思维、感受和人际关系了吗？

　　你们的养育方式既有相似之处，也有不同之处；你们以前也许讨论过这些问题，也许这是你们第一次关注这些问题。如果可以，你们要坐下来，探索一下你们各自的父母MAP。这可以是正式或者非正式的交流，你向伴侣询问他认为影响他成长的因素是什么，他喜欢的事物是什么以及他觉得不太有用的事物是什么。你可能忽视了某些信息，没有把它和你们目前的分歧联系起来；或者你可能发现新的信息，这些信息有助于理解你们对孩子的反应。从当前的直接冲突中退后一步，可以使你们有机会一起思考你们在养育方式上一致的观点是什么以及分歧最大的观点是什么。你们可能需要几次交流才能达成养育的共识，如果情绪升温，你们需要退后一步，下次再进行讨论。当沟通失败时，你们可能需要他人的支持（比如值得信赖的家人、朋友或者专业人员）来解决分歧从而以更一致的方式养育青少年。

　　某些情况（青少年自伤、旷课、与一群爱冒险的孩子混在一起以及陷入严重的困境）可能需要一群人聚在一起商量解决的办法，因此，当不同的人寻找解决办法时，发生冲突的可能性很大。

　　法里达在与她的14岁女儿阿曼尼的相处中遇到了挑战。阿曼尼的行为使她感到非常紧张和崩溃。她认为她的妈妈总是指责她管不好阿曼尼，她也很难与阿曼尼的学校、青少年工作者在如何采取有用的行动上达成一致。以下是阿曼尼生活中每个人的想法和感受：

	问题是什么？	为什么会出现这种问题？	应该做什么？	谁应该做什么？
青少年（阿曼尼）	我和我妈的关系不好。	她总让我很难受；她总是和我吵架，给我太大的压力。	我想出去，就让我出去。待在家里只会带来其他问题。	我的妈妈应该走开。
父母/照顾者（法里达）	我管不了阿曼尼。她做事随心所欲。	我帮不了阿曼尼。她不听我的。她需要帮助来控制她发脾气。	她需要心理健康工作者的帮助。学校需要采取措施。	阿曼尼需要接受治疗。
外祖母	法里达和阿曼尼的关系不好。法里达很紧张，应付不了。	法里达不想惹阿曼尼生气，所以对她太宽容了。	法里达应该更冷静，并坚持自己。	法里达需要担起责任。

续表

	问题是什么?	为什么会出现这种问题?	应该做什么?	谁应该做什么?
学校	阿曼尼上学的出勤率很低;她因为糟糕的行为被扣了很多品行分数。	阿曼尼发现她很难与老师、同学相处。或许家庭问题给她带来压力?	法里达和阿曼尼都需要支持。	阿曼尼需要和她的青少年工作者谈一谈这个问题。
青少年工作者	阿曼尼在学校和家庭里都不快乐。她的自信心下降,情绪低落。	阿曼尼在学校和家庭里都感到压力。这意味着她控制不了自己的情绪。她交了一群新朋友,想缓解这些情绪。	给法里达和阿曼尼提供支持,以改善她们的关系。她们要和学校一起制定计划,帮助阿曼尼在学校能更好地管理自己。	法里达、阿曼尼和学校需要一起解决问题,也许还需要我的帮助。

　　读了上述内容,你印象深刻的是什么?这个表格是否可以使你更容易退后一步,更清楚地"看到"阿曼尼的人际网络中每个人的想法?如果我们综合所有不同的视角,我们就能找到它们的共同点和分歧点。虽然你可能认为对青少年生活中所有相关的人都进行心智化实在是太麻烦了,但是,如果你觉得有用,你可以画一个与上面类似的表格。找到了大家观点一致的方面你就能确定大家可以在哪些方面一起努力来帮助你的孩子。同样,你找到了分歧点,就会想到解决分歧并继续解决问题的方法。如果你觉得这个任务太艰巨或太复杂,那么,你只需把你认为对你最有帮助的人以及你重视的观点记下来,这就是一个好的开始。

　　虽然单靠一个表格不能解决阿曼尼和法里达的争吵以及阿曼尼晚回家

的问题，但它可能帮助相关的人同样了解正在发生的事情，并提出一些办法。找一个你信任但不直接参与其中的人，帮助你思考如何画一个类似的表格。这个人不仅可以帮助你思考如何与你孩子的人际网络中的其他人接触，了解他们的观点，并讨论相应的想法和计划，还可以帮助你继续前进，不断思考与尝试，以改善你和孩子的情况。

停下来想一想：利用支持网络

主要内容

有时，如果没有其他支持，养育孩子会让你感到崩溃。"一起思考"模式可以帮助你确定你想得到怎样的帮助（你的主要困难是什么），并记下你觉得最有帮助的人，孩子生活中重要的人会帮助你从新的角度看待你的困境。

反思性养育模式对你的帮助

首先进行自我心智化，你能更加意识到你求助的想法和感受。如果你使用父母MAP，你会意识到你在求助时遇到的一些阻碍。自我心智化的一个重要方面是你不仅要意识到你求助时的障碍，还要思考哪些是你可以求助的人。

反思性养育模式对青少年的帮助

在你开始和孩子一起反思谁可能对他最有帮助的时候，你可以通过父母APP（关注和好奇、换位思考、共情）表明，你想从他的角度理解他需要怎样的帮助以及谁可能对他最有帮助；通过认可他的感受，你让他知道别人的支持是有用的，从而为孩子提供不同的视角，帮助孩子重新获得一定程度的控制感。

反思性养育模式对亲子关系的帮助

在你和孩子一起解决问题时，你通过心智化的方法让他看到你想了解他的困难，愿意接受新观点。孩子感受到你的共情，并意识到你支持他，就愿意相信你的观点。如果你的孩子被难以忍受的情绪压垮或者与某个人发生冲突，他可能觉得他无法向你求助或者认为你帮不了他。建立你的求助网络，可以让孩子知道你对其他观点持有开放的态度，你的思维灵活性会使孩子觉得你理解他、愿意与你亲近。同样，他可能担心你应付不了他的问题，希望能与你们关系之外的其他人进行交流。

注意事项

- 当你的情绪激动得无法进行思考的时候，你提供不了孩子所需的帮助。你可以找到支持你的人，帮助你控制情绪。
- 面对困境时，如果你拥有不止一个视角，你在帮助孩子时就不会有"困住"的感觉。
- 如果你不习惯于求助，反思你很难求助的原因，这可以帮助你摆脱这些障碍，采取不一样的方法。

- 和伴侣或最亲密的家人谈一谈，提醒自己你们的观点是不同的。对伴侣的观点表现出好奇和共情，请他们倾听你的观点。

- 和孩子进行多次交流，了解他们在朋友和家人中最信任的人是谁。在孩子同意的情况下，联系对方，让他们知道你尊重他们的观点。

How Do You Hug a Cactus?

Reflective
Parenting
with
Teenagers
in
Mind

如何拥抱仙人掌：
青少年反思性养育指南

第9章
养育受过创伤的青少年

"我亲近的人最终都会离开我，

我只是等待他们放弃我、我继续生活下去的那一刻。"

如果你养育过青少年，就知道这是一项艰巨的任务；如果养育一个受过创伤的青少年，这项任务就难上加难了。作为寄养照顾者或养父母，你可能不知道他全部的过去和经历，因此，你更难理解他行为背后的意义和意图。寄养照顾者和养父母的养育方式面临着艰巨的挑战，不过，许多反思性养育原则仍然适用。你不得不处理孩子创伤的影响，因此，你需要比亲父母有更多的心理准备。

十几年以来，杰姬一直从事寄养工作，目前和她一起生活的是三个寄养孩子，其中两个孩子十几岁了。在接受培训成为寄养照顾者心智化小组的负责人时，她总结了自己的经验，说道："我本已经见怪不怪，以为没什么事情能让我震惊了。但是，我却一而再再而三地惊呆了。"这种反思总结了寄养照顾者的经历，在照顾受过创伤的青少年时，你总会觉得自己没有完全准备好迎接他们带来的挑战。

最近的研究[1]表明，寄养儿童中患有创伤后应激障碍的人数是普通人群的12倍。当你有一个寄养或收养的青少年时，考虑像"创伤后应激障碍"这样的标签是否会有所帮助？它或许会使你担心孩子受的伤害太严重了，你照顾不了他。尽管如此，这样做的一个好处是你可以使他们了解自己的感受。一般来说，患有创伤后应激障碍的青少年可能受到不止一种心理健康问题的困扰，但如果他们的创伤后应激障碍很严重，了解他们正在经历的事情及其原因可能会对他们有所帮助。当一名青少年在他与主要照顾者的关系中受过早期创伤（通常被称为发展性创伤），他会表现出与经历过急性创伤性事件的人相似的创伤后应激障碍症状。例如，我们经常拿从战场回来的士兵所经历的创伤后应激障碍与儿童和青少年在受到家人虐待与忽视时所表现的症状进行比较。

发展性创伤的概念有助于理解青少年的需求，但它的内涵过于宽泛，并不能反映每个人的复杂性和个人经历。我们知道有创伤史的青少年被许多人抛弃，往往难以信任他们遇到的成年照顾者和专业人员。他们长期不信任别人，往往导致寄养关系的破裂，更普遍的是，这会导致他们的人际关系出现困难。其中很多青少年由于过去被抛弃而拒绝接受心理健康服务；青少年也会把长期的不信任带到你（照顾者）与他的关系之中。

创伤对发育中的大脑的塑造

早期的人际关系在塑造大脑成长和发育方面起着关键的作用。在早期关系中，受虐待和被忽视的经历会影响大脑发育，并对儿童产生长期的消极影响。无论你是否了解青少年早期生活的细节，理解早期的虐待和忽视经历如何塑造青少年的大脑和世界观，会对你有所帮助。

- 我们的大脑会适应我们成长的环境。这可能意味着如果我们的大脑已经适应充满威胁或不可预测的环境，那么，我们可能就很难适应无威胁的环境。神经科学家 Eamon McCrory & Essi Viding[2] 对这类儿童进行研究，结果发现早期的家庭创伤经历会造成"潜在脆弱性"——孩子早期受到照顾者虐待或忽视的经历会使儿童面临着更高的心理健康问题风险。这项研究很好地帮助了那些与青少年及其照顾者一起工作的专业人员了解常见的经历（比如转学到新学校后发现很难理解同学的意图）如何给青少年造成了极大的恐惧与压力。神经科学研究使我们了解到，遭受家庭暴力或身体虐待的经历会导致过度警觉，即大脑对威胁或感知到的威胁做出过度反应。这可能使孩子在早期的不利环境中确保安全，但却会在更普通的环境中造成问题。如果你收养或接受寄养的孩子有创伤史，你应该预料到他们可能更警觉。如果你能理解他们在童年早期必须高度警觉的原因是为了适应威胁与虐待的环境，而不认为这是他们的错或者认为他们的创伤无法修复，这对他们来说是有帮助的。

- 如果青少年在成长过程中对关心和关注的基本需求得不到满足，这可能会塑造大脑的奖励系统；大脑的奖励系统帮助我们了解环境中的积极方面，并随着时间的推移激励我们的行为。因此，大脑的奖励系统可以学会对积极的社交暗示做出不同的反应。

- 对那些在虐待与忽视的环境中长大的青少年来说，消极记忆似乎变得更加突出，这意味着它们比积极记忆更显著，日常记忆也可能缺乏细节。由此，你的孩子会在社交环境中出现问题，原因是我们需要借鉴过去的经验来帮助我们处理新的社交情境。如果过去的经历是消极或混乱的，孩子将更难理解所有的人际关系。如果你在处理你和孩子的关系时掌握这些知识，你就会明白他们正在使用他们所知道的唯一方式来适应新的环境或关系，他们需要时间和你的支持来建立信任，并理解他们还可以通过其他方式解释关系以及他人的意图与行为。

如果不学习如何反思会怎样

就像我们在引言中所做的练习一样，我们再一次想象自己是个婴儿。这一次，你想象一下当父母不能满足婴儿正常的发展需求时，婴儿会有怎样的体验。婴儿作为独立存在的个体，需要得到保护、珍惜以及尊重，才会有归属感。有时，出于各种原因（比如父母目前的心理状况、过去的经历、当前的环境），父母无法满足这些需求。在互动过程中，小婴儿会有怎样的体验呢？想象一下婴儿的需求假设他的妈妈刚刚和伴侣吵了一架。婴儿哭了，这没有引起妈妈的关心，而是对孩子说："闭嘴，我没心情管你。"妈妈其实表达的是"我有自己的需求"。在这一互动过程中，她的面部表情不是关心和温暖，而是愤怒，似乎在说"我现在不希望你在这里"，这会使婴儿感到不安。试想一下婴儿的哭声没有效果，还会遭到妈妈遗忘以及愤怒、敌意、怨恨的反应。婴儿还不会说"悲伤""受伤"或"失落"等词，但他的身体里感受到这些情绪，所以他会觉得热、冷或者肚子不舒服。这些记忆被保存在身体里，形成创伤体验，并延续到以后的生活。

之后，孩子上学时内心充斥着恐惧和不安，心里想："大家不喜欢我，也不会帮我。"现在孩子已经会使用语言，能命名这些感觉，但身体仍然记住创伤，所以，孩子可能会感到肚子紧绷、太热或太冷，还可能生病。此外，如果成年人没有真诚地回应过他们的感受或者成年人以恐吓的方式回应过他们，那么，孩子很可能变得高度警觉。上学时，他们会对周围人的表情高度警觉，可能误解别人的表情。其他孩子会带着各种情绪和他们打招呼，比如他会把对方惊讶好奇的情绪解读为"她别妨碍我交朋友"。反过来，他总是从"他对我不友好，不会帮助我"的视角出发，看待其他孩子的表情。

接下来，到了青春期，我们经常从青少年的表情和肢体语言中看到他们在婴儿期没得到回应的影响。比如，如果我们看到一名眉头紧锁、紧握拳头的青少年，我们从表面上看会认为"他不友好"。你可能看着你的寄养儿童，心里想"他看起来随时会惹麻烦"。他的表情可能引起你消极的、惩罚性的反应。

如何更全面地看待寄养青少年

如果你更全面地思考一下青少年的表情和身体语言所隐含的意义，那么，你就更容易与孩子共情，更全面地理解孩子的经历。当你对孩子采取反思性的、共情的养育模式时，你更容易理解表面的迹象没有反映出他的内心感受，他的内心深处或许有一个沮丧的小孩，他觉得自己一无是处、毫无价值。你需要记住，受过创伤的青少年的身体语言说明了他内心的感受。

反应过度和回避

青少年对威胁的过度警觉会导致反应过度，有时甚至是暴力。露比小时候经常目睹家庭暴力；在更衣室里，别人开玩笑地推了她一下，她的反应过度，这可能对她的自我价值感、造成消极的影响，也妨碍了她建立友谊的机会。在某些情况下，青少年在童年时期长期遭受虐待，就会形成回避友谊的模式。这种回避模式与大脑威胁系统中的异常低激活有关（处理对可能威胁的反应的系统叫作杏仁核），这可能导致孩子出现退缩或焦虑，即使在安全的环境中也是如此。你需要记住，这个孩子过去很少体验到积极的、有益的、可靠的人际关系。远离朋友和他人的退缩行为会减少他们学习的机会，增加他们对压力和排斥的反应。过去的创伤会增加情绪的激烈程度，导致孩子的情绪处理能力差，增加焦虑和抑郁等心理健康问题的风险。通过让青少年知道你想理解他们的想法和感受，使用第3章中的父母APP对他们进行心智化（表现出关注和好奇、换位思考和共情），你就给他们带来不一样的体验，使他们感受到你想理解他们的想法。

被寄养或收养的青少年可能曾经有过多位照顾者，他们特别容易从你上推断出消极的意图。例如，你可能带着好奇的表情，以友好或中立的口吻询问孩子他是否写完了家庭作业。他们很容易把你的语气和问题理解成是有迫害性或攻击性的，把好奇的表情误认为是带有批评与敌意的。不难理解这会导致你们之间出现多重误解，并使冲突很快升级。接受照顾的青少年也通常意识不到自己的情绪，难以与他人产生共情。早期剥夺和环境压力对这些青少年形成安全可靠、值得信赖的人际关系的能力产生了严重的影响。

我们知道青少年的大脑具有不断适应的能力，这种能力一直持续到二十多岁。为此，他们需要我们的帮助来建立并维持可靠的关系，管理日常压力，减少新压力的风险。作为他们的照顾者以及父母，我们可以鼓励他们在失败后再试一次，并相信他们会得到不同的结果。这绝非易事，需要时间。对经历过创伤性关系的青少年使用反思性养育法，可以帮助他们建立信任关系，并为他们以更有适应性的新方式适应环境创造机会。

露比的故事

在过去的四年里，露比已经换了三个不同的寄养家庭。她的亲父母忽视她的需求，家里的吵闹声与暴力行为使她时常面对着威胁的声音和表情。每当她感到沮丧的时候，她的妈妈经常说她发出的声音快让她得病了。她经常看到爸爸打妈妈，如果她的父母只顾着吵架，她就经常饿着肚子睡觉。

她今年只有11岁，刚上中学7年级。在她搬到现在的寄养家庭里仅3周之后，她就从小学升入了中学。她喜欢英式篮球，擅长大多数运动项目，在第一学期就被选入学校的英式篮球队。

第一场比赛之前，在她从更衣室走到篮球场的路上，一位队友友好地推了推她，说道："露比，好好发挥你的实力。"露比感到愤怒与受伤，狠狠地推了回去，结果体育老师把她叫到了一边。老师说自己不能容忍这种行为，让她作为替补队员在更衣室里等待。老师说："等你反思了自己的行为之后，我再考虑让你归队的事。"别人先推了她，老师却让她受处罚，这让她感到既困惑又愤怒。

反思露比

露比有过创伤史以及多位照顾者，转校的经历使她感到恐慌和紧张；新面孔似乎是威胁性的，她看不到同学和老师的积极社交暗示。她发现自已很难信任刚认识的人。我们可能会想到她擅长英式篮球，想要加入新的运动队，但是，即使这样的经历也可能是具有挑战性的。她过去的人际关系创伤使她只关注潜在的威胁，看不到积极的社交暗示，比如队友开玩笑地推她一下，本意是给露比加油打气，但过去的经历可能导致露比过度反应，从而导致冲突风险的增加。她认为队友的推搡是攻击性的，面对她认为的攻击，她会感到紧张和防备。

这种常见的经历会使露比这样自卑焦虑的孩子更难应对日常的挑战。反过来，随着时间的推移，这又使她更难建立并维持人际关系。当露比这样的小孩子成长为青少年的时候，他们可能会失去朋友，失去成年人的支持，从而错过成长与发展的机会。这种现象被称为"社交窄化"，可能会增加未来出现心理健康问题的风险。在露比的例子中，露比感受到老师的批评和误解（而不是老师的重视），使她对老师感到愤怒。她对老师和队友的反应意味着她被排斥了，这导致她更难发展并维持友谊。

反思老师

露比的体育老师认为露比的行为是一种攻击行为。她可能认为她禁止露比参加比赛，是给她上了运动/团队行为的一课。我们可以假定她不了解露比的情况，只知道露比热爱体育运动。她可能把露比的行为误解为露比与队友之间的竞争。

照顾难以理解情绪的青少年是一项挑战[3]。即使你是世界上最善于反思、心智化的照顾者，当你照顾一个受过创伤、虐待和忽视的青少年时，你的心智化能力（反思你自己以及青少年的想法和感受）也会大打折扣。有时，你可能会严重怀疑自己的想法。当你照顾或收养青少年时，你会觉得自我心智化的任务更艰巨了。成为善于反思的养父母或寄养者，可以帮助你和孩子在艰难的时刻保持联结。

沙妮丝的故事

15年以来，西蒙娜和埃迪一直从事寄养工作。他们为婴儿、幼儿和许多青少年提供了应急寄养服务，但是，当照顾17岁的沙妮丝时，他们感到从未有过的挑战。沙妮丝12岁时，她的妈妈当时认为自己完全管不了她，在她的要求下，沙妮丝被当地政府送到了寄养家庭。从十一二岁开始，沙妮丝辗转于多家社会服务机构，沙妮丝的困扰主要是她和妈妈之间的关系，她的母亲据说"冷漠而有攻击性"，提供不了情感慰藉。

2016~2018年，沙妮丝先后进入三个不同的家庭：两个寄养家庭和一个寄宿家庭，之后，她来到了西蒙娜和埃迪的家庭，他们认为自己有足够的经验来养育沙妮丝。他们在接受沙妮丝寄养时心里有数，知道沙妮丝曾经让她自己陷入危险。社会服务机构向西蒙娜和埃迪传达的一大堆安全问题包括：她通过手机与一位年长的男性交换露骨的图片和信息；很难维持友谊；很难接受他人的指令；"情绪爆发随后退缩低落，使用不良的方式管理压力，比如酗酒和吸食大麻"。她以前有过自伤行为，以此调节自己的情绪困扰。她还有过危险的性行为，对失去、他人排斥或者她所认为的排斥极度敏感，很难维持健康的人际关系。

沙妮丝已经与西蒙娜、埃迪一家人相处了6个月。一天晚上，他们一起吃晚饭，沙妮丝礼貌地问她能不能出去见一见朋友，西蒙娜和埃迪问他们是谁以及他们住在哪里。沙妮丝对细节含含糊糊，但是说她会带着手机保持联系，这只是个"小聚会"，"不要紧"；她保证自己会在凌晨回来。过了凌晨，西蒙娜、埃迪试着联系沙妮丝，但每次电话都直接转到她的手机语音信箱。西蒙娜和埃迪开始讨论他们要不要报警或找沙妮丝的社工，他们谈话的焦点变成了她的性史，以及"她目前不仅没采取避孕措施，而且拒绝避孕"这一事实。西蒙娜和埃迪知道沙妮丝在学校时曾要求做过孕检测试，结果呈阴性。他们担心沙妮丝想怀孕，想在17岁时生孩子，她妈妈就是在17岁时怀上她的。

他们联系了值班的社工，社工通知了警方。埃迪第二天一大早要上班，他就去睡觉了，虽然他知道自己可能睡不着。西蒙娜一直等着沙妮丝回来。刚过凌晨2点，大门打开了，沙妮丝走进了客厅，惊讶地发现西蒙娜正在等她。西蒙娜极力保持冷静，问沙妮丝去了哪里，并告诉她自己有多担心。沙妮丝看起来非常难过，她告诉西蒙娜，她从没想过会有人关心她在哪里。她接着说"朋友们"在网上传一张她的私密照片。

你对这一场景有怎样的情绪反应？你脑海中闪过了哪些问题和想法？你能体会到西蒙娜和埃迪的感受吗？这使你反思你对孩子的反应来自哪里了吗？当你阅读这一场景并思考自己的孩子时，请留意你的情绪温度。

反思西蒙娜和埃迪

现在我们对西蒙娜和埃迪进行心智化，他们的感受是怎样的？你可能想到西蒙娜和埃迪的脑海里闪现过各种可能的场景，比如沙妮丝遇到了什么事，他们必须为她的安全负责任，同时他们会产生无助感。你可能还会想到沙妮丝答应凌晨回家，他们对沙妮丝辜负他们的信任感到生气。你可能认为他们非常害怕，他们觉得这是沙妮丝"典型的"行为模式，沙妮丝总是"无法无天"。

反思沙妮丝

你觉得沙妮丝在想什么呢？她想过她这么晚回来，埃迪和西蒙娜会怎么想吗？她很快地向西蒙娜坦白，并对西蒙娜等她回来感到惊讶。我们可以对她和寄养家庭的关系寄予一些期待，事实上她已经意识到当她陷入麻烦时，寄养家庭可以帮助她。我们想知道她之前的母女关系对她的行为和情绪产生的影响，以及这如何使她不告诉寄养照顾者就很晚才回家。

从沙妮丝的视角思考

如果我们从沙妮丝的角度出发，通过她的眼睛看待这个世界以及她的人际关系，让我们想象一下她的想法和感受。"我从不指望别人会关心我，所以，当我回到家的时候，我看到西蒙娜在等我，我感到非常惊讶。她为什么会关心我呢？我亲近的人最终都会离开我，我只是等待他们放弃我、我继续生活下去的那一刻。我不值得费劲去接近他们，而且，不管怎样，即使我想接近他们，我也不知道该怎么做。我在外面的时候根本就没有想到过他们。阿什利说想和我交往。我知道他不太好，但是，我和他在一起时感觉很好。他有点问题，嗯，他坐过牢，但他说我人很好。我们一起睡觉，他告诉我用避孕套不舒服，他不想用。你知道我真的不介意怀孕。我还年轻，但我妈妈在我这个年纪的时候生下了我。如果我有一个只属于我的亲人，那该多好啊。我那些所谓的朋友把一张我穿着胸罩和短裤的照片放在社交媒体上，我感到既难过又生气。所有人最后都会抛弃我，不值得我苦恼。我就是很让人恶心，根本不值得费心思。"

一起思考

从沙妮丝的例子出发，我们想一想发展性创伤及其含义。精神病学家和创伤专家 Bessel van der Kolk[4] 对经历过发展性创伤的人有如下的描述：

> "他们对创伤复发的预期会渗透在他们的关系之中。这表现为消极的自我归因、对照顾者失去信任，以及失去'有人将会提供照顾与安全感'的信念。"

如果我们想一想沙妮丝离开家，和朋友外出约会这个场景，我们可以想到她本以为她从生母那里经历的冷漠、攻击和被遗弃感不仅体现在她与西蒙娜、埃迪的人际关系之中，也体现在她的其他人际关系之中（比如她与阿什利的关系）。当她外出的时间超过了约定时间的时候，她就失去了对方的信任。当她回家后，她感到惊讶，这表明她不再相信有人会照顾她，使她感到安全。这是沙妮丝根深蒂固的信念，所以，她不认为西蒙娜和埃迪是可信的、安全的、为她着想的依恋对象，这并不令人意外。她以前没有这样的经验或"模式"，所以，当她离开家、处于脆弱的情境时，她得不到任何帮助。此外，在她外出的时候，她意识不到她容易受到他人的虐待或剥削；相反，她与拒绝避孕套的人上床，重现了一段被拒绝和虐待的经历，她的行为是自我牺牲的，她没有自我价值，首先考虑的是别人的需求，而不是自己的需求。这一场景中令人感到期待的部分是沙妮丝看到西蒙娜一直等她，看上去很担心她，沙妮丝把自己担心的事情告诉了她，使西蒙娜更了解当天晚上的情况。

这个场景表明，即使你乐于助人、值得信赖、随时可以提供保护，照顾一个以前没有人际交往经验的人也是一件极具挑战性的事情。西蒙娜和埃迪试图建立起信任关系，使沙妮丝可以展现出自己脆弱的一面。我们可能想到他们已经表达了对她的支持与关心，想让沙妮丝知道她可以信任他们，他们也想信任她。被寄养的儿童和青少年往往会认为"我不值得信任"或"我很糟糕"。我清楚地记得我曾经和一名来自阿富汗的少年一起工作，当他来到英国寄养家庭时，他的寄养家庭没有给他钥匙，原因是寄养家庭与上一个孩子相处得不愉快，那个孩子偷过他们的东西，因此，他们自然认为这名少年也不可靠。他每天都要敲门才能进去。

照顾者和养父母的心智化困难

有充分的证据表明，如果你对自己和寄养儿童的想法和感受进行反思的能力较低，那么可能会导致寄养或领养的儿童和青少年出现更多的行为问题[5]。

你已经了解了照顾有创伤史的青少年时的压力有多大，以及心智化（对想法和感受进行反思）对他们行为的重要性，接下来，你需要提升反思能力来管理这种压力。你管理压力和提高反思的能力越弱，就越影响你帮助青少年管理他们情绪所需的技能。Tina Adkins的研究支持这一观点：寄养照顾者作为在孩子的生活中提供最稳定关系的人，我们应该帮助他们提升他们的反思性养育技能。大量证据表明，实现这一目标，可以增加安全性和稳定性，并促进儿童管理自己情绪的能力。

　　作为寄养照顾者或养父母，当你面临极端挑战时，你的情绪唤醒或者说情绪温度会上升。在这个场景中，我们可以想象西蒙娜和埃迪不知道沙妮丝的去向，一直等到凌晨，他们的情绪温度可能飙升，他们的恐惧、愤怒、无助等情绪交织在一起，这些感受都干扰了他们的心智化能力。在一项名为"反思性寄养计划"的临床试验中，反思性养育法在寄养父母中得以应用与评估。反思性养育法将从帮助西蒙娜和埃迪反思自己的想法与感受开始——以第 2 章中的父母 MAP 为指导。特别是对寄养照顾者来说，这种方法似乎要求你必须设法理解寄养儿童的行为，当你还承受了社会服务机构的监督压力时，这种感受会加剧。不过，这对你和孩子来说都是非常无益的。作为反思性的寄养照顾者，你首先要关注你对寄养或领养青少年的情绪反应和看法，这样你就能更好地理解自己的反应，并最终在面对日常挑战时管理这些非常困难的感受。

反思性寄养计划[6]与反思性养育的目标是一致的——鼓励照顾者进行心智化，从而帮助自己与青少年调节情绪，最终改善他们的行为。回到沙妮丝的例子，她还没有经历过一段帮助她理解自身想法和感受的关系，因此，她理解自己或他人的知识和经验较少，缺乏对人际关系的判断力。在反思性的寄养或收养关系中，你要通过分析青少年行为背后的意图，帮助他们理解自己的想法和感受，这正是以心智化为基础的反思性养育模式的主要原则。

从20世纪70年代至今，儿童心理学家Alan Sroufe及其同事进行的著名研究发现，照顾者不仅有责任帮助孩子保持可控的情绪唤醒水平，而且，他们首先要帮助孩子发展自己调节情绪唤醒的能力。换句话说，对在安全可靠的环境中正常发育的孩子来说，父母既是孩子管理自己情绪的老师，也是最初影响孩子情绪的人。对寄养或收养的儿童来说，如果没有你作为他们情绪的调节者，他们往往会陷入过度的情绪唤醒状态，可能对社交暗示做出冲动的反应，还会经常做出错误的判断。Sroufe的研究[7]表明，如果照顾者没有帮助孩子发展自己调节情绪唤醒的能力，那么，当这些孩子进入了青春期，超过半数的孩子会被诊断出心理健康问题。你可能熟悉这些青少年的一些特征，比如，他们的叫嚷是为了引起别人的注意，哪怕再小的挑战，他们也很容易感到沮丧。由于这些孩子几乎一直处于兴奋的状态，这使他们感到极度焦虑。他们时时刻刻需要别人的安慰和关注，他们无法正常自在地玩耍，最终他们长大后长期处于紧张状态。在学校里，这些青少年通常一整天情绪高涨，无法安静下来，再加上父母不在身边安慰他们，他们往往做出破坏、对抗与攻击的行为。他们破坏攻击的行为使他们不受欢迎，引起老师和同伴更多的排斥和惩罚。

作为寄养照顾者或养父母，如果你知道早期创伤对行为的影响，了解孩子受过创伤，就会注意到你预期的行为和孩子的行为之间存在差异。2011 年的一项研究[8]表明，随着时间的推移，经历过性虐待的女孩在谈论令人痛苦的事件时，痛苦程度会降低。她们会封闭自己、变得麻木，几乎没有任何情绪反应。如果你还记得，沙妮丝在谈到她与一个曾经因严重犯罪入狱的男孩发生无保护的性行为的时候，没有表现出任何情绪。同样，当她得知朋友在社交媒体上发布了她的私密照片，并且照片被广泛传播的时候，她除了有些尴尬之外，几乎没有其他反应。在正常情况下，她会向有保护责任的照顾者发出"我有麻烦了，我需要帮助"的求助信号，但是，她没有这么做，而是说"没有任何感觉"。

当青少年做出这样的封闭与退缩行为时，真正的危险是专业人员（包括老师和照顾者）会忽略"他发生了非常严重的事情"的事实。封闭行为的另一个危险在于，它通常意味着由于青少年不认为自己容易受伤以及面临着危险，所以，他们通常不会采取任何保护措施。继而，由于青少年似乎不需要照顾者，因此，曾经敏感、善于反思的照顾者在回应他们时变得退缩和排斥。以下场景展示的是照顾者如何通过心智化来理解这类青少年仍然有建立关系的潜在需求，只是他们不知道如何发出信号。

埃蒙和克里斯托弗的故事

埃蒙和克里斯托弗是阿伦（15 岁）和斯嘉丽（13 岁）的养父母。六年前，他们收养了这对兄妹；当时，阿伦 9 岁，斯嘉丽 7 岁，他们曾经在寄养家庭里待过一段时间。这对兄妹原生家庭的特征是妈妈和外祖母酗酒，妈妈和她的男友之间存在家庭暴力。一天深夜，一位邻居听到孩子们的尖叫声，四处寻找发现家里没有大人，家里有喝酒、吸毒的迹象，厨房的灶台上有一锅烧着的食物，马上就要起火了，于是，他向当地政府报了警，之后阿伦和斯嘉丽被送到了寄养家庭。

从来到埃蒙和克里斯托弗家的那一刻起，阿伦就非常难教养。他对他们提出各种要求，似乎拥有新事物才能得到极大满足。他小时候要的是玩具，现在要的是游戏机或手机的游戏和装备。如果他得不到他想要的东西，他就冲着爸爸大喊大叫，说他们是"世界上最糟糕的父亲"；在原生家庭中，他曾经能得到所有他想要的玩具，能看到所有他想看的电视节目。埃蒙和克里斯托弗发现阿伦很难相处，但能理解他为什么总想要新东西。他们和阿伦谈论这一原因，告诉他"他们爱他，不会抛弃他"，从而帮助他管理情绪。这似乎能使阿伦平静一段时间，现在，在情绪爆发之后，他通常会向爸爸道歉，告诉他"他只是控制不了自己的火气"。

他们发现养育斯嘉丽相对容易，因为她很少对他们提要求，内向害羞，不需要他们太多的关注（在他们看来）。他们形容她是"独立的""有点害羞""安静"，于是，他们让她一个人待在自己的房间里，大部分时候她看书和听音乐。随着时间的推移，他们注意到斯嘉丽似乎从来不想去朋友家或参加派对，更愿意放学后回到自己的房间，当他们应付阿伦的事情时，她大部分时间都待在房间里。为了让她出门走走，埃蒙带着她去当地的购物中心，想给斯嘉丽买一些新衣服，以为这会使她开心。斯嘉丽静静地走着，跟着埃蒙在商店里进进出出，最后埃蒙说服她（有点强迫）去一家服装店里"试穿"。斯嘉丽站在更衣室里感到不舒服，她哭了起来，让爸爸带她回家。

反思父亲

埃蒙和克里斯托弗似乎认为他们了解孩子们的需求——阿伦需要更多的关注，而斯嘉丽显然更喜欢待在自己的房间里。在他们养育阿伦的过程中，虽然他们发现他很难养（要求他们给予很多关注，得到物质满足），但他们似乎理解这是艾伦有感到自己被需要的需求。对斯嘉丽来说，他们似乎不能对她进行心智化；她很少对他们提要求，他们认为她内向安静，更喜欢独处。然而，当他们注意到她不像其他孩子一样接到朋友的邀请时，他们决定采取行动，带她出门买衣服，他们认为这将是一次有趣的活动。我们可以想象到当她在更衣室里哭泣时，埃蒙可能感到非常惊讶与困惑，他不知道应该怎么做，因为他习惯于让斯嘉丽自己决定。他以前没有遇到过斯嘉丽情绪外露的情况，甚至可能觉得如果阿伦这么做，他们必须严厉禁止。但是，面对这个内向的孩子，他感到束手无策，认为这不符合斯嘉丽的性格。

反思青少年

阿伦和斯嘉丽在大部分的童年时期都经历了原生家庭的创伤。在被埃蒙和克里斯托弗收养时，他们分别是9岁和7岁，他们的年龄相对较大，已经形成了自己处理情绪与人际关系的方式。阿伦已有的处理方式是他向养父提要求，从而满足自己的需求。鉴于阿伦的外显行为，他们能理解这种行为背后的含义，并与阿伦进行沟通，帮助他调节自己的情绪，降低他的情绪唤醒水平。我们可以想象到阿伦经常能感觉到父亲对他的理解，也会觉得自己很强大，因为他既有办法获得父亲的关注，又能得到一些东西，使他在同伴中受欢迎（通过游戏与他们建立联系）。

斯嘉丽安静内向，与嗓门大、要求多的哥哥截然不同。她学会把自己的需求藏在心里，不问父亲要任何东西，也不要冒任何正常的风险，比如冒着被爸爸拒绝的风险去朋友家或者邀请别人来她家过夜。当平时对她不闻不问的爸爸强迫她去购物的时候，她感到不安。爸爸似乎想让她改变形象，帮她交朋友。当她走进试衣间，看到自己的样子变了，想到她要邀请朋友来家里做客或参加聚会，就感到有点崩溃。她的爸爸不知道该怎么办，她也说不出自己内心的真实感受。爸爸连应付阿伦都应付不过来，她不想再对他提任何要求了。

一起思考

当你有一个有发展性创伤的青少年时，你更需要留意自己的想法。你认为的看法不一定是他们对你的看法。你的角色远远不只是照顾你的寄养青少年，还要把他们不熟悉的情感语言与情绪调节方法教给他们，而这首先是从了解你自己的心理状态开始的。埃蒙和克里斯托弗用他们的退缩行为回应了斯嘉丽的沉默与退缩。这导致他们无法对她进行心智化，也无法对她内心的想法表现出任何好奇。人们自然更容易注意到吵嚷、难相处或要求多的青少年，但我们同样需要好奇安静退缩的青少年在想什么。这就把我们带回到反思性养育的主要策略：先进行自我心智化，再对青少年进行心智化。首先，你要好奇你在亲子关系中有怎样的感受。在这种情况下，埃蒙可能注意到他与斯嘉丽失去了联结，没有进行心智化，他就会开始好奇为什么会出现这样的情况。一旦你进行自我心智化，了解你的想法和感受来自哪里（比如，你为什么会成为寄养照顾者或者养父母，你怎么看待受过创伤的孩子，以及你的养育方式与你的个人经历有什么关系，等等），你就处于更能调节情绪、更善于反思的状态，这样，你就可以继续对孩子进行心智化。如果埃蒙首先进行自我反思，他也许会好奇斯嘉丽总是待在自己房间里的原因以及她对此有怎样的感受。如果他能理解她可能害怕朋友拒绝她，那么，他就会问斯嘉丽他能否帮她解决这一问题，他要停下来慢一点，而不是急于采取行动去解决问题（比如前往购物中心）。

养育是一生的旅程，大多数人唯一的准备就是他们自己被养育的经历。养育寄养或收养的孩子可能更加困难，因为他们从前的经历已经影响了他们许多方面的功能。因此，你更加需要了解自己：你如何养育孩子，影响你的因素是什么，以及你是如何被想法、感受、信念和外部事件所影响的。如果你的关注点是你与受过创伤的青少年之间的关系，而不是他的行为，这将使他更了解自己，并最终更好地管理自己的感受与人际关系。通过增强你对自己内心活动的觉察，你将会发现如何提升亲子关系的质量。这是因为你的感受与情绪有意或无意地影响着你的行为，从而对孩子的感受和行为产生影响。

不要忘记你自己的需求，这与你寄养或收养孩子的需求是不同的。你要能建立联系：要想对经历过创伤的青少年的困扰产生共情，你也要与你生活中其他重要的人建立联系——感到你的需求被倾听和满足。如果你在照顾一个有创伤史的青少年时遇到困难，你可以向其他父母和照顾者求助；如果可以，你在别人的支持下进行自我心智化。当我们知道自己的感受并了解背后原因时，我们就通过自己的感受做出正确的决定，并学会控制自己的冲动。

停下来想一想：养育一个有创伤史的青少年

主要内容

养育一个有创伤史的青少年给寄养者和养父母带来了独特的挑战。当你不了解他的全部经历时，你就很难对他进行心智化。当你与一个难以理解人际关系的青少年相处时，保持你的心智化能力是一项挑战。反思性养育法是一种有用的方法，它能帮助你了解创伤对青少年的影响，以及照顾有创伤的青少年对你自己的影响。

反思性养育法对你的帮助

反思性养育法不仅关注如何支持你的孩子，还可以为你作为寄养照顾者或养父母的感受提供空间。你可能会有强烈的冲动，想让受过创伤的、辗转于不同家庭的青少年安定下来。对你自己以及青少年进行心智化，这能使你学会应对寄养养育带来的影响，使你更清晰地意识到你的言行，以及如何更清楚地向青少年表明你的意图。你要意识到你的孩子容易误解你，这使你更明确自己的想法和感受。

心智化对青少年的帮助

被寄养或收养的青少年早期经历中可能没有安全的关系。在安全关系中，照顾者能帮助孩子理解自己的感受以及照顾者的想法与感受。了解他的背景以及他容易误解别人的弱点，这将使你更容易理解他的日常困难。你对他进行心智化，使他知道你设定睡觉时间的意图（他能睡个好觉）与他认为的意图是不同的（例如，他认为上床睡觉是一种惩罚）。过去的经历也会导致青少年反应过度，从而增加冲突的风险。

心智化对亲子关系的帮助

你对孩子的感受进行心智化，可以帮助他们形成值得信任的可靠的新关系。了解"社交窄化"现象，可以使你了解青少年想要朋友与友谊，却很难建立并维持关系，导致他人退缩。通过这一理解，你可以抑制任何你（作为照顾者或父母）想要退缩的冲动，并给青少年提供"别人想了解他过去的人际关系经历"的新体验以及"他被理解"的新体验。你不要对他们的敏感或误解反应过度，这样，你就能管理他们的情绪，减少你们反复出现冲突的可能性。

注意事项

- 受过创伤的青少年有时很难理解自己和他人的感受。你可以尝试经常在孩子面前大声说出自己心智化的过程，帮助他们更好地理解你的情绪和意图。

- 当青少年不明白你的意图时，他可能对某一情境做出过度的反应。你不仅要和他谈一谈他认为你的意图是什么，还要共情地倾听他的看法。然后，当他变得平静的时候，你可以说出自己真正的意图。当你和孩子谈论他的朋友和老师时，你也要这样做。

- 信任青少年，使他有机会发展新的人际关系；把孩子的过去经历告诉老师，这样，老师也能在学校里提供建立友谊的机会。

- 记住孩子的情绪温度计——他的反应与你的反应、其他青少年的反应是不同的。青少年的情绪可能很快变得非常激烈，需要更长的时间才能冷静下来。你要知道这是他们早期创伤经历造成的结果，他们的情绪往往是不稳定的、不可预测的。

- 当你对孩子进行心智化的时候，你要重视父母 APP 中的换位思考原则。你很难把自己的经历和他的经历联系起来，或者他的经历完全与你的经历无关，你很难理解，但是，重要的一点是他感觉到你认真对待他的经历。

- 你要留意并认可青少年的长处和能力，促进他的自尊发展。

- 你的寄养或收养孩子可能没有同年龄的孩子显得成熟。你要知道他小时候的多数基本需求得不到满足，需要体验一些他们在原生家庭中缺乏的早期养育。找机会给他们提供一些幼儿所需的抚慰。

参考文献

[1] Lewis, S. J., Arseneault, L., Caspi, A., Fisher, H. L., Matthews, T., Moffitt, T. E., Odgers, C. L., Stahl, D., Teng, J. Y., & Danese, A. (2019). The epidemiology of trauma and post-traumatic stress disorder in a representative cohort of young people in England and Wales. *The Lancet Psychiatry*, 6(3), 247–256.

[2] McCrory, E., & Viding, E. (2015). The theory of latent vulnerability: Reconceptualizing the link between childhood maltreatment and psychiatric

disorder. *Developmental Psychopathology*, 27(2), 493–505.

[3] Ensink, K., Begin, M., Normandin, L., Godbout, N., & Fonagy, P. (2017). Mentalization and dissociation in the context of trauma: Implications for child psychopathology. *Journal of Trauma & Dissociation* 18(1), 11–30. doi: 10.1080/15299732.2016.1172536. Epub 2016 Apr 12.

[4] van der Kolk, B. A. (2005). Developmental trauma disorder: Toward a rational diagnosis for children with complex trauma histories. *Psychiatric Annals*, 35(5), 401–408.

[5] Midgley, N., Cirasola, A., Austerberry, C., Ranzato, E., West, G., Martin, P., et al. (2019). Supporting foster carers to meet the needs of looked after children: A feasibility and pilot evaluation of the reflective fostering programme. *Developmental Child Welfare*, 1(1), 41–60.

[6] Redfern, S., Wood, S., Lassri, D., Cirasola, A., West, G., Austerberry, C., Luyten, P., Fonagy, P., & Midgley, N. (2018). The reflective fostering programme: Background and development of a new approach. *Adoption & Fostering*, 42(3), 234–248.

[7] Sroufe, L. A., Egeland, B., Carlson, E. A., & Collins, W. (2005b). Placing early attachment experiences in developmental context: The Minnesota longitudinal study. In K. E. Grossmann, K. Grossmann, & E. Waters (Eds.), *Attachment from infancy to adulthood: The major longitudinal studies* (pp. 48–70). New York, NY: Guilford Press.

[8] Trickett, P. K., Noll, J. G., & Putnman, F. W. (2011). *The impact of sexual abuse on female development: Lessons from a multigenerational, longitudinal research study.* Cambridge: Cambridge University Press.

How Do You Hug a Cactus?

Reflective
Parenting
with
Teenagers
in
Mind

如何拥抱仙人掌：
青少年反思性养育指南

第10章

保持联结：
引导青少年向成年期过渡

"我不需要他们做任何事情，我只要知道他们在那里就够了。"

　　无论你拥有怎样的信仰、处于怎样的环境，养育的一个重要任务是帮助青少年成长为有安全感的成年人。我们都希望自己的孩子成长为心理健康的成年人。反思性养育法是一套帮助你和孩子完成这一转变的有效的工具包，重要的是，它还能帮助你在培养孩子成为独立、适应能力强和有安全感的成年人的同时保持你想要的亲子关系。

　　当孩子小时候表现好的时候，我们更容易注意并表扬他，这属于"表扬和奖励"养育法。当孩子做出父母赞许的行为时，我经常听到父母对他说"真棒"。事实上，我们的整个教育系统都基于成就——以奖励优秀成绩与良好行为为基础。相应地，我们也有惩罚系统，即通过消极后果或行为评价系统来惩罚糟糕或不可接受的行为。这些方法告诉孩子，行为有正确和错误之分，他们要想成功就必须获得认可，但是，如何从我们的错误和失败中学习呢？当年龄较大的青少年开始寻找自己的人生之路时，我们会关注并认可他们吗？青少年时期是孩子非常脆弱的时期，他们与年幼的孩子一样需要我们的关注。

　　问一问你自己："我希望和我成年的孩子建立怎样的关系？"以及"我希望他成为怎样的成年人或父母？"成为一个反思型家长不仅在于你现在如何与孩子互动，还包括你现在的亲子关系如何影响到他未来的人际关系。如果你希望你的孩子是一个反思的、有洞察力的、情绪稳定的、聪明的年轻人，那么，你现在就要使用反思性养育法，示范你与他人相处的方式，这将帮助你的孩子在他的人际关系中使用同样的反思技巧，并最终与他自己的孩子相处。基于安全依恋关系的模型，你作为反思型父母的影响力可以给家庭的下一代带来巨大的好处。

　　当孩子成年后，即使我们不在他身边，他也会从反思性养育法中获益。毕竟，有一天你的孩子将要在你不在身边的情况下利用他们从你那里学到的一切。

反思性养育法与安全依恋的关系

反思孩子的想法和感受，这会告诉孩子你和他都有自己的想法。

在幼儿期，镜映孩子的想法和感受，比如，你可以说"你很冷，拿条毯子吧"，或者"你看起来很伤心，让我抱抱你"，从而帮助他们学习"情感词汇"。

镜映孩子的想法和感受不仅能帮助他理解自己的感受，还能使他们认识到你理解他们的感受以及原因。孩子会感受到你的理解。

孩子感受到你的理解，有助于孩子管理或调节自己的感受。

父母可以帮助孩子理解他的感受以及产生这类感受的原因，这使孩子觉得父母关心他、重视他。

了解自己与他人的感受，有助于孩子学会心智化。这意味着他不仅开始理解自己的想法和感受，也可以理解别人的想法和感受。他学会与他人更融洽地相处，对他人共情，并欣赏与自己不同的观点。

欣赏他人的观点并共情他人，有助于孩子建立他的人际关系技巧，因此，孩子更容易交到朋友。

心智化能力是安全依恋的基础，它能使孩子建立起"别人是值得信任的、随时愿意提供帮助的，我值得别人的帮助"的观念。同时，它会提升孩子的自尊和对他人的信任。

我们对父母/主要照顾者的依恋是我们在以后的生活中培养复原力的

关键因素。当你采取反思性养育法使孩子建立起安全感时，你会发现这种安全感会内化在他的内心深处。当他步入成年、开始承担更多责任的时候，安全感一直伴随着他。在发展心理学领域中一个很有用的概念是依恋的"内部工作模式"。你可以把这个概念想象成你脑海中的一个模板，你如有需要就可以使用。事实上，大多数时候它都无意识地运作，而你却没有真正注意到它。试想一下，当你陷入困境时，你会怎么做？比如，你把自己锁在房子外面。你会站在门口无助地哭泣吗？还是向邻居求助，或者打电话给你的伴侣？在这种情况下，我们大多数人都会向别人求助。我们这样做的原因是我们很早就知道，如果我们在陷入困境时需要帮助，我们相信有人会帮助我们，而且，重要的是，我们知道我们值得别人的帮助。并非每个人都有这种安全依恋模式。读到这里，你可能认为别人不一定会帮助你。你可能认为别人会觉得你这么没用，把自己锁在门外，这种想法在一定程度上反映出你依恋系统中的"内部工作模式"。然而，这并不意味着你不能帮助自己的孩子建立一种不同的、更安全的依恋模式，这样他们就能学会期待别人的帮助，并建立自己安全的内部工作模式。反思性养育法是一种工具，可以帮助你支持孩子在他的工作模式中发展出更多的安全特征，开始这个过程永远不会太晚。

从青少年到成人的过渡

在你看来，你的孩子在什么时候从青少年变为成年人呢？这是一个看似简单、其实更复杂的问题。或许，你很容易用"官方"规定的18岁回答这个问题。毕竟，这是一个有投票权、可以独自居住的年龄。如果你想一想你的青少年在这个年龄，你认为他们已经与成年人一样成熟了吗？还是说，在很多方面，18 岁的成年标签实际上是非常无益的？

成年后的大脑发育

从大脑发育的角度，把 18 岁的人看作是成年人实际上是不准确的。我们的大脑从 18 岁到 25 岁左右还在发育，一直到 25 岁左右才发育完全，有时甚至更晚。正如第 1 章所讨论的那样，在神经发育方面，大脑的一个关键部分前额叶皮质还没有完全成熟，前额叶皮质是帮助我们抑制冲动、计划并组织我们的行为以达到目标的大脑结构。有点讽刺的是，人们期望个体在 18 岁时的行事方式更成熟，而此时负责组织统筹的大脑结构还没有完全成熟。也许很多读者的孩子已超过了 18 岁，但你仍然非常关心孩子的心理健康。此外，如果你正在照顾一个受过早期创伤的孩子，比如，如果你是寄养家庭的照顾者或你的孩子有过特别艰难的早期生活经历，他的创伤会进一步导致前额叶皮质发育缓慢。与家庭生活稳定的人相比，家庭生活不稳定的人更难做出计划与安排，抑制不住自己的冲动。重要的是，你要认识到这不是他们的错，而是他们正在发育的大脑的一部分，在他们完全成熟之前需要更长的时间以及更多的安全感与支持。

另一个到 25 岁左右仍然在发育的大脑结构是奖励系统，它在青春期前后变得高度活跃，一直到 25 岁左右活跃性逐渐减退，当它达到成年水平时将稳定不变。这意味着我们在本书前面讨论过的冒险行为仍然是 18 岁以后的青少年/年轻人看待世界的方式的一部分；这些年轻人仍然会不考虑风险就进入不确定的环境，追寻各种可能的奖励。这还意味着青春期常见的同伴压力以及对他人观点的敏感性，仍然是成年早期的重要特征之一；因此，与25岁以上的成年人相比，20岁的年轻人在同伴在场的情况下做出冒险行为的可能性比独自一人时高出50%。大脑的发育与成熟存在性别差异，女孩的大脑成熟比男孩的大脑成熟大约早两年。青春期的许多冒险行为（比如危险驾驶、吸毒、酗酒或违法行为）仍然出现在18~25岁的人身上。然而，这些年轻人由于缺乏父母的监督，更容易陷入麻烦。你可能更关注15岁的孩子，而不太关注19岁的孩子，但后者面临的风险往往更高。当然，你不太可能监控他们的网络生活，甚至不了解他们的网络生活——这可能严重影响到他们的心理健康。保持反思性养育观念，即你对青少年的想法保持好奇和兴趣，这在很大程度上能帮助你的孩子反思自己的弱点并获得你的支持和指导。

　　18岁的成年标签无益的第二个原因是年轻人在心理健康方面正面临挑战。在许多国家里，他们被认为年龄太大了，不适合接受儿童服务，但是，他们又往往不适合进入各种为成年人建立的心理健康支持系统。心理卫生服务更需要为25岁以下的年轻人提供支持；虽然在某些地区这种做法越来越常见，但遗憾的是，在英国国家医疗服务系统的儿童和青少年心理健康服务机构中，情况往往并非如此。

年轻人的脆弱性

　　青春期与成年早期是你支持孩子心理健康的关键时期。下列统计数据可能令人担忧，但是，通过了解这些数据，你可以理解青少年和年轻人的脆弱性。反过来，你也能体会到本书中的反思性养育法如何帮助孩子度过这个艰难的过渡期，如果你放任自流，这个过渡期将会难上加难。我们要提醒自己，青少年和年轻人的脆弱性会持续很长的时间。根据2021年最新的心理健康数据，每6名6~16岁的孩子中就有1名孩子患有"常见的心理障碍"（这是指焦虑、抑郁和自尊等问题）。统计数据显示，50%的心理健康问题是在14岁之前形成的，75%是在24岁之前形成的。

此外，2020年，5~34岁群体的主要死亡原因是"故意自伤"，这个数据令人震惊。在儿童、青少年和年轻人（10~24岁）中，女性自伤入院的比例远远高于男性。从2012~2013年至2019~2020年，女性的住院率从每10万人中的508人增加到695人。同期，男性的住院率在每10万人中的200人上下波动。显然，我们的年轻人大规模地陷入困境，在过去的几年里，他们的处境变得更加艰难。由于疫情的出现，他们错过了成人仪式，失去了社会关系，丧失了成长机会；气候危机威胁着地球未来的生存；生活成本危机使许多年轻人对未来的独立生活与经济的自给自足持有极度悲观的态度，这一切对年轻人的心理健康产生了巨大的影响。他们比以往任何时候更需要我们的支持和引导，不要让他们觉得一切只能靠自己解决问题或者觉得他的未来需求得不到规划。

养育年轻人

随着青少年的年龄逐渐增长，我们会自然地调整自己的养育方式，同样，从青少年到年轻人的转变中，我们也需要做出相应的调整。年轻人的一些需求与他小时候的需求是相同的：他们需要感到安全，得到爱与理解。他的另一些需求将有所不同，这意味着你需要从保护者和老师的角色转变为"触手可及"的引导者，你不是牵着他走，而是为他指出正确的方向。重要的是，我们要记住心智化系统对所有人来说都是脆弱的，我们时常会失去反思的能力，比如，我们在感到紧张时的心智化能力就会降低。当青少年受到情绪困扰时，他会把你作为安全依恋的对象。此时，你可以帮助他冷静下来，恢复心智化能力。如果一件事引起他的情绪变化，继而干扰他的心智化能力，那么，积极的亲子关系意味着他可以得到"内在资源"。内在资源是一种情绪安全感，就像是银行里总有存款一样，你的孩子在困难时期就可以利用这些内在资源。

在行动和反思之间取得平衡

如果你能恰当地使用心智化能力中的不同要素，你将成为一名有效的反思型家长。这是一种微妙的平衡，当你反思自己的想法和感受以及你认为的孩子的想法和感受时，你要尽量不将两者混为一谈，否则会给你们双方造成误解。你的孩子年龄越大，你越要反思他们的观点和行为方式，越需要克制自己提意见的冲动，让他们走自己的路。养育工作不断挑战着你应对不确定性、无助感、失控感的能力以及你管理自身崩溃情绪的能力。随着你的孩子从青少年成长为年轻人，如果你看到他们遭遇痛苦（失业、失恋或者出现身心健康问题），你可能迫切地想替他们解决问题。例如，你可能想找到快速解决问题的办法使你的孩子感觉更好，比如给他们一些钱，让他们不至于太绝望。或者你抱着一种理想化、不切实际的期望，比如，你对自己说"等他长大了，所有的压力和痛苦都会消失的"。

当情绪唤醒水平过高的时候，我们失去了反思能力，就会陷入这些无效的前心智化模式。当这些想法充斥着你的内心时，你不再对孩子的想法和行为感到好奇，失去了思考不同观点的能力，可能对孩子的行为做出消极的判断。例如，如果你不进行心智化，你可能会想"他不够成熟，处理不了成年人的情况，我要帮他解决这个问题"，而不是采取心智化的方法，思考"显然他陷入了困境，我想知道妨碍他的是什么呢？我想知道他是不是担心自己无法胜任那份工作/课程/关系"。认识到心智化方法和非心智化方法之间的差异，你就会了解到反思性养育法帮助你刚成年的孩子管理情绪，就是通过你对他想法的好奇以及你向他们传达的信息（即理解并回应他的想法和感受）实现的。在这个过程中，你也在帮助他恢复他的反思能力，这反过来又能帮助他在你或其他重要的人的支持下解决问题。

年轻人的视角

与年长者相比，年轻人需要什么？作为本书研究内容的一部分，我与许多年轻人进行交流，发现了一些有趣的思考结果。年轻人想要自己做决定，不想受到诸多的限制，这意味着他们不需要父母的过多指导，希望父母能平等交流，而不是得到父母的指示或命令。他们对父母和权威的沟通方式非常敏感，他们说他们希望父母的语气更平等、更朴实、更冷静。一般来说，年龄较大的青少年以及年轻人觉得自己长大了，因此，你需要采取更加宽容的态度。例如，如果你的孩子告诉你他正在找工作，你可以问一问他觉得这个职位的优缺点，以及他们想如何准备面试，而不是开始告诉他你认为需要做哪些准备以及你觉得这是不是一份好工作。如果你意识不到他需要被当作成年人对待，你就有可能以批评和评判的口气与他们说话。例如，一个年轻人可能想帮家里做点事，但不想被当作孩子，也不想被告知他该如何做，因此，你应该认为他想帮忙，并且当他不帮忙的时候态度更宽容一些。年轻人说他们仍然希望有界限，但是，他们很在意父母表达这些界限的方式。

利亚姆和詹娜的故事

我在本书的写作过程中成立了若干焦点小组，其中我和20岁的利亚姆、21岁的詹娜进行交流。让我们看一看他们对父母沟通方式的观点。

利亚姆今年20岁，在疫情期间，他一直和父母、两个弟弟住在家里。在限制措施解除之后，他晚上经常和朋友们出去玩，还经常参加派对。他在家里感到安全快乐，但他渴望离开这里，开始更独立的生活。他谈到自己在成年后希望父母怎样对待他。

"重要的一点是他们不评判我。如果我晚上参加聚会玩得很开心，很晚才回来，我希望父母不要给我泼冷水，抱怨我晚回家，而是能理解我的乐趣，这样的话，我更愿意和他们聊一聊。"我问他如果他们评判、批评甚至嘲讽他的社交生活，他会有怎样的感受。利亚姆说："我会觉得没意思，我希望父母能问一问我喜欢的事情，而不要刨根问底。"我问利亚姆："父母如何在好奇和支持之间平衡？"利亚认为这是指父母"理解你，而不是让你感觉糟透了；所以，不要说'哟，有人喝醉了'，嘲讽只会使情况变得更糟"。我问他："如果你和朋友在聚会上玩得很晚，父母担心你的安全，该怎么办？"利亚姆说："他们不要表现出来。他们的焦虑并不能阻止年轻人做他们想做的事，而是使年轻人感到烦恼，可能还会焦虑。"

关于父母在提建议方面的作用，我问利亚姆："你在哪些事情上想得到父母的建议呢？"利亚姆说，在他这个年纪，他觉得唯一能接受指导和建议的方法就是"首先接受这种情况"，我对此表示质疑，并问到年轻人是否要主导一切。利亚姆说："不，不是一切。在工作、组织、金钱以及生活规划等方面，父母的建议可能是很有用的，原因是他们的建议能帮助你提前计划和安排。我认为你需要有人帮助你实现你的目标，帮助你制定相应的计划。这不只是制定计划，还要注意沟通的方式，所以，我需要的是理性与合理的沟通方式，而不是评判与命令的沟通方式。"

詹娜今年21岁，她离开家，和学校里的三个朋友住在一起。詹娜在辍学后当了学徒，后来就留在那里工作。我问了詹娜的经历，以及她认为对她这个年纪的人来说，父母可以提供怎样的帮助。詹娜说："对重大事件来说，你只需要父母陪在你身边支持你。如果（我）面临分手或心理健康问题，独处的时间真的很难熬，所以父母请我一起吃午餐就够了。"我问詹娜，不住在家里和住在家里有没有区别。她说："你不住在家里，身边有朋友，其实没有实际的区别，即使你不想去看父母，你也知道他们就在那里。你知道在一个安全的环境中，你能看到父母，甚至看到你的宠物，这很棒。有时，克服困难会伴随着痛苦，你也可以选择分散注意力。"

在过去的一年里，詹娜在心理健康和人际关系方面遇到了一些困难，但是，她发现她的成长经历在一定程度上有助于她处理事务。我问她，当她遇到这些困难时，她觉得父母有没有提供帮助，她回答道："我真的不需要他们做任何事情，我只要知道他们在那里就够了。只要知道他们在背后的某个地方就足够了。我无法控制一些想法和感受，但是，我发现我接纳并忍受这些可怕的感受。"

詹娜接着说道："父母会提建议，但是，当你情绪低落的时候，你不想听别人的办法。让别人解决你的痛苦，只会让你更烦恼。不想从别人那里听到如何摆脱困境，除了你自己。让别人试图解决你的痛苦是行不通的，只会增加你的烦恼。有时候，只要一个冷静可靠的人在场，即使他什么也不说，你也会感到更舒服。"

反思利亚姆和詹娜

利亚姆和詹娜都表达了希望父母能对他们进行心智化的愿望——接受孩子积极或消极的感受，并控制自己想为孩子解决问题的冲动。他们都不希望父母提出解决办法，他们承认没有人真的知道他们的感受。两位年轻人都谈到父母接纳与爱的重要性，这给我留下了深刻的印象，但我也理解他们所说的"父母的话往往是无济于事的"。利亚姆告诉我，从他的经历来看，他认为"经历痛苦，从自己的经历中成长"是很重要的。他们都强调父母的作用是引导，而不是解决一切问题，年轻人需要自己弄清楚使他们感到快乐的事物以及他们努力的方向。这些年轻人希望在父母的支持下找到正确的方向，希望父母把他们当作成年人，而不是孩子。不过，反思性养育法的内涵不仅是照顾与被照顾的感受，还要把孩子当作独立的个体。

利亚姆和詹娜似乎都能对自己和父母进行心智化，他们清楚地知道父母应该如何支持他们。这表明他们与反思型家长有良好的相处经历和安全的关系，他们在父母不过多干涉的情况下寻找自己的人生之路，同时，他们也承认他们需要父母作为安全基地，帮助他们指明方向，但他们会独立生活。

詹思敏的故事

詹思敏今年19岁，她离开从小长大的小镇，来到150英里（大约240公里）外的一所大学上学。在她上大学前的那一年，她原计划休息一年，但疫情仍然严重，她能旅行的地方有限。她去了意大利一次，但是，她在那里的大部分时间都是在封控中度过的，因此，她回到家，在当地的一家咖啡馆里打工赚钱。她的家庭并不富裕，支持不了她所期待的大学社交生活，詹思敏对此感到有些焦虑。詹思敏有双重血统：她的父亲是有牙买加血统的英国黑人，母亲是爱尔兰白人。在学校里，她有一群来自不同文化背景的朋友，还有一个从11年级就开始交往的朋友。

上大学之后，詹思敏住在大学校园的学生村里，与另外七名学生共用一条走廊，这7位学生包括5名女生和两名男生，他们都是白人。对詹思敏来说，他们都比她以前的那群朋友更时髦。他们谈论着去詹思敏从未听说过的奢华度假地，他们的语言对她来说几乎是陌生的。刚到学校的第一个晚上，他们提议玩喝酒游戏，这个游戏一直持续到凌晨3点，詹思敏已经困得要睡觉并想远离他们。她躺在床上哭了一个小时，凌晨4点给父母发短信，他们没有回复，她就给妈妈打电话，告诉她自己多么讨厌大学生活，不想上学了。当她听到妈妈失望焦虑的声音时，她立刻感到很难过。她知道父母会非常失望，她是家里第一个上大学的人。当她凭借优异的成绩被大学录取时，他们感到非常自豪。听到妈妈的声音，詹思敏哭得更厉害了。

反思詹思敏

詹思敏感觉自己格格不入，似乎体验到强烈的疏离感。我们可以理解她那种想放弃上大学，回到更理解她、更舒适的家的感受。她或许思念她的朋友，远离亲友的强烈感觉使她感到自己和宿舍里的其他学生不一样。这些感受是否夸大了她体验到的差异感？同时，我们可以共情她远离家乡、身处异地的感受。这一定是一个孤独、有点可怕的地方。她以前有各种各样的朋友，她和大学舍友之间明显或隐含的差异加剧了她的疏离感与孤独感。她被封控了一年，之后她去意大利旅行，结果又被封控了，她想要获得自由却又失败了。在这种情况下，她想要行动自由以及建立人际关系的冲动变得更加强烈。詹思敏应该撑到第二天早晨，看一看心情有没有变化，还是应该回到她熟悉的家？

反思詹思敏的父母

半夜，她的父母接到情绪崩溃的女儿打来的电话，他们会有怎样的感受呢？詹思敏是家里的独生女，她的父母很难不管她，他们一直担心她离开家，同时也为她的成绩感到自豪。对他们来说，这是一种全新的体验，他们不知道上大学会有怎样的感受，也不太了解詹思敏大学所在的地区是不是安全、同学是不是友好等。他们离得那么远，听到她说她多么"讨厌"大学，她感觉自己与舍友格格不入时，我们可以想象到他们一定非常焦虑。他们一定很纠结：一方面，他们想要拯救她，把她带回家；另一方面，他们鼓励她坚持一下，如果情况没有改善，她可以试一试换宿舍，而不是辍学。他们一定会有替女儿解决问题的强烈冲动。詹思敏的妈妈发现她控制不了自己的焦虑，在电话里把自己的感受都告诉了女儿。她可能立刻后悔了，但是，她很难摆脱焦虑的念头。

反思性养育视角

詹思敏的小故事抓住了父母在孩子刚成年时经常体验到的矛盾状态：

是放手培养孩子的独立性，还是保护孩子，保持紧密的亲子关系呢？这使我们想起了第7章中提到"父母是安全港"的概念，而青少年/年轻人在没有父母陪伴的情况下乘帆远航。如果你采取心智化的方法，你就可以解决保护与放手的内在冲突，并在两者之间找到平衡。

对詹思敏和她的父母来说，这都是新情况。父母需要倾听并共情她的处境，认可她的感受，但是，不要让她觉得和舍友格格不入。在反思性养育模式下，詹思敏的父母首先要管理自己的感受，承认他们没上过大学，并且不了解她的感受。承认他们因为未知的事物而感到焦虑，这对他们来说是有帮助的。即使你上过大学，承认孩子会有自己独特的感受也是有帮助的。如果他们意识到自己的感受，区分他们想把她带回家的愿望和她想赶快回家的强烈感受，他们就更容易倾听和共情，不会立刻做出非心智化的反应。

在理想情况下，父母最能帮助詹思敏的做法是父母不仅要随时提供支持，还要帮助她独立一点，度过大学的前几周生活。这说起来容易做起来难，尤其是父母想到她凌晨四点打电话过来，自然会认为情况非常严重（詹思敏以前从来没有这么晚给父母打电话求助）。

退后一步

人们在焦虑加剧的时候很难调节自己的情绪，因此，在理想情况下，她的父母和詹思敏所需要的是拥有一些空间和时间。她的父母首先要进行共情的倾听，重复詹思敏告诉他们的一些事情，这就是"言语镜映"。例如，他们可以说："你很难理解他们说话的方式。你不想在上大学的第一天晚上熬夜喝酒。你感到很困扰……很抱歉，你会感到这么难过。"接下来，他们要强调他们一直会在詹思敏的身边（强调"家庭的安全和保障不会因为她离开家而消失"这一事实）。例如，她的妈妈可以说："詹思敏，只要你需要我们，我们一直都在这里。你想坚持一周，周末就回家，或者你想让我们在一周之内看一看你，我们都可以。你可以随时给我们打电话或发信息。如果你需要我们帮你计划下周的安排，我们可以一起商量。尽管你现在觉得很难，我们相信你能坚持下去的。"父母把反思法与使詹思敏感到安全的可行计划结合起来（使用第 1 章的"双管齐下法"），詹思敏将会感到父母的理解。同时，他们设定了一个符合她年龄的期望，让她不要立刻回家，在前几周之内努力适应大学的生活。

在本书中，我一直强调父母为青少年或年轻人所做的最重要的事情之一就是倾听（尽管父母的焦虑情绪越来越强烈），然后从自己以及孩子的角度看待问题。换位思考是反思性养育法中最重要的工具之一；与青少年相比，换位思考对年轻人更有效，因为他们认为自己已经形成自我认同和价值观，需要得到他人的认可与尊重。要记住当我们真正进行心智化的时候，我们不仅从自己的角度看待问题，还可以从不同的角度看待问题。这并不意味着父母一定要同意孩子的观点，而是承认并想了解孩子的观点。不管詹思敏的父母多么难以理解她在开学第一天晚上就想逃离大学，但重要的一点是，他们也要承认这是她当时真实的感受。父母能从她的角度看问题，这将帮助她控制当时崩溃的情绪。此外，如果你的孩子在你提建议时顶撞你，尽量不要处于过度防御的姿态。你的防御反应不仅可能源于不安全感和恐惧，还可能源于孩子需要在没有你的情况下自己找到解决问题的办法。在这种情况下，你的最佳选择是冷静坚定，一直提供支持，慢慢引导孩子朝着寻找幸福的方向继续前进。

成年后不离家

由于文化传统或个人经济状况，一些年轻人在成年后一直和父母住在一起。虽然对许多家庭来说这是一种普遍现象，但是由于许多国家的生活成本上升，越来越多的年轻人选择与父母同住更长时间。这会导致家人容易出现矛盾，因为年轻人内心并不想和父母住在一起，但又负担不起独立生活的费用。不过，对探索人生方向的年轻人来说，住在家里的一个好处是获得直接的支持；如果他们的住处离家很远，就不太容易获得家人的支持。另一方面，这种可以轻易得到的支持会扼杀年轻人的独立性，导致他们的生活技能比那些独立生活的同龄人差。

对父母来说，这种情况同样有利有弊。我交流过的许多父母都说，他们经常在积极感受和消极感受之间来回切换，积极感受是指他们和孩子有亲密的关系，而消极感受是指他们本以为要卸下责任，结果仍然需要支持和养育孩子（包括做饭以及经常做家务）。此外，随着年轻人形成自己关于人际关系（包括家庭关系）的激烈观点，父母有时会觉得孩子批评自己作为父母的表现。父母和孩子出现角色混乱，孩子掌握话语权，批评父母的生活方式。父母的价值观不再是家庭中的主导价值观。在这本书的焦点小组中，一位家长说，她害怕疏远自己的孩子，所以她没办法反击孩子的评价。

许多年轻人离家去上大学当他们回家、度假或毕业时，他们设定自我边界，不想在回家后失去这些边界；他们不想被当作孩子一样对待。例如，在回家之后，年轻人不一定想改变自己原来的睡觉时间和起床时间，他们原来的隐私也需要其他家人的尊重。

　　一些父母会让孩子交房租和伙食费，你对这个问题的看法取决于你的价值观和孩子的经济状况。重要的一点是，你要区分以下两种养育模式：第一种模式是让年轻人融入父母生活，第二种模式是年轻人有独立的生活，而父母根据年轻人的需求来调整自己的生活和安排。

与成年子女共同生活

　　成年子女住在家里，这意味着你要和其他成年人共享你的家，这确实会带来一些快乐，但有时也会带来压力。例如，你们要制定一套你们共同生活的新规则，比如你们是否一起吃饭、如何分担家务等。一些家庭只是维持父母作为主要照顾者和养家者的角色，其弊端是成年子女依赖父母，可能会停滞不前，没有办法面对生活中的挑战，例如开立银行账户或准备面试。如果你在他们的生活中一直扮演这样的角色，其风险是他们会镜映这种情况，在青少年的角色上停留更长的时间。这也向成年子女传递"你认为他们无法应对成人的挑战"的信息，使他们感到无助和过度依赖。父母和成年子女一起生活，很难退后一步，让孩子自己解决情绪问题，许多父母几乎无意识地陷入了养育更年幼的青少年的旧模式。不过，成年子女住在家里的好处是你和他们有更多的相处机会，可以享受到亲密感和乐趣。有的家长说，他们觉得这会"使自己变得年轻"。尽管如此，另一些家长觉得自己想要进入下一个人生阶段，却停留在"永久照顾者"的角色。我记得一位母亲收养了一个过度依赖与焦虑的儿子，这位母亲担心儿子在她退休很久之后才能独立生活，而她原本想在退休以后到处旅行。双方心生怨怼，儿子对他如此依赖母亲感到愤恨与羞愧，而母亲由于无法在退休后过上独立自由的生活而感到愤怒和不安。

与成年子女保持联结

第2章探讨了"安全的不确定性"，好奇是反思性养育法中的重要原则，它对年长的青少年或成年子女仍有帮助。许多反思性的养育实践针对的是日常琐事，但你可能对孩子有更严重的担忧，比如，他们对你说："妈妈，我有时感觉真的很低落，我似乎摆脱不了。"你想使他不再沮丧、变得开心起来，于是，你可能凭直觉说道："哦，亲爱的，我很难过。我们一起吃外卖看电影，好吗？"遗憾的是，这种方法往往是无效的。相反，你可以试一试好奇的、非专家的态度，即"安全的不确定性"。你可以说："我很抱歉你的情绪很低落。这很糟糕，是吧？你为什么会有这样的感觉呢？如果你愿意，可以和我聊一聊。如果你不想找我也行，我永远在你身边。"这和叫外卖一样不能解决问题，但会向孩子传递一个非常重要的信息：尽管他们离开你、离开家，形成自我认同，但你依然像他们小时候一样随时在他身边。当你了解并承认所有的感受都是重要的，你应该同样接受它们，那么，孩子就更容易说出一些困难的内心感受，这反而会使你们保持联系与交流。如果你表现得漠不关心，孩子就会立刻闭口不谈了。

对年龄较大的青少年或成年子女来说，当父母的期望与他们的想法或行为不一致时，冲突就会出现。下面是一些建议，可以使你在孩子成年后仍然与他保持联结。

- 鼓励孩子独立一些，尽量不要过度保护或过度放手，不要认为这是对他最有利的方式。就成年子女而言，缺乏动力的问题远比找工作和独立生活的问题大得多。

- 除非你设定期望与边界，否则住在家里的成年子女不会自动地学习新行为。比如，一名青少年已经习惯于别人把他的衣服从浴室地板上捡起来，他不会自然成长为一个自己会捡起衣服的成年人，除非你说清楚你的期望。

- 你要认识到作为父母，你有责任让孩子自己闯荡，并且如果事情没有如他们所愿，也不要让他们责怪你。你不要竭力使孩子总保持着舒适感，孩子偶尔感到不适并不是一件坏事。

- 你能教给孩子的最佳技能之一就是问题解决能力。培养他们的独立性和问题解决能力，使他们成为快乐、复原力强的成年人。为他们包办和解决所有问题将对他们的发展造成严重影响，最终使他们容易受伤，无法应对生活事件。

- 为你的成年孩子设定规划和一些可实现的期望，比如申请工作、按时起床、承担打扫房间的责任。

- 畅想一下成年子女的未来，不要拘泥于他们现在的生活。在设定现实期望的同时，你仍然可以给他们提供安全感和舒适感。为了进入下一个发展阶段，年幼的子女和成年的子女都需要这样的养育方式。

- 如果你不对他们从青少年到年轻人的过渡抱有任何期望，那么你实际上表达的是你不期待他们能实现这一过渡。例如，如果你对成年的孩子说他需要工作，但他们没有工作，而你接受了这种状况，你所表达的是"他们是没有能力的，你知道这一点"。他们接收的信息是"他们不知道如何应对不适和痛苦，他们是有问题的"。

- 相反，你应该做出示范，对你成年的孩子充满信心。当你说"虽然那份工作的竞争很激烈，但我认为你肯定能行"的时候，你表达的是"你相信他们，认为他们和其他候选者一样优秀"。这会支持孩子的自尊自信，促进孩子的发展。

● 继续使用反思性养育法、心智化以及情绪调节技巧，帮助孩子理解并调节自身情绪（如有需要，你可以使用父母MAP和APP）。

关于20多岁年轻人的养育是最少被提及与研究的养育阶段之一，但你会发现这是最具挑战性的阶段之一。无论你的成年子女是否适应良好，20多岁的生活都是充满挑战和阻碍的。你作为他们随时可以返回的安全港，对他们成年后的发展来说是非常有益的。你始终对你的成年子女产生重要的影响，而他们的自我认识将在一定程度上受到你养育方式的影响。永远不要低估你的关注对青少年和年轻人来说有多么重要；他们在3岁时需要你的关注和好奇，在20多岁时同样需要你的关注和好奇。你的表达方式可能会非常不同，但是，让孩子感受到你对他们的想法和感受的自豪、兴趣和共情，永远是最重要的。这会一直持续下去，直到你的孩子到了你的年纪，甚至更年长的岁数。他知道他总有一个可以回去的地方，在那里你对他持有友善的好奇，这是一个缓解年轻人生活重担的重要缓冲。即使你的成年子女不住在家里，拥有一个可以回去的情感家园仍然是很重要的。你的家是他可以回来的地方；即使他离你很远，你的家也可以是他内心深处的安全感。如果你采取反思性养育法，那么，你的好奇和兴趣感就更有可能扎根于他的脑海之中，使他们成为独立、快乐和复原力强的成年人。

停下来想一想：保持联结

主要内容

通过反思性养育法，你的孩子从青春期过渡到成年早期，这将使你的家庭关系更紧密、更和谐。保持联结意味着你要持续思考你的青少年的想法、感受和意图，直至他们成年以后。你知道青春期的许多挑战会持续到二十多岁，有助于你采用心智化的方法去支持他保持心理健康。

反思性养育法对你的帮助

在孩子从童年到成年早期的过程中，你一直采取反思性养育法，有助于你保持好奇并关注他的想法和感受，即使是在你认为他不太需要你的时候也要如此。你为成年子女所做的示范与你在他青春期时所做的示范一样重要，或许随着你们关系的变化，他对你的防备性要比青春期更弱。

心智化对青少年/成年子女的帮助

当青少年进入成年期时，他们不仅会遇到生活挑战，他们也会普遍遇到心理健康问题。大脑在20多岁仍在发育，因此，他们容易冲动冒险，出现心理健康危机，对人际关系、决策与未来计划感到困惑。如果你向年龄大一点的孩子表示你有兴趣了解他们对这些事情的看法，你想传达的信息是"虽然你更独立，但我理解你，也有兴趣帮助你解决问题"。也就是说，他有能力做出自己的选择，但是，当他需要你的时候，你仍然想帮助他。通过对他进行心智化，你也传递出你更平等地对待他的信息，他因此会感到更自信、更有能力。

反思性养育法对亲子关系的帮助

运用反思性养育法，思考青少年成年后的想法，你们的关系将更加亲密，你们将一起度过更多愉快的时光。以依恋理论为基础的反思性养育法有助于建立安全可靠的关系，如果你在成年子女的生活中坚持反思性养育法，他们将会受益匪浅。你将在他们周围支持他，仍然让他知道当他需要你的时候，你会在那里。这传递给孩子的信息是你相信他的能力，并为他提供一个随时可以求助的安全基地。

注意事项

- 保持你和青少年的沟通渠道畅通。

- 通过询问成年子女如何看待当前情况以及他人对此的看法或感受，帮助他解决问题——关注积极的结果。

- 即使你认为孩子不一定需要，你也要在自己的生活中为你的成年子女留出时间。你要让他知道你们的关系仍然持续，你仍然关心他的幸福，并使他认识到18岁并不意味着他有能力完全靠自己安排他的生活。

- 通过示范和自我心智化，鼓励你的成年孩子进行反思。

- 你越是表现出对从成年孩子的视角看待事物感到有兴趣与好奇，你就会发现你们共处的时光越有意义。

致谢

谨以此书纪念我已故的母亲玛丽安·雷德芬。如果没有她持久的爱、乐观和信念，我的第一本书不会出版，我也不可能在她2020年去世后继续写这本书。在我认识的人中，她依然是最能启发灵感的女人。我的父母教给我很多有趣的事情；拥有这样的父母，我感到很幸运。我要感谢艾奇、加布、乔和威尔，你们在我很难平衡养育孩子、生活、工作与写作之间的关系时给予了我莫大的鼓励——你们就是我的全部。

我非常感谢和我分享自己经历的朋友和父母，他们为这本书做出了贡献；尤其是艾莉森·罗杰斯、山姆·怀特、安娜·莫茨和安娜莉斯·范登伯格，还有图廷镇上许多与我分享养育经验的父母。谢谢你们所有人。感谢安娜·弗洛伊德中心的同事们分享他们的临床工作和个人经历：彼得·福纳吉、迪肯·贝文顿、泰莎·巴拉登、米凯拉·比塞奥以及特蕾莎·施瓦格。我特别感谢劳拉·塔尔博特在"利用人际支持网络"这一章中的贡献——你的努力和想法给我留下了深刻的印象。我非常感谢Routledge出版社的编辑团队，非常感谢克莱尔·克罗斯，她具有出色的编辑能力和反思能力。

最后，也是最重要的一点是，我要感谢我多年以来所有的青少年来访者、我自己的孩子以及他们的朋友，以及我社群里那些出色的青少年，包括玛雅·弗洛斯特，她对青少年生活的那些感人、有趣、智慧和深刻的看法，一直使我在这项工作中充满活力。

译后记

　　孩子从儿童期过渡到青春期，这对家长来说是一个严峻的挑战。从前软萌听话的乖小孩变成了倔强执拗的犟小孩；他们刻薄的话语，挑衅的眼神，冲动的行为……这一切都挑动着家长的神经，考验着家长的承受力。写到这里，我突然想起了我和13岁的孩子之间的一场冲突。

　　那一天，他一大早去参加体测了。中午，我接到他打来的电话，他兴冲冲地说："妈妈，我体测过了！"没等我给出肯定的赞许，电话里就传来其他孩子的声音——"可以啊你！居然突然过了！""哎哟，土拨鼠，你等着！"孩子匆忙地对我说，"不和你说了，老妈。土拨鼠你居然敢挠我……"我最后听到的是他和小伙伴嘻嘻哈哈的笑声。我都能想象到这帮半大小伙子在体测结束后兴奋地你打我一下、我挠你一下，像幼儿一样追跑打闹。

　　晚上回来后，孩子高调地宣布："我把学校作业写了，其他什么事都不做了！"我心里就犯嘀咕："明天还要上学，还要周测啊！"但是，我忍着没吭气。不到7点半，他把作业写完了，准备听着歌玩积木，啥也不做了。我皱着眉："明天要考试，你不要复习一下吗？"他很不高兴："我辛辛苦苦练了两个月了，你知道我有多辛苦吗？凭什么我不能休息一天？！"我开始苦口婆心："明天你要考试……"孩子眼睛一瞪，脖子一梗，情绪更激动了："我现在就要休息！我就要！"说完，他摔摔打打地掏出一大罐乐高积木，开始搭起来。我更生气了："明天要考试，为什么不能复习一下，周末再休息呢？"他不搭理我，我也不想搭理他，就回到了自己的卧室。

"明天就要考试了，他怎么就不知道复习呢？都初二了，还是不知道轻重缓急，可怎么办啊？考个鸭蛋就傻眼了……"我开始胡思乱想起来。他像没事人一样，果然信守他的"诺言"，一晚上都在稀里哗啦地摆弄积木，我的心情越发不好了。

读到这里，有的读者可能觉得我不近人情，这么小的要求都不能满足孩子；有的读者可能觉得孩子太矫情，体测过了就立大功的思想可是要不得。无论你是支持我还是支持孩子，你都会从我们各自的观点中发现一些合理的成分，但是，你同样也会发现此时此刻我和孩子根本看不到对方的观点，只能沉浸在自己的世界里。

为什么会出现这样的情形呢？

如果你阅读希拉·雷德芬《如何拥抱仙人掌：青少年反思性养育指南》，你就会知道我们的心智化能力会随着我们的情绪状态而波动起伏。当我们感到紧张的时候，我们的心智化能力就会减弱；相反，当我们感到平静的时候，我们的心智化能力就会提升。彼得·福纳吉和利兹·艾莉森说："没有什么比家庭互动更容易导致心智化的丧失了……家庭是每天可能引起一位或多位家庭成员失去心智化能力的环境。"那么，回到之前的情境，你就会发现我和孩子处于争执的状态，情绪非常激动，导致我们的心智化能力下降，我们既看不到对方的需求，也理解不了对方的观点，冲突就自然而然地出现了。

接下来，你关心的问题是：作为父母，我们该如何摆脱心智化能力丧失的困境呢？

希拉·雷德芬在这本书中详述了以依恋与心智化为基础的反思性养育

法，提出了父母MAP、父母APP、双管齐下法等工具，为我们在面对青少年养育困境时提供了强有力的支持和指导。

作为反思型的父母，我们必须承认幼儿期孩子和青春期孩子的需求是不同的：幼儿期的孩子渴望的是来自家长的肯定表扬；青春期的孩子渴望的是源于自我的独立意识。独立还是依赖，这是青少年要面对的成长难题。他要成长，要发展，就注定要冒着一定的风险，迎接生活中的风风雨雨。同样，掌控还是放手，这是青少年父母需要面对的养育难题。我们的定位也不再是包揽一切的全能者，而是提供适时帮助的助推者。

这是一本理论与实践结合极为紧密的青少年养育秘籍。你不仅能从这本书中获得理论知识，还能从翔实的案例中获得实践指导。我特别期待通过阅读这本书，你和我一样把反思性养育法应用到自己的养育实践之中。

在此，我特别感谢玉欣的邀请，让我有幸成为本书的译者；同时非常感谢化学工业出版社的各位老师在本书出版中花费的大量心血。在翻译过程中，虽然尽力做到严谨，但受个人水平的限制，难免出现疏漏与不当之处，请广大读者朋友批评指正。

石孟磊